教育审计管理规范

周庆西　著

南开大学出版社
天　津

图书在版编目(CIP)数据

教育审计管理规范 / 周庆西著. —天津：南开大学出版社，2013.6

ISBN 978-7-310-04186-2

Ⅰ.①教… Ⅱ.①周… Ⅲ.①教育工作 审计—管理规范—中国 Ⅳ.①F239.66—65

中国版本图书馆 CIP 数据核字(2013)第 099175 号

南开大学出版社出版发行

出版人：孙克强

地址：天津市南开区卫津路 94 号 邮政编码：300071

营销部电话：(022)23508339 23500755

营销部传真：(022)23508542 邮购部电话：(022)23502200

*

天津市蓟县宏图印务有限公司印刷

全国各地新华书店经销

*

2013 年 6 月第 1 版 2013 年 6 月第 1 次印刷

210×148 毫米 32 开本 12.125 印张 2 插页 347 千字

定价：32.00 元

如遇图书印装质量问题，请与本社营销部联系调换，电话：(022)23507125

前　言

从2004年完成《内部审计实务指要》一书后，就开始考虑教育审计管理规范问题，而且我一直乐此不疲地努力着，思考如何从一个全新的视角，建立一个适合教育审计的管理体系。从那时起，我就一直想把三个层次的准则要求融入到教育审计工作之中，进而沿此思路进行整体构架，既要秉持理论与实践相结合的原则，又要兼顾教育系统不同单位的差别，不仅要考虑规范现阶段教育审计实务，还应预见未来教育审计实务的发展，将审计的功能融入学校管理大系统中思考，从现代审计观念和内部审计准则双重要求出发完成这一任务，自始至终将准则内容贯穿全书，这是本书研究的主旨。如今这一研究初步形成一个阶段性成果，为教育审计工作者提供了一套可供遵循的操作规范。今年，正值中国内部审计准则首批公布并实施10周年和中国内部审计发展30周年，这本书的出版也是为之敬献的一份礼物。

本书以教育审计管理实务为主要内容，包括教育审计概述、教育审计程序、教育审计文书、教育审计案卷、教育审计质量、教育审计评估以及相关法规等基本内容。在这本书的框架中，以《中国内部审计准则》为指导，以《中国内部审计质量评估手册》为标准，兼顾IIA及我国内部审计发展进程，适应教育审计工作实际，前瞻性与现实性相统一，传统审计与现代审计并存，是一本内容较为丰富，且更加贴近教育审计工作的管理规范，对教育审计工作者理论研究、实务操作和后续教育都具有很好的参考价值和应用价值。

在拙作即将付梓之际，我首先要感谢王彤、邹积娜、孙会铮、刘荣、谢伟等CIA给予我很多的支持和帮助，提出了许多有价值的意见，并提供了不少文献资料。感谢天津市审计局、天津市内部审计协会、天津市教委和天津师范大学领导以及上级有关部门的热情支持。感谢杜勇教授给予的关心和帮助。还要感谢南开大学出版社编辑人员给予的支持和付出的艰辛劳动。此外，参考和借鉴了中国内部审计协会以及其他单位的有关资料，在此一并表示真挚的感谢。由于学养所限，难免有不尽人意之处，祈望读者批评指正。

作 者

2013年3月

目　录

第一章　教育审计概述

内部审计是指组织内部的一种独立客观的监督和评价活动。它通过审查评价经营活动及内部控制的适当性、合法性和有效性来促进组织目标的实现。

教育审计是教育系统内部审计的简称。教育系统内部审计又是内部审计的重要组成部分。教育审计是指教育系统内部审计机构、内部审计人员对财务收支、经济活动的真实、合法和效益进行独立监督、评价的行为，以促进教育行政部门和单位遵守国家财经法规，规范内部管理，加强廉政建设，维护自身合法权益，防范风险，提高教育资金使用效益。

教育审计定义中所涉及的教育行政部门，是指县级及县级以上的各级教育行政部门；单位，是指高等学校、中小学及其他教育事业、企业单位。

第一节　教育审计的核心概念

1. 管理审计与审计管理

①管理审计，属于内部审计的范畴，它是内部审计的重要组成部分。传统的内部审计是以财务审计作为基本内容的，随着经济的复杂性和多元化以及组织经营管理的需求，内部审计须承担对风险管理、内部控制和组织治理的检查与评价，为改善管理、提高效率和效果服务。由此可见，内部审计已将其领域拓展到管理审计范畴，内部审计的责权已走向管理审计。应该说，这是在财务审计的基础上的一种延

伸和发展，标志着内部审计步入了崭新阶段，也是教育审计发展的基本趋势，代表了内部审计的发展方向。

管理审计在教育系统只是刚刚起步，大部分教育审计实务也许还停留在财务审计的阶段，但是，管理审计是未来教育审计发展趋势，务必引起重视。管理审计在教育系统的应用，是为了帮助教育行政部门和单位更有效地、合理地配置资源，采用独立的、客观的分析方法，对整个管理活动的组织、控制和职能进行的审查和评价，并提出改进意见，以促进管理层改善和提高管理活动的经济性、效率性和效果性。

②审计管理，审计管理是指内部审计机构对内部审计人员和内部审计活动实施的计划、组织、领导、控制和协调工作。审计管理主要包括计划编制、人力资源管理、组织协调、领导与沟通和审计项目业务控制等内容。审计管理一般分为部门管理和项目管理两个方面，部门管理是指审计工作运行过程中的行政管理；项目管理是对审计项目业务工作的管理和控制

部门管理主要是合理编制年度审计计划；加强人力资源管理，包括审计人员聘用、培训、工作安排、专业胜任能力分析和业绩考核及激励机制；根据年度审计计划和人力资源计划编制财务预算；编制审计工作手册，包括内部审计机构的目标、权限和职责说明，组织、管理和工作说明，岗位设置及职责说明，工作流程、质量控制和道德规范，内外部协调、工作沟通，以及审计督导、内部自我质量控制与外部评价，审计档案管理、审计人员的理论研究等。

项目管理主要是内部审计机构负责人与项目负责人分别履行各自的职责，机构负责人对审计项目的管理负领导责任，其职责范围主要是指派项目负责人并授权，审批项目审计计划，审计项目的总体督导，复核、审定和签发审计报告等。审计项目负责人对审计项目的管理负直接责任，其职责范围主要是编制项目审计计划和审计方案，组织项目实施并进行现场督导，编制审计报告、组织后续审计等。

审计管理的目的是为了促进内部审计机构和人员遵循《中国内部审计准则》、《内部审计人员职业道德规范》和相关制度等要求，最终实现规范内部审计业务、提高内部审计质量和内部审计人员职业胜任

能力，提升组织内部和外部对内部审计工作的认可度和满意度，改善内部审计环境，确定内部审计地位，增强内部审计工作的有效性等目标。

2. 独立性与客观性

①独立性，是指内部审计机构和内部审计人员在实施审计活动时，应当独立于审计对象，与审计对象之间不存在任何可能的潜在利益冲突，不能负责被审计单位的经济活动和内部控制的决策与执行。独立性一般指内部审计机构的独立性，主要受教育行政部门和单位关系的影响，并需要依靠规范的机构管理工作得到保证。具体讲，内部审计机构应隶属于组织的最高管理层，由主要领导主管，接受其指导和监督并取得关心、帮助和支持，以确保内部审计机构的独立；内部审计机构应通过内部审计规章制度明确内部审计职责和权限范围，并经组织批准，以确保内部审计活动不受干涉和限制；内部审计机构应向组织管理层提交审计报告，并形成报告无障碍通道和与其保持有效沟通。

②客观性，是指内部审计人员在实施内部审计活动时，不受外来因素的影响，以事实为依据，进行审查和评价，保持公正、不偏不倚。客观性一般指内部审计人员的客观性。具体讲，内部审计人员应提高职业道德素质和专业胜任能力，避免利益冲突，当发现存在损害客观性因素时，及时据实报告审计项目负责人或机构负责人。

传统的内部审计，强调内部审计人员不能承担被审计单位的管理责任，不得参与组织的管理和内部控制设计，这些都是对内部审计机构和内部审计人员保持独立性和客观性的基本要求。但是，随着内部审计发展和组织的需求，使得内部审计的关注点转向了内部控制和风险管理，现代的内部审计概念与传统的内部审计概念已经完全不同，基本脱离了财务与资产防护范围，而是着眼于风险管理、内部控制和组织治理，内部审计的重心已向管理审计转变。内部审计不仅是组织的一部分，还是组织中的一个要素；内部审计不仅是控制部门，还是风险管理系统的一个环节。因此，内部审计必须融入所在单位，就必须触及管理、参与管理、促进管理，组织的各个部分中都要渗透着审计的影响，使审计发挥增值作用。

3. 内部控制与风险管理

①内部控制，是指组织内部为实现经营目标，保护资产安全完整，保证遵循国家法律法规，提高组织运营的效率及效果，而采取的各种政策和程序。

内部控制是组织健康发展的有力保障，且能促进组织目标的实现。在这一点上，一些组织已意识到其重要性和在管理中的地位，但是，如何建立有效的、适当的内部控制依然是现阶段许多组织面临的问题。内部审计其实是组织内部控制的内容之一，内部审计的对象就是“经营活动和内部控制”，通过对内部控制的审查和评价进而完善内部控制和规范管理行为。

内部控制是内部审计的核心概念，内部审计准则采用了COSO框架下的内部控制概念，包括控制环境、风险管理、控制活动、信息与沟通、监督等五个要素。在审计实践中，内部审计人员要从传统的内部控制概念，即管理制度层面摆脱出来，既要正确把握内部控制五要素概念，又要充分认识内部控制内涵。一是要充分认识和理解内部控制的深刻含义，不但包括“刚性”控制，还包括“柔性”控制。传统的内部控制注重控制活动，所有的管理活动都处在规定的制度和程序状态；现代的内部控制趋向控制环境，强调执行层面的事物，包括管理理念、学校文化和内部控制意识等。二是要充分认识和理解内部控制不是一项一成不变的僵硬制度，它是一个动态演变的过程，是一个执行、监督、改进等不断完善的过程。三是要充分认识和理解内部控制不仅仅是管理层的责任，还是组织中每个成员的责任，不是上下对立，而是分担责任。四是要充分认识和理解内部控制有助于组织目标实现，而不能确保组织目标实现，内部控制存在无法克服的缺陷。五是要充分认识和理解内部控制与管理过程相结合，而不是高于组织管理活动之上，控制与管理的职能已融入一体。

③风险管理，是对影响组织目标实现的各种不确定事件进行识别与评价，并采取应对措施将其影响控制在可接受范围内的过程。

风险管理作为确保组织管理活动健康运行的制度安排，把风险控制在组织可接受的范围内是组织目标实现的必要条件。可见风险管理的重要性，建立健全风险管理机制并使之有效运行是组织管理层的责任，内部审计准则中指的风险管理，包括风险识别、评估和应对三个阶段，这是风险管理活动的核心内容。

随着组织内部经济活动的复杂化和内部审计发展的潮流，风险管理成为了内部审计对象，内部审计的关注点也转向内部控制和风险管理，开始推行内部审计与风险管理的审计模式，内部审计的责任是在充分了解组织的风险管理过程，审查和评价其适当性和有效性，并提出改进建议。目前，在教育系统还没有建立风险管理机制，风险管理实务尚未开展，因此，从发展趋势看，内部审计的重点已转向风险，同时也是风险管理的重要组成部分，应利用自身专业技能和熟悉本单位风险的优势，帮助组织识别风险、评估风险和应对风险，识别影响组织发展的决定性因素和关键风险，评估这些风险的影响程度和发生的可能性，并提出控制风险措施。进一步测试这些风险是否得到有效管理，通过有效的风险管理提高组织整体管理的经济性、效益性和效果性。同时，促进和帮助组织管理层提高风险管理意识和建立适当的、有效地风险管理机制。

内部审计与内部控制和风险管理的关系。内部审计是内部控制的要素之一，并具有对其余内部控制要素的审计职能；内部控制又是内部审计的对象，通过内部审计检查、评价不断促进内部控制健全完善。风险管理也是内部控制的要素之一，更是内部审计的对象，在充分了解风险管理过程的基础上，审查和评价其适当性和有效性，并提出改进建议，提高组织管理的效率和效果。可以说，内部审计与内部控制和风险管理之间相互依存、相互促进。

4. 重要性与审计风险

①重要性，是指被审计单位经营活动及内部控制中存在偏离特定目标的差异或缺陷的严重程度，这一程度的差异或缺陷特定环境下可能会影响管理层的判断或决策以及组织目标的实现。

重要性是内部审计的核心概念，它贯穿于审计过程中，在编制审计计划、实施审计程序及评价审计结果时，应合理运用重要性标准。

限于业务量大和审计成本考核，不可能对全部业务进行详细审查。因此，内部审计人员合理运用专业判断，确定重要性标准进而确定所需审计证据的数量。这里指的内部审计的重要性概念涵盖内容比较宽泛，既包括了财务审计规范的错报，又包括了管理审计中发现的偏差或漏洞。

②审计风险，是指内部审计人员未能发现被审计单位经营活动和内部控制中存在的重大差异或缺陷而做出不恰当审计结论的可能性。

审计风险也是内部审计的核心概念，同样，也贯穿于审计全过程，内部审计机构和内部审计人员从审计计划开始就要考虑审计风险，才能确保审计结论的可靠性。如果内部审计人员未能发现被审计单位经营活动和内部控制中存在的重大差异或缺陷，那么得到的审计结论必然是不可靠的，这就带来了审计风险。

③重要性与审计风险的关系

重要性与审计风险相互依存、相互影响，并存在反向关系，就是说重要性标准越高，审计风险越低；重要性标准越低，审计风险越高。重要性与审计风险都是确定审计证据数量的重要因素。如果把内部控制的重要性标准定为 4%的偏差率，就是说该内部控制执行的偏差率超过 4%就为严重的缺陷会影响管理层决策和组织目标实现。如果把重要性标准定为 1%，那么超过 1%的偏差率就为严重，只有 1%以内的偏差率才是不严重的。综上所述，如果重要性标准定为 4%，内部审计人员需要审查出所有偏差率超过 4%的内部控制缺陷。如果重要性标准定为 1%，同样，内部审计人员需要审查出所有偏差率超过 1%的缺陷。因此，重要性标准越小说明对审计的要求越加严格，面临的审计风险也就越大。在实施审计活动中，为将审计风险控制在可接受的范围，须将重要性标准定得低一些，以确定较多数量的审计证据，确保审计结论的可靠性。

第二节　管理审计内容与方法

1. 教育审计内容

教育审计的类型和内容比较宽泛，包括财务收支审计、预算执行情况审计、财务决算报表审计、内部控制审计、基建修缮工程审计、经济合同审计、经济责任审计、事业性收费审计、物资采购审计、专项资金审计以及审计调查等类型。审计内容主要是：财务收支及有关经济活动，预算执行和决策，预算内、预算外资金的管理和使用，建设、修缮工程项目，对外投资项目，内部控制制度的健全、有效及风险管理，经济管理和效益情况，有关领导人员的经济责任履行情况的内容。上述审计内容大都以财务审计作为基本内容的，基本秉承了财产防护性的内部审计传统，仅针对财务、会计事项。但上述也有管理审计的内容，在实务中已逐渐财务审计与管理审计相融合，财务收支审计比例逐年下降，管理审计比例逐年上升。随着高校法人地位的确立和中小学经济活动的多元化和复杂化，组织管理层对内部审计将会提出更新更高的要求，内部审计须承担对管理活动、内部控制的审查和评价，为改善教育管理、提高效率和效果服务。因此，教育审计必将其领域扩展到管理审计。

2. 管理审计内容

管理审计的重要组成部分，包括经济性（Economy）、效率性（Efficiency）和效果性（Effectiveness）。又称效益审计，在国外也称“3E”审计。管理审计是对组织的经营活动、内部控制、管理事项的经济性、效率性和效果性进行审查与评价活动。

经济性主要关注的是资源投入和使用过程中成本节约的水平和程度及资源使用的合理性。其内容包括：资金的取得和使用是否节约，人力资源的取得及配置是否恰当；物资财产的取得和消耗是否节约，资源的取得和配置在时间消耗上的适当性，资源取得的机会成本，资源的取得、使用和管理是否合理，是否遵循有关法律、法规，是否建立了健全的管理控制系统，以评价、报告和监督制定业务或项目的经济性，有关提供经济性方面的信息是否真实、可靠。

效率性是指经营活动过程中投入资源与产出成果之间的对比关系。其主要内容包括：组织采购、销售商业活动的效率，组织研发、生产等技术活动的效率，组织筹资、投资等财务活动的效率，组织为确保财产、信息及人员的安全以及对风险的管理所采取措施的效率，组织计划、控制等管理活动的效率，为提高上述经营活动效率所采取的措施是否遵循有关法律、法规，提供的有关效率方面的信息是否真实、可行。

效果性主要指从事经营活动时实际取得成果与预期取得成果之间的对比关系。其内容包括：经营活动的目标是否适当、相关及可行，经营活动达到既定目标或实现预期效果情况，为实现既定目标所采取的程序和方法的合法、合理性，以及对有关政策、计划、预算、程序、合同等的遵循情况，分析未能达到既定目标的原因，建立健全管理控制系统情况，提供有关效果性方面的信息是否真实、可行。

3. 管理审计方法

实施教育管理审计，首先关注经济性要素，除了运用常规的审计方法以外，还可以运用以下方法：数量分析法，对经营活动相关数据进行计算分析，并运用抽样技术，对抽样结果进行评价以获得充分、相关、可靠的审计证据。比较分析法，通过分析、比较数据间的关系、趋势或比例来取得审计证据，完成审计目标。标杆法，对经营活动状况进行实际观察和检查，通过与组织内外部相同或相似经营活动的最佳实务进行比较取得审计证据。

实施教育管理审计，其次关注效率性要素，除了运用常规的审计方法以外，还可以运用以下方法：比较分析法，通过分析、比较数据间的关系、趋势或比率来取得审计证据，完成审计目标。因素分析法，是查找产生影响的因素，并分析各个因素的影响方向和影响程度。量本利分析法，分析一定期间内的业务量、成本和利润三者之间变量关系，在教育系统不计利润的情况下，可考虑分析业务量与成本间的关系。

实施教育管理审计，再次关注效果性要素，除了运用常规的审计方法以外，还可以运用以下方法：调查法，凭借访谈、问卷等手段和方式，对一些现象或事实进行考察，通过对搜集到的事实资料的分析得出结论。

4. 管理审计增值

管理审计是针对教育行政部门和单位管理行为进行的审计活动，现代的管理审计与传统的财务审计最大的不同在于，它在借助财务资料的同时，也较多地借助财务以外的资料，更加关注管理活动和内部控制，表达的是一种改进管理方式，对管理部门提供帮助模式。目前，从国际内部审计实务上看，早在20世纪70年代，IIA就引导内部审计向管理审计转型，从此，管理审计已成为内部审计职业的目标和发展方向。我国内部审计实务相比英美一些国家落后了几十年，但是，我国内部审计协会积极借鉴国外的先进经验，提出了探索以风险为导向、以控制为主线、以治理为目标、以增值为目的具有中国特色内部审计新模式，推进内部审计由传统财务审计向现代管理审计转型。近几年，随着内部审计范围向管理审计领域的延伸，内部审计逐渐强调与管理层之间的沟通，强调参与业务活动和管理任务，体现参与式、融入式内部审计理念，体现内部审计服务是一种增值服务。

第三节　教育审计理念与目标

1. 教育审计理念

①审计重点不仅关注财产安全性防护，更加关注三个重点：内部控制、风险管理和组织治理。

②审计焦点不仅强调确认和测试控制的适当性和有效性，还要强调确认风险并测试这些风险是否得到有效管理。

③审计职能不仅是管理的监督者，还要是管理的参与者和融入者。

④审计内容不仅关注财务资料，还要关注非财务资料和管理活动。

⑤审计方式不仅采用查账方式，还要采用过去认为不是审计所采用的方式：调查、评估、分析、研究、咨询、服务等。

⑥审计建议不仅是强化控制、提高控制的效率和效果，还应规避风险、转移风险和控制风险，通过有效的风险管理，提高整体管理的效率和效果。

⑦审计报告不仅体现纠弊、兴利作用，还应起到增值作用。

2. 教育审计目标

传统的内部审计主要是以财务审计为基本内容，重点关注财产安全性防护，其职能就是“查错、纠弊、找毛病”，这体现了内部审计的传统目标，如今仍在教育审计中坚持和强调这一目标。中国内部审计准则认为，内部审计通过审查和评价经营活动及内部控制的适当性、合法性和有效性，促进组织目标的实现。内部审计的范围向管理审计领域延伸，这时的内部审计目标也转向了兴利，通过内部审计帮助组织提高效率和效果。国际注册内部审计师协会最新的内部审计定义：内部审计是一种独立、客观的确认和咨询服务，其目的是为组织增加价值并改善组织运营。从这一定义中，明确提出了内部审计的新目标，即增值服务。综上所述，防弊、兴利和增值是内部审计发展过程中不同阶段的目标，这三者之间不是相互排斥、相互隔离，而是相互依赖、相互依存。防弊和兴利是增值的基础，只有在差错纠弊的基础上，才能实现兴利进而实现增值目标。兴利是增值的外在表现，增值则是兴利的内在需求，其目标是一致的，目前，教育审计实务还停留在防弊阶段，有的可能进入兴利阶段，但增值是教育审计发展目标。在实施教育管理审计时，其目标虽侧重于增值，但应体现这三个目标共存的观念。

3. 教育审计任务

随着教育系统经济环境的变化和内部管理的需求以及内部审计的发展，教育审计已将其领域逐渐扩展到管理审计范畴。过去的内部审计任务是通过发挥其基本职能，审查和揭露被审计单位违法违规行为；现在的内部审计责权已逐步走向管理审计，其任务不再局限于审查、评价财务收支的真实性、合法性和客观报告，还要了解管理活动和内部控制情况，并有针对地提出管理建议，提供咨询服务，甚至在保护独立性的前提下，适当参与管理、融入管理，如参与内部控制制度设计、风险管理等，以帮助组织完善管理，实现增值目标。

第四节　管理审计与其他审计的区别

1. 教育审计的发展趋势

教育审计实务在现实中还停留在财务审计的阶段，重点关注“查错、纠弊、找毛病”层面，但是管理审计是未来的发展趋势，这一点不容忽视。教育审计要向管理审计发展，要从传统的财务审计向现代的管理审计过渡、延伸和转型，这是教育系统内部管理的内在需求，也是教育审计发展的外在需求。

2.管理审计的特征

①审计的目的是旨在帮助组织改善管理、增加价值。

②审计的范围是各项业务活动或职能部门。

③审计的方法是除运用常规方法以外，多应用管理技术和数量技术。

④审计的标准是评估管理业绩的标准或管理原则，而不是会计原则。

⑤审计的重点是管理素质，评价是管理活动。

⑥审计的职责是谋求改进管理，从而提高效益，促进实现目标。

⑦审计的类型是由传统的财务审计向现代的管理审计转变，是效益审计中的高层次审计。

3. 管理审计与其他审计的区别

管理审计与财务审计、内部控制审计、基建修缮审计、经济合同审计、经济责任审计、物资采购审计等都有所不同，但又不能把这些类型完全割裂开来，或者完全分离，应该说，管理审计是现代审计一种新的审计类别，是效益审计中的高层次审计。管理审计既体现在其他审计中，这些审计项目又蕴含了管理审计。如，经济责任审计与管理审计有所不同，前者是针对个人经济责任履行情况进行的审计，后者是针对管理活动和管理控制制度的审查和评价，进而谋求改进管理、提高效益审计。但经济责任审计中又包含了管理审计的一些内容，除审查、评价财务资料，还要审查、评价财务资料以外的经济活动和内部控制，包括重大经济决策、廉政情况以及财务管理、物资管理、基建管理、合同管理等内容，通过对上述内容进行深入剖析，揭示存在的问题，评价经济管理水平和界定经济责任。又如，内部控制审计就是管理审计的一种形式，审计的切入点是从管理活动和管理制度入手，通过对内部控制的审查和评价进而把握整个管理活动的。再如，财务审计代表了传统审计，它是借助财务账簿、凭证和报表等财务资料进行审计，内部审计机构和内部审计人员接触的多为财务机构和财务人员，并只就财务收支的真实、合法性或会计报表内容的公允性发表意见。管理审计代表了现代审计，它与财务审计有很大区别，在借助财务资料的同时，也较多地借助财务账簿、凭证和报表等以外的非财务资料，有时完全可以摆脱财务资料，重点关注业务活动和内部控制，内部审计机构和内部审计人员接触较多的是财务机构和财务人员以外的机构和人员，管理审计表达的是一种改进管理方式的意见。总之，在教育审计发展过程中，不能由于对管理审计的强调而忽视其他审计，应该能够体现传统财务审计与现代管理审计共存的基本理念。

第二章　教育审计程序

教育审计程序，是指内部审计机构在承办具体审计项目的过程中，应遵守的工作次序和要求。它包含了审计过程中各个环节的基本要求，是审计小组和审计人员遵循的行动步骤，也是审计活动的操作规程。本章程序是根据《中国内部审计准则》和教育审计工作具体情况进行规范的，教育审计程序一般包括审计准备、审计实施、审计报告和审计终结四个阶段。

第一节　教育审计准备阶段

审计准备阶段是指内部审计机构或人员在实施审计前，进行必要准备工作的阶段。该阶段包括审计项目立项、成立审计小组、审前调查、制定项目审计计划、制定审计方案、发送审计通知书、发送审计承诺书等环节。

1. 审计项目立项

审计项目立项是指对某一审计项目的审计范围和内容的确立。内部审计机构根据年度审计工作计划或书面委托安排审计项目，在审计项目实施审计前，应该按照规定的程序办理立项手续。

审计项目立项的依据是：

①组织批准的年度审计计划；

②上级有关部门的要求；

③有关部门的委托；

④应审单位的委托；

⑤组织负责人临时委派。

办理立项手续时，应填写“审计立项审批单”。

填写的内容主要为：

①审计项目名称；

②被审计单位名称；

③立项依据；

④审计目的；

⑤审计范围；

⑥审计时间等。

内部审计机构及组织负责人应分别在“审计立项审批单”上签署意见，最终批准时间即为立项时间。

2. 成立审计小组

审计小组是由内部审计人员组成的执行审计任务的基本作业单位。审计项目立项后，内部审计机构应选派具有一定胜任能力的人员成立审计小组，指派审计小组组长作为审计项目负责人。审计小组由组长一名、成员若干名（按照分级复核制度要求，不得少于2人）组成，审计项目负责人应具备必要的学识和专业胜任能力，并熟悉本组织的管理活动和内部控制。

在确定审计小组成员时，应实行回避制度，并考虑审计项目的复杂程度，适当安排审计人员。遇有特定审计项目时，如果内部审计人员的专业技术能力不能胜任项目，可根据需要，利用外部专家服务，并在审计活动中利用其工作成果。内部审计机构应当对利用外部专家服务结果所形成的审计结论负责。

组长的主要职责包括：制定项目审计计划；制定审计方案；对审计小组人员进行分工；组织审计通知书的起草；直接参与或督导重要及高风险领域的审计工作；负责与被审计单位的协调与沟通；检查工作进度；协调审计小组的工作；复核、综合审计工作底稿；编写审计报告；向内部审计机构报告工作；代拟审计结论和决定；检查审计结论和决定的落实情况；组织审结归档；实施项目质量控制、负责审计现场的督导工作。

审计小组根据需要，亦可设主审一名。主审应具有较高业务水平和丰富经验，并由高级审计师或审计师、国际注册内部审计师担任，在审计小组组长的授权范围内履行职责。协审在主审组织下，对分工的工作实行岗位责任制并完成主审临时交办的事项。

审计小组在项目审计过程中，对接触的信息负有保密义务。

3. 开展审前调查

在具体实施审计项目前，审计项目负责人应进行审前调查，充分了解被审计单位的情况，以制定项目审计计划。主要了解：组织基本情况和被审计单位基本情况，如经营活动、管理活动概况、内部控制的设计及运行情况、财务会计资料、重要的合同协议及会议记录；以前的审计情况；与审计项目有关的法律法规和组织内部规定以及与项目审计计划有关的情况。

4. 制定项目审计计划

项目审计计划是对具体审计项目实施的全过程所作的综合安排，也是从审计准备到审计终结全过程基本工作的综合规划。审计项目负责人负责制定项目审计计划，内部审计机构负责人批准项目审计计划，并督导审计计划的执行情况。审计项目负责人负责现场计划执行情况督导。督导情况要以书面形式记录在项目审计计划之中。

项目审计计划的基本内容包括：

①审计目的和审计范围；

②重要性和审计风险的评估；

③审计小组构成和审计时间的分配；

④专家和外部审计工作结果的利用；

⑤其他有关内容。

关于重要性与审计风险。重要性标准和审计风险都是影响审计证据数量的因素，内部审计人员在编制项目审计计划时，应合理运用专业判断，确定重要性，评估审计风险。其目的是为了合理估计审计项目实施中所需要收集的审计证据的数量，重要性标准量高，审计风险就越低，应获取的审计证据就少；重要性标准量越低，审计风险越高，应获取的审计证据越多。比如，重要性标准量定为 1%的偏差率就比

4%的偏差率需要审计人员在更大范围进行审查，收集更多的审计证据，才能查出偏差率大于 1%的内部控制缺陷。审计风险是内部审计人员未能发现被审计单位经营活动及内部控制中存在的重大差异或缺陷而做出不恰当结论的可能性，从审计计划开始就应充分考虑审计风险，是保证结论可靠性要求的手段。重要性和审计风险既是项目审计计划的内容，又是决定审计证据数量的因素。

5. 制定审计方案

审计方案是对具体审计项目的审计程序及其时间等所作出的详细安排，审计项目负责人负责编制审计方案，内部审计机构负责人批准审计方案。

审计方案应在审计前编制完成，内部审计机构负责人督导审计方案的制订，审计项目负责人现场督导审计方案的实施，并记录在审计方案。确认审计人员按批准后的审计方案实施必要的审计程序，并针对新发现的重要问题修订审计方案。

审计方案的内容主要包括：

①具体审计目的；

②具体审计方法和程序；

③预定的执行人及执行日期；

④其他有关内容。

审计项目负责人在制定项目审计计划和审计方案时，可根据被审计单位的经营规模、业务复杂程度及审计工作的复杂程度确定繁简程度。

6. 发送审计通知书

内部审计机构根据经过批准的审计计划及审计方案所规定的审计目的、审计方法、审计范围等编制审计通知书。审计通知书可由审计项目负责人组织起草。

审计通知书的基本内容包括：

①被审计单位及审计项目名称；

②审计目的及审计范围；

③审计时间；

④被审计单位应提供的具体资料和其他必要的协助；

⑤审计小组名单；

⑥内部审计机构及其负责人的签章和签发日期。

审计通知书发送要求：

①审计通知书一般于实施审计前送达被审计单位，特殊审计业务可在实施审计时送达；

②审计通知书主送被审计单位，抄送委托部门及有关部门。经济责任审计项目还应抄送被审计责任人；

③送达审计通知书应填制“审计文书送达回证”，“审计文书送达回证”由收件人签字后归档。

7. 签定审计承诺书

审计承诺书是内部审计机构要求被审计单位就所提供资料的真实性和完整性所作的书面声明及内部审计机构就内部审计人员遵守《内部审计人员职业道德规范》有关规定的承诺。审计承诺书可与审计通知书同时送达被审计单位，经内部审计机构及被审计单位主要负责人签字并加盖公章后收回归档。

第二节　教育审计实施阶段

审计实施阶段是指审计人员根据审计工作计划所确定的范围、重点，对审计事项进行检查、取证、分析和评价的工作过程。该阶段包括召开审计座谈会、内部控制评价、实质性测试、审计取证、编制审计工作底稿等环节。

1. 召开审计座谈会

审计小组按约定的时间与被审计单位的主要负责人和相关人员举行座谈会，座谈会由审计项目负责人主持，遇有重大或特殊审计项目，应由内部审计机构负责人主持，介绍本次审计的人员和时间安排，审计的目的和范围，以及关注的问题，并请被审计单位介绍近期的经营及管理活动，包括管理层提请关注的问题。确定审计期间相互沟通的时间、方式和人员。审计小组应确定主谈人和记录人，审计座谈记录应当场取得签字。

2. 了解内部控制

内部控制，是指组织内部为实现经营目标，保护资产安全完整，保证遵循国家法律法规，提高组织运营的效率及效果，而采取的各种政策和程序。

内部控制遵循了coso框架内容，包括五个相关联要素：控制环境、风险管理、控制活动、信息与沟通、监督。内部审计人员在开展内部控制的专项审计时，可按以上要素对被审计单位的内部控制情况进行审查与评价。

了解内部控制应当利用以往的审计经验，对于重要的内部控制，一般情况下，应实施以下审计程序：

①询问被审计单位有关人员，查阅相关内部控制文件；

②检查内部控制生成的文件和记录；

③观察被审计单位的业务活动和内部控制的运行情况；

④选择具有代表性的交易和事项进行“穿行测试”。

内部审计人员对于调查了解到的内部控制情况应及时做适当记录。记录的方法通常包括调查表法、文字表述法和流程图法。

了解与测试内部控制一般在审前调查阶段即着手进行，其目的以确定重要性和评估审计风险，为制定项目审计计划、审计方案做准备。

3. 符合性测试

符合性测试是对内部控制的实施情况和有效程度进行的测试。通过符合性测试程序获取审计证据，以进一步确定控制风险的水平，从而确定实质性测试的性质和范围。

符合性测试是为了确定内部控制的设计和执行是否有效而实施的审计程序。通常，需要测试被审计单位的内部控制是否设计合理得当，即进行控制设计测试；检查被审计单位的内部控制是否实际发挥作用，即进行控制执行测试。

内部审计人员可按审计方案中计划的符合性测试的数量、范围，结合内部控制初步评价结果，决定是否扩大该数量、范围，取得额外审计证据。从成本效益角度考虑，也可在审前调查时一并取得部分有关内部控制有效性的审计证据。

在符合性测试中，内部审计人员可根据需要采用抽样技术，如固定样本量抽样，停-走抽样，发现抽样等抽样方法，以提高审计的效率。

4. 评价控制风险

内部审计人员在了解内部控制之后，应在制定项目审计计划时对控制风险做出初步评价。控制风险的初步评价结果，一般分为高、中、低三个档次。根据内部控制初步评价的结果，确定审计风险水平和决定内部控制是否可以信赖。

内部审计人员应根据符合性测试的结果对控制风险进行再评价，如评价的结果与初步评价存在差异，应对控制风险水平予以修正，并据以修改审计方案确定的实质性测试的范围和重点，从而将检查风险控制在可接受水平范围内。

如内部控制评价为低控制风险，可依赖内部控制，相应减少实质性测试的范围和数量；如内部控制评价为中控制风险，为减少审计风险，应适当扩大实质性测试的范围和数量；如内部控制评价为高控制风险，不依赖内部控制，实施详细的实质性测试。

5. 实质性测试

实质性测试是指在内部控制的符合性测试基础上，对经营活动所涉及的金额项目进行的证实性测试。它主要是通过对具体业务的抽查来完成的。

实质性测试的范围和重点是由符合性测试的结果及控制风险评估结果决定的。符合性测试中所确认的控制弱点，就是实质性测试的重点。如果内部控制的风险水平越高，则越需扩大实质性测试的范围和数量。

实质性测试的方法主要有审核、观察、监盘、询问、函证、计算、分析性复核等。测试的内容包括对银行帐户的审查；对会计报表、账簿、凭证的审查；对有关文件、资料的查阅；对现金、实物、有价证券的检查和向有关单位和人员进行书面或口头的调查、询问。

实质性测试可采用适当的抽样技术，如单位均值估计法，比率估计法，差额估计法等抽样方法，以提高审计效率。也可以采用分析性复核方法，通过分析和比较信息之间的关系或计算相关的比率，以确定审计重点、获取审计证据和支持审计结论。采用的审计技术和方法应记录在审计项目计划和审计方案以及审计工作底稿中。

内部审计人员应在实质性测试后，根据其结果和其他审计证据，对控制风险做出最终评价，如实质性测试结果表明，控制风险水平高于上次评价的结果，则应适当追加必要的审计程序，将检查风险降至可接受的水平。

6. 获取审计证据

审计证据是内部审计人员在从事审计活动中，通过实施审计程序所获取的，用以证明审计事项，作出审计结论和建议的依据。

内部审计人员可以采用审核、观察、监盘、询问、函证、计算、分析性复核等方法获取审计证据。内部审计人员对获取的审计证据进行分类、筛选和汇总，并进行分析和评价，保证证据的充分性、相关性和可靠性。在此基础上，作出审计结论和建议。

审计证据内容包括：

①书面证据；

②实物证据；

③视听电子证据；

④口头证据；

⑤环境证据。

获取审计证据的要求：

①审计证据收集齐全后，取证人和复核人应分别对审计证据进行鉴定。保证审计证据充分、可靠、相关和有用，确实能够为审计结论和建议提供适当的依据，以实现审计目标，并有助于组织目标的实现。

②内部审计人员在获取审计证据时，应考虑适当的抽样方法、合理的审计风险水平、成本与效益的合理程度、具体审计事项的重要程度。

③内部审计人员应将获取审计证据的名称、来源、内容等清晰、完整地记录在审计工作底稿中。必要时，审计证据应取得证据提供者

的签名或盖章，如果证据提供者拒绝，内部审计人员应当注明原因和日期，该证据仍可作为支持审计结论和建议的依据。

④为保证审计证据的可靠性，对审计项目的某些特殊问题，内部审计人员可聘请专业机构或人士进行鉴定。

⑤对被审计单位有异议的审计证据，内部审计人员应进一步核实。

对获取的审计证据实行分级复核制度，各级督导工作要采取书面形式记录在审计证据审核单等审计工作底稿中。

7. 编制审计工作底稿

审计工作底稿是内部审计人员在审计实施过程中，形成的工作记录，是联系审计证据和审计结论的桥梁。内部审计人员应客观记录审计过程，按照岗位分工和实际需要，编制审计工作底稿。编制底稿时，可根据不同的审计事项选用相应的底稿用纸。

审计工作底稿应载明下列事项：被审计单位的名称；审计事项及其期间或截止日期；审计程序的执行过程和执行结果记录；审计结论；执行人员姓名和执行日期；复核人姓名、复核日期和复核意见；索引号及页次；审计标识与其他符号及其说明等。

内部审计机构应建立审计工作底稿的分级复核制度，内部审计机构负责人对审计工作底稿的复核负完全责任，审计项目负责人应加强对工作底稿的现场复核，还应经过内部审计机构中比工作底稿编制人员职位更高或具有丰富经验的人复核。复核人应在复核过的工作底稿上签字，并注明日期，复核中发现的问题应进行书面记录，并在之后审查问题是否已得到解决。

审计督导工作要贯穿于审计过程，各级督导人员将其阅读审计计划与审计方案、复核审计工作底稿、考察审计证据、确认审计报告、及与被审计单位沟通交流等各个环节后的疑问和要求，以书面形式记录下来，要求被督导人员及时修订和完善其工作环节并记录于审计工作底稿。

审计实施过程中，审计人员对已经认定的账务处理差错，管理薄弱环节，应及时向审计小组组长报告，经同意后，可向被审计单位或有关人员提出“调整账项”或“改进管理”的意见和建议，并将被审计单位采纳与改正情况记入审计实施工作底稿。内部审计机构应建立审计工作底稿保密制度。

第三节　教育审计报告阶段

审计报告阶段是对审计事项进行综合评价，向内部审计机构提交审计报告的阶段。该阶段主要包括编写审计报告初稿、复核审计报告、征求被审计单位意见、审定审计报告等环节。

1. 编写审计报告初稿

审计报告是内部审计人员根据审计计划对被审计单位实施必要的审计程序后，就被审计单位的经营活动和内部控制，向所属的内部审计机构报告审计的过程和结果，表达审计意见的一种书面材料。它是内部审计机构作出审计结论和决定的重要依据。凡正式发出审计通知的审计项目，不论有无发现问题，均应提出审计报告。

审计项目负责人或主审应在推敲审计证据，确定问题，提出意见和建议及对审计项目作出综合分析评价后编写审计报告的初稿。

初稿完成后，在审计小组范围内组织讨论，进行修改。

审计报告的内容：

①审计概况：说明审计立项依据、审计目的和范围、审计重点和审计标准等内容；

②审计依据：应声明内部审计是按照内部审计准则的规定实施，若存在未遵循该准则的情形，应对其做出解释和说明；

③审计结论：根据已查明的事实，对被审计单位经营活动和内部控制所作的评价；

④审计决定：针对审计发现的主要问题提出的处理、处罚意见；

⑤审计建议：针对审计发现的主要问题提出的改善经营活动和内部控制的建议。

以上内容中，审计目的、审计范围和审计结论是审计报告必须具备的内容。

审计报告的编写要求：

①客观：审计报告的编制应实事求是，不偏不倚地反映审计事项；

②完整：审计报告应按照规定的格式及内容编制，作到要素齐全、格式规范，不遗漏审计中发现的重大事项；

③清晰：审计报告应突出重点、简明扼要、易于理解；

④及时：审计报告应及时编制，以便适时采取有效纠正措施；

⑤建设性：审计报告应针对被审计单位经营活动和内部控制的缺陷提出可行的改进建议，促进组织目标的实现。

⑥重要性：审计报告形成的审计结论与建议应当充分考虑审计项目的重要性和风险水平，对于被审计单位经营活动和内部控制中存在的严重差异和漏洞以及审计风险高的领域必须在审计报告中加以说明。

2. 复核审计报告

审计报告初稿经审计小组讨论修改后，应连同有关工作底稿及审计证据等报经内部审计机构负责人复核。如发现问题，可根据情况退回审计小组重新检查和修正。

3. 征求被审计单位意见

审计报告经内部审计机构负责人审阅后，由审计项目负责人或主审填制“审计报告征求意见单”，送被审计单位征求意见。

被审计单位收到审计报告 10 日内，在“审计报告征求意见单”上写明书面意见后，连同审计报告征求意见稿返还审计小组。审计小组在收到被审计单位的书面意见后，如认为意见合理，应予采纳；被审计单位对审计报告持有异议的，审计项目负责人及相关人员应进行研究、核实，必要时应修改审计报告。

4. 审定审计报告

审计项目负责人或主审在征求被审计单位意见和经必要修改后，填制“审计报告审定单”，将审计报告按程序送交内部审计机构负责人审定。如有必要将审计报告报送主管审计工作的负责人审定。

内部审计机构应将审定后的审计报告提交被审计单位和组织管

理层，并要求被审计单位在规定的期限内落实纠正措施。

内部审计机构应建立结果沟通制度，在正式提交审计报告前进行沟通，把沟通的结果记录在审计工作底稿。内部审计机构应对审计报告编制过程进行督导，保证审计报告质量。

内部审计机构应建立健全审计报告分级复核制度，在提交最终的审计报告之前，应对审计报告的编制进行分级复核，应由审计项目负责人和主审或指定具有丰富经验的人员承担，最终由内部审计机构负责人复核。复核的层次视审计项目的复杂程度和内部审计机构的规模以及人员配置等而定。

内部审计报告是内部审计活动的最终成果，是内部审计的基本产品，内部审计报告应体现内部审计工作的价值增值。

第四节　教育审计终结阶段

审计报告阶段应属终结阶段，审计报告的正文内容已包含了审计结论、审计意见、审计建议、审计决定等，无需在审计报告之外再出具审计意见书和审计决定书等书面文件。但从一些内部审计机构习惯做法和现实需求考虑，可以以法定文书的形式出具审计意见书和审计决定书，并作为审计终结阶段。

审计终结阶段是内部审计机构对有关的审计事项提出审计意见和作出处理决定的阶段。该阶段主要包括提出审计意见和作出审计决定、落实审计意见和决定等环节。

1. 提出审计意见和作出审计决定

内部审计机构依据审定后的审计报告，以其他的书面形式提出审计意见和作出审计决定。审计意见书和审计决定书是内部审计机构根据证实的审计事项对被审计单位提出审计意见和作出处理决定时使用的书面文件。其中，审计意见书最为常用。

审计意见书的内容主要包括：审计概况、审计依据、审计意见与建议及对审计意见和建议执行时限的说明等。

审计意见书发送要求：

①审计意见书主送被审计单位，并抄送对审计结论有所考虑的相关部门；

②经济责任审计项目，不出具审计意见书，而是向委托部门出具审计结果报告，审计结果报告主送委托单位，抄送被审计单位和经济责任人；

③审计意见书必须在审计小组提交审计报告后 30 日内，由内部审计机构负责人签发后送达被审计单位。

对于被审计单位经济活动和内部控制存在的差异和缺陷需要提出管理咨询或建设性意见的，可以出具管理建议书。

对于审计发现的违反国家法律法规和财务制度需要作出处理处罚决定的，可另行出具审计决定书。

如审计中发现被审计单位的主管人员或直接责任人涉嫌违法、违纪需要作出处理的，也可以出具审计移送处理书。

送达审计意见书、审计决定书、管理建议书或审计移送处理书时，填制“审计文书送达回证”，指派专人送达，有关单位签收后收回存档。

2. 落实审计意见和决定

被审计单位对审计意见书的内容，应认真研究采纳；对审计决定的内容，必须认真执行，并于收到审计意见或决定之后 30 日内，将采纳审计意见和执行审计决定的情况以书面形式反馈内部审计机构。

被审计单位对审计意见书、审计决定书如有异议，可在收到审计意见书和审计决定书 15 日内，以书面形式向组织负责人提出复审。复审处理期间，原审计意见和审计决定照常执行。

第五节　教育审计回访阶段

1. 回访检查

内部审计机构对所承办的审计项目，应在项目审计终结 30 日后的 5 日内指定专人进行回访检查，以确定被审计单位对审计意见的采纳和落实情况及审计决定的执行情况。并由检查人填写审计回访单，经内部审计机构负责人审阅后，存档备查。

必要时可安排后续审计。后续审计是指内部审计机构为检查被审计单位对审计发现的问题所采取的纠正措施及其效果而实施的审计。内部审计机构负责人应适时安排后续审计工作，并把它作为年度审计计划的一部分。

2. 审结归档

内部审计机构对承办的审计项目，应当按照“谁审计，谁立卷”、“审结卷成”的要求，在审计回访检查完成后，根据有关规定，组成审计案卷，妥善保管，按期归档。

附：教育审计作业流程图

教育审计作业流程图

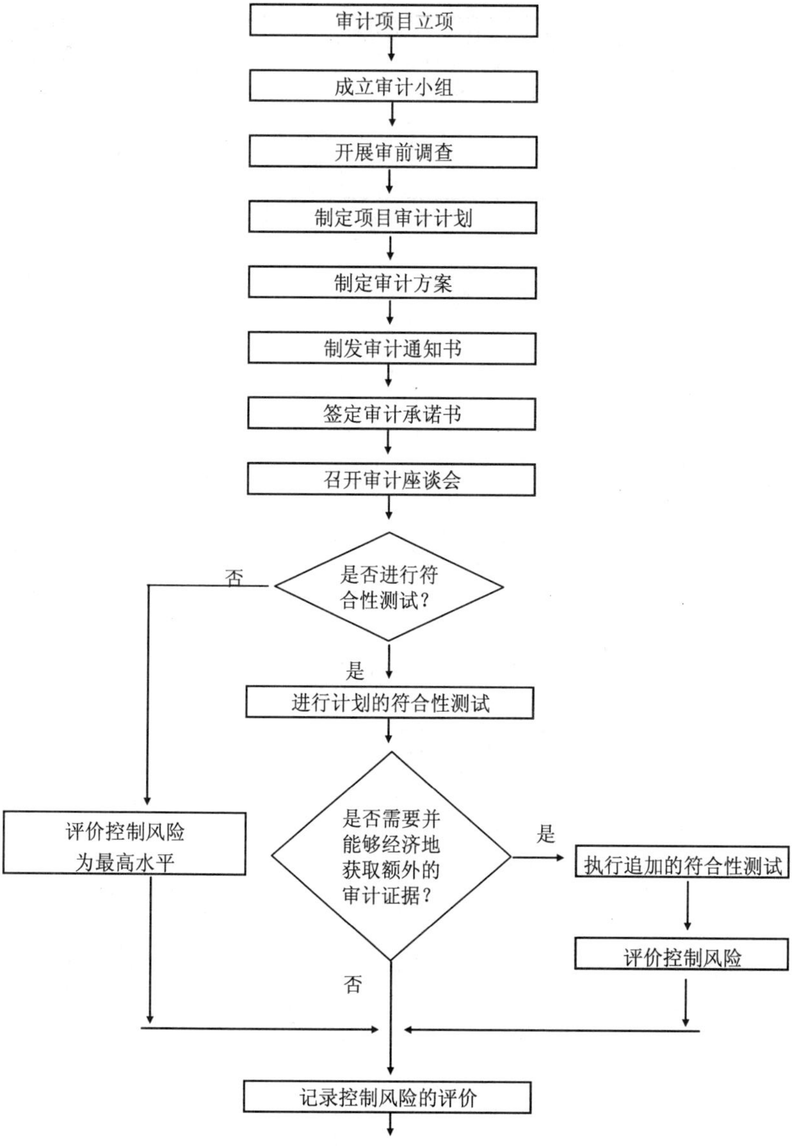
审计项目立项
成立审计小组
开展审前调查
制定项目审计计划
制定审计方案
制发审计通知书
签定审计承诺书
召开审计座谈会
是否进行符合性测试？
否
是
进行计划的符合性测试
是否需要并能够经济地获取额外的审计证据？
是
否
评价控制风险为最高水平
执行追加的符合性测试
评价控制风险
记录控制风险的评价

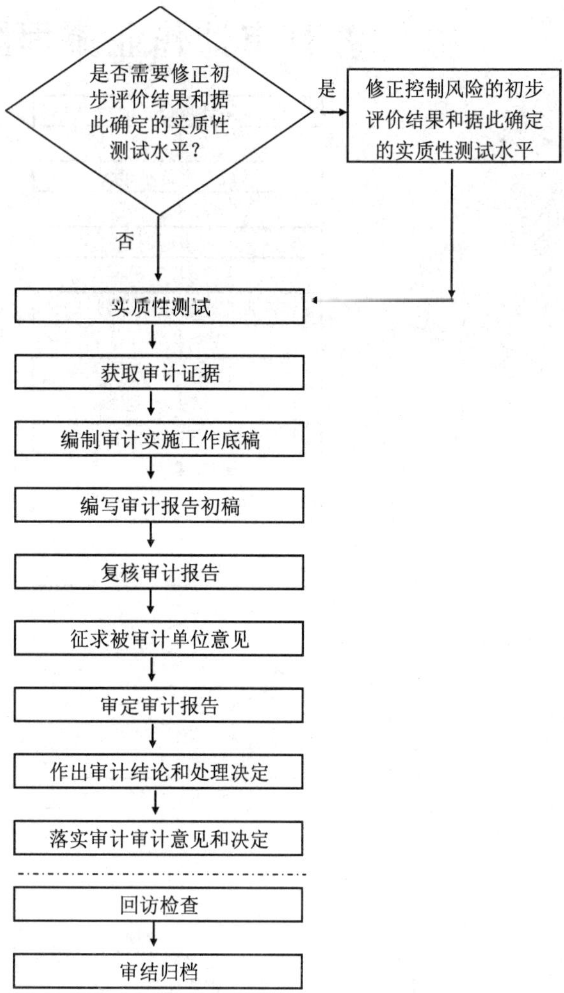
是否需要修正初步评价结果和据此确定的实质性测试水平？
是
修正控制风险的初步评价结果和据此确定的实质性测试水平
否
实质性测试
获取审计证据
编制审计实施工作底稿
编写审计报告初稿
复核审计报告
征求被审计单位意见
审定审计报告
作出审计结论和处理决定
落实审计审计意见和决定
回访检查
审结归档

第三章　教育审计文书

教育审计文书，是教育系统各类组织的内部审计机构在依法进行审计监督和评价过程中形成的具有规范体式的文书。教育审计文书格式，是对教育审计文书进行统一规范的规格、样式。各类组织的内部审计机构，应当按照规范要求对审计文书进行办理、管理、编制、复核、整理、立卷、归档。

第一节　教育审计文书种类

根据教育审计工作实际情况，可把审计文书分为三种类型，即审计法定文书、审计作业文书、审计往来文书。

1. 审计法定文书

审计法定文书是教育系统各类组织的内部审计机构，对被审计单位或个人发出的权威性的书面文书。

审计法定文书常用的有审计通知书、审计意见书、审计决定书、审计移送处理书、管理建议书。

①审计通知书

是指内部审计机构在实施审计前，通知被审计单位或个人接受审计的书面文件。

②审计意见书

是指内部审计机构在实施审计后，对被审计单位的经营活动和内部控制的适当性、合法性和有效性做出的评价和改进意见的书面文件。

③审计决定书

是指内部审计机构在实施审计后，对被审计单位违犯财经纪律的行为做出处理、处罚决定的书面文件。

④审计移送处理书

是指内部审计机构或其所在组织针对审计发现的被审计单位涉嫌违法、违纪的主管人员和直接责任人移送有关部门处理的书面文件。

⑤管理建议书

是指内部审计机构在实施审计后，对审计发现的共性问题向所在组织提出改进管理、提高效益建议的书面文件。

2. 审计作业文书

审计作业文书是审计小组，在项目审计过程中形成的具有规范体式的可操作性文书。

审计作业文书常用的有：审前调查表、项目审计计划、审计方案、审计工作底稿、审计报告、审计调查报告等。

①审前调查表

是审计小组在编制项目审计计划和审计方案前，向被审计单位搜集相关资料、开展审前调查时形成的书面文件。

②项目审计计划

是指审计小组对具体审计项目实施的全过程所作综合安排形成的书面文件。

③审计方案

是审计小组对具体审计项目的审计程序及其时间等所作详细安排的书面文件。

④审计工作底稿

是审计小组在审计实施过程中形成的工作记录，是联系审计证据和审计结论的桥梁。审计工作底稿一般情况下使用一种统一样式的文书，但也可以分层次使用多种样式的文书，比如，分层次详细编制审计工作底稿，即具体、分项、汇总审计实施工作底稿。

——具体审计实施工作底稿：是审计小组分工对审计程序执行过程、结果和审计证据的具体记录。

——分项审计实施工作底稿：是审计小组，整理分工审计事项的具体审计工作底稿和审计证据。

——汇总审计实施工作底稿：是审计小组，归纳整理分项审计实施工作底稿。

⑤审计报告

是审计小组对被审计单位实施必要的审计程序后，就被审计单位经营活动和内部控制的适当性、合法性和有效性出具的书面文件。

⑥审计调查报告

是审计小组实施必要的审计程序后，对内部审计机构报告审计调查情况的书面文件。

3. 审计往来文书

审计往来文书是组织或内部审计机构与上下级、有关单位之间往来的具有规范体式的文书。

审计往来文书常用的有：审计请示、审计批复、审计通报、审计函、审计结果报告、审计调查结果报告、审计承诺书等。

①审计请示

是内部审计机构对项目审计中出现的问题向组织或上级内部审计机构请求指示、批准的书面文件。

②审计批复

是组织或上级内部审计机构答复下级内部审计机构请示事项的书面文件。

③审计通报

是组织或内部审计机构对被审计单位进行表彰、批评，传达重要精神或情况的书面文件。

④审计函

是组织或内部审计机构用于不相隶属关系之间商洽工作、询问和答复问题的往来文书。

⑤审计结果报告

是内部审计机构向组织、上级内部审计机构或审计机关报告重要审计事项结果或向经济责任审计委托部门出具审计结果的书面文件。

⑥审计调查结果报告

是内部审计机构向组织、上级内部审计机构或审计机关报告审计调查结果的书面文件。

⑦审计承诺书

是内部审计机构要求被审计单位就所提供资料的真实性和完整性所作的书面声明及内部审计机构就内部审计人员遵守《内部审计人员职业道德规范》有关规定的承诺。

第二节　教育审计文书格式

1. 审计法定文书格式

教育审计的法定文书格式由眉首、主体、版记三个部分组成。

①眉首：由发文组织、文书名称、发文字号、红色反线组成。

②主体：由公文标题、主送单位、公文正文、成文时间、发文印章组成。

③版记：由主题词、抄送、印发单位和印发时间、版记中的反线组成。

2. 审计作业文书格式

教育审计作业文书格式由表头、表体、表尾三部分组成。（审计报告除外，均为表格式）

①表头：由作业文书名称、被审计单位名称、审计项目名称、索引号等组成。

②表体：根据审计作业文书种类确定内部内容。

③表尾：由编制人（执行人）、编制（执行）日期、复核人、复核日期、页次等组成。

3. 审计往来文书格式

教育审计往来文书格式由眉首、主体、版记三个部分组成。可参照审计法定文书格式行文。

4. 审计文书用纸格式

①审计文书用纸一般使用纸张定量为60g/m~80g/m的胶版印刷纸或复印纸。

②审计文书用纸采用 A4 型纸，其成品幅面尺寸为210mm×297mm。

③审计文书用纸页边距

——审计文书用纸上下边距为：37mm±1mm

——审计文书用纸左右边距为：28mm±1mm

——审计文书用纸版心尺寸为：156mm×225mm

④审计文书装订

——审计文书装订应在左侧装订。

——审计文书平订的订位为两钉钉锯外订眼距书芯上下各 1/4处，允许误差±4mm。

——审计文书裁切成品尺寸误差±1mm，四角成90度，无毛茬或缺损。

第三节　教育审计法定文书要素

教育审计法定文书要素划分为眉首、主体、版记三部分。置于公文首页红色反线以上的各要素统称眉首；置于红色反线（不含）以下至主题词（不含）之间的各要素统称主体；置于主题词以下的各要素统称版记。

1. 眉首

①发文组织标识

由发文组织全称或规范化简称及内审机构名称加文件名称组成，俗称“版头”或“红字头”。发文组织标识使用小标宋体字，用红色标识。字号由发文组织以醒目美观为原则酌定，一般采用一号字，但最大不能等于或大于22mm×15mm，发文组织标识必须居中排布。

②发文字号

由发文组织代字、年份和序号组成。

发文字号排布位置如下：发文组织标识下一行，用3号仿宋体字，居中排布；年份、序号用阿拉伯数码标识；年份应标全称，用六角括号“〔〕”括入；序号编实位“1、2”后加“号”，不加“第”字。

③红色反线

发文字号之下4mm处印一条与版心等宽的红色反线。

④特殊情况说明，根据所在组织性质和内部审计自身需求，眉首中“发文组织标识”和“红色反线”可以使用黑色标识和黑色反线。

2. 主体

①标题

红色反线下空1行，用2号小标宋体字，可分一行或多行居中排布；回行时要做到词意完整，排列对称，间距恰当。

②主送单位

标题下空1行，左侧顶格用3号仿宋体字，主送单位名称后标全角冒号。

③正文

主送单位名称下一行，每自然段左空2字，回行顶格。年份及数字不能回行。正文用3号仿宋体字，一般每版面排22行，每行排28个字。

结构层次序数，第一层用“一、”，第二层用“㈠”，第三层用“1、”，第四层用“⑴”。

阿拉伯数字书写的多位整数和小数的分节，从小数点起，向左每三位数字一组，组间空四分之一个汉字的位置；例：3 547 826，也可以采用千分撇“,”分节，四位以内整数不分节；例：3,547,826　5706 小数点是齐底线的黑圆点“.”。例：5.46。

④成文时间

成文时间以内审机构负责人签发的日期为准；成文时间用汉字将年、月、日标全，“零”写为“〇”；成文时间的标识位置，标注在正文结尾的右下方，成文时间右空4字；使用规范版头的文书，在落款处不署发文单位名称，只标注发文时间。

⑤发文印章

加盖印章位置应上距正文 2mm-4mm，端正、居中下压成文时间，印章用红色。

当印章下弧无文字时，采用下套方式，即仅以下弧压在成文时间上；当印章下弧有文字时，采用中套方式，即印章中心线压在成文时间上。

当正文排版后所剩空白处不能容下印章位置时，应采取调整行距、字距的措施解决，不得采用标识“此页无正文”方法解决，必须使印章与正文同处一面。

3. 版记

①主题词

“主题词”采用 3 号黑体字，居左顶格标识，后标全角冒号；词目用 3 号小标宋体字，词目间空 1 字；主题词可按照上级机关要求规范的词目标引，没有规定词目的，可采用能够准确反映文件内容的词进行组配标引。

②抄送

“抄送”在主题词下一行用 3 号仿宋体字，左空 1 字标识，后标全角冒号。

③印发单位和印发时间

印发单位和印发时间在抄送下一行，占 1 行位置，用 3 号仿宋字体；印发单位左空 1 字，印发时间右空 1 字；印发时间以文书付印的日期为准，用阿拉伯数码标识。

④版记中的反线

版记中的各要素下面均加一条反线，与版心等宽。

⑤版记的位置

版记应在文书最后一页，版记最后一个要素应在最后一行。

⑥特殊情况说明

在行文时，不使用规范版头的文书，可省略“眉首和版记”。

⑦页码

页码采用 4 号半角白体阿拉伯数码标识；页码在版心下边缘下一

行，居右空 1 字；数码左右各放一条 4 号一字线，一字线距版心下边缘 7mm。

第四节 教育审计文书表格

教育审计文书表格是与审计文书配套使用的、规范的表格。

1. 表格的种类

①审计立项审批单，主要包括项目名称、立项依据，审计目的与范围、审计时间、内审机构负责人意见、单位负责人意见等内容。

②审计文书签发单，主要包括文书种类、文件名、签发人、拟稿人、核稿人、主送单位、抄送单位、打字、校对等内容，与使用规范公文版头的、有发文字号的公文配套使用。

③审计证据审核单，主要包括证据名称、证据类型、证据来源、取证人、取证日期、专家鉴定意见、复核人、复核意见、日期等内容，与审计证明材料或其他审计证据配套使用。

④审计报告征求意见单，主要包括审计小组征求被审计单位意见的时间要求、被审计单位对审计报告的意见、被审计单位签章等内容，与审计报告征求意见稿配套使用。

⑤审计报告审定单，主要包括被审计单位名称、审计项目名称、审计小组讨论的意见、内部审计机构的意见、单位的意见等内容，与审计报告配套使用。

⑥审计结果执行反馈单，主要包括被审计单位名称、审计项目名称、送达日期、审计结果执行情况等内容，与审计意见书和审计决定书配套使用。

⑦审计回访单，主要包括被审计单位名称、审计项目名称、审计回访情况、回访日期等内容。

⑧审计文书送达回证，主要包括审计项目名称、送达文书名称、发文字号、页数、送达人、收件人签章、收件日期等内容，与使用规范公文版头的、有发文字号的公文配套使用。

2. 表格的格式要求

①表格一般由表头、表体、表尾组成。

②表格可根据实际工作需要设计并统一印制为规范化的格式。

③表格用纸采用A4型纸，其成品幅面尺寸为：210mm×297mm。

④表格的页边距：左右边距为28mm±1mm，上下边距为37mm±1mm，版心尺寸156mm×225mm。

⑤表格的颜色均为黑色。

⑥表格中的文字：表头用2号小标宋体字，可分一行居中排布；表体、表尾用5号小标宋体字。

第五节　教育审计文书处理

教育审计在实施审计过程中形成的各类文书，应按规范的程序处理。

1. 发文与收文办理

①发文办理：审计发文须按草拟、审核、签发、用印、登记、分发等程序办理。签发日期即成文日期。

②收文办理：审计文书须按签收、登记、审核、拟办、承办、催办等程序办理。

2. 文书送达与归卷

①文书送达：审计法定文书当面送，必须要求受达人在审计文书送达回证上签收；电传送达，必须要求受文人回传签收；邮寄送达必须采用双挂号信函；网上送达，必须要求受文人回复。

②文书归卷：在实施项目审计中，形成的审计文书，与审计文书配套使用的审计文书表格以及证明材料，均由审计小组设立专门卷宗或卷夹保存，要保证材料的齐全、完整，便于立卷归档。

3. 案卷归档与移交

①归档前的使用，一般情况下审计小组以外的人员不得借用、借

阅；特殊情况须经内部审计机构负责人批准后，按有关规定办理。

②定期归档，按照内部审计规定方法立卷，定期向档案管理部门移交。

附：教育审计文书样式

图 1、A4 型文书用纸页边及版心尺寸

图 2、审计立项审批单

图 3、审前调查表

图 4、项目审计计划

图 5、审计方案

图 6、审计文书签发单

图 7、审计通知书

图 8、具体审计实施工作底稿

图 9、分项目审计实施工作底稿

图 10、汇总审计实施工作底稿

图 11、审计工作底稿（通用格式）

图 12、审计证据审核单

图 13、审计报告

图 14、审计报告征求意见单

图 15、审计报告审定单

图 16、审计意见书

图 17、审计决定书

图 18、审计结果执行反馈单

图 19、审计回访单

图 20、审计移送处理书

图 21、审计结果报告

图 22、管理建议书

图 23、审计文书送达回证

图 24、卷内文件目录

图 25、第一单元　结论类文件

图 26、第二单元　证明类文件

图 27、第三单元　立项类文件

图 28、卷内备考表

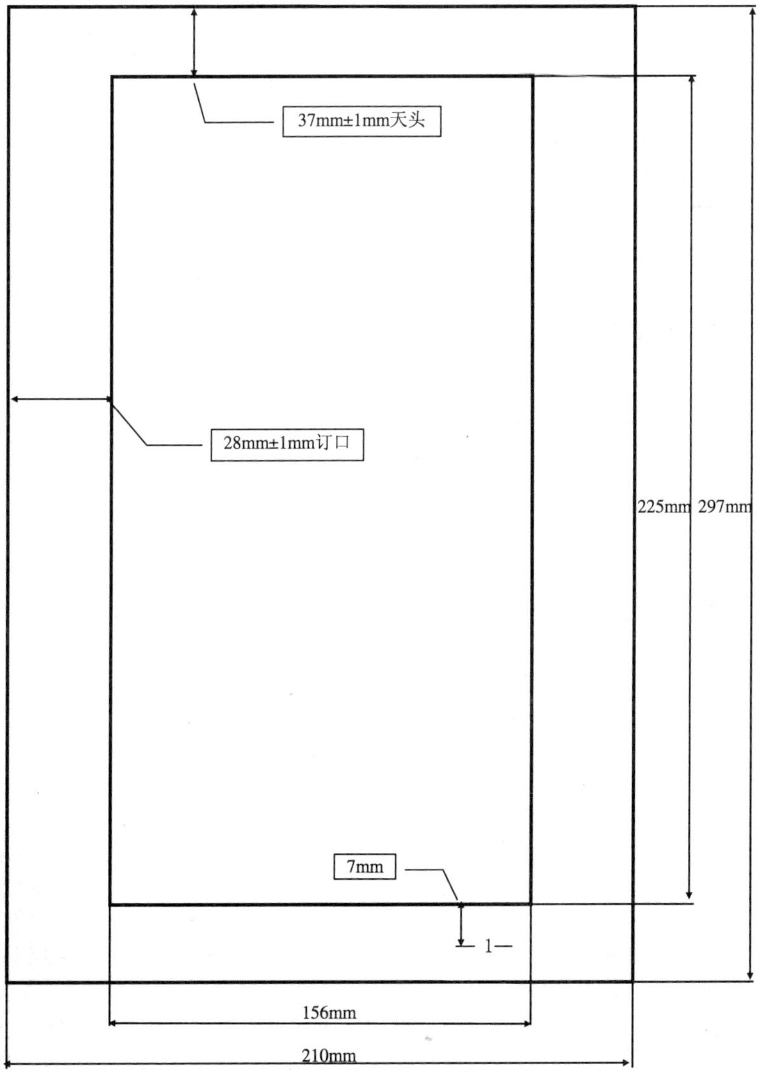

图 1　A4 型文书用纸页边及版心尺寸

审计立项审批单

被审计单位名称：　　　　　　　　　　　　　　　　　立项号：

<table>
<tr><td>项目名称</td><td></td></tr>
<tr><td>立项依据</td><td></td></tr>
<tr><td>审计目的</td><td></td></tr>
<tr><td>审计范围</td><td></td></tr>
<tr><td>审计时间</td><td></td></tr>
<tr><td colspan="2">内部审计机构负责人意见：</td></tr>
<tr><td colspan="2">组织负责人意见：</td></tr>
<tr><td>备 注</td><td></td></tr>
</table>

图 2　审计立项审批单

审 前 调 查 表

被审计单位名称：

业务活动概况	
内部控制的 设计与运行	
基本财务数据	
重要经济事项	
上次审计情况	
其他有关事项	

调查人：　　　　　　　　年　　　月　　　日

图 3　审前调查表

项目审计计划

被审计单位名称：　　　　　　　　　　　审计项目名称：

<table>
<tr><td colspan="2">审计目的</td><td></td></tr>
<tr><td colspan="2">审计范围</td><td></td></tr>
<tr><td rowspan="2">重要性以及审计风险的评估</td><td>重要性水平：</td><td>1、总收入法（0.5%-1%）：选用　　%×总收入=
2、总资产法（0.5%-1%）：选用　　%×总资产=
3、净利润法（5%-10%）：选用　　%×净利润=
4、其他方法：</td></tr>
<tr><td>审计风险：</td><td>1、可接受的审计风险：
2、固有风险：
3、控制风险：
4、可接受的检查风险：</td></tr>
<tr><td colspan="2">审计技术方法</td><td></td></tr>
<tr><td colspan="2">审计小组构成</td><td></td></tr>
<tr><td colspan="2">审计时间分配</td><td></td></tr>
<tr><td colspan="2">督导意见：</td><td>内部审计机构负责人意见：</td></tr>
</table>

编制人：　　　　　　年　月　日　　　　复核人：　　　　年　月　日

图 4　项目审计计划

审 计 方 案

被审计单位名称：　　　　审计项目名称：　　　　共　　页，第　　页

具体审计目的	具体审计程序与方法	执行人	执行日期	审计方案的调整
				督导意见：
				内部审计机构负责人意见：

编制人：　　　　年　　月　　日　　　　复核人：　　　　年　　月　　日

图 5　审计方案

审计文书签发单

文书种类：

<table>
<tr><td>文件名</td><td colspan="3"></td></tr>
<tr><td>发文字号</td><td colspan="3"></td></tr>
<tr><td>签发人</td><td></td><td>签发日期</td><td></td></tr>
<tr><td>会签</td><td colspan="3"></td></tr>
<tr><td>拟稿人</td><td></td><td>核稿人</td><td></td></tr>
<tr><td>附件</td><td colspan="3"></td></tr>
<tr><td>主送单位</td><td colspan="3"></td></tr>
<tr><td>抄送单位</td><td colspan="3"></td></tr>
<tr><td>备注</td><td colspan="3"></td></tr>
<tr><td>打字</td><td></td><td>校对</td><td></td></tr>
</table>

图 6　审计文书签发单

×××××（内部审计机构全称）
审 计 通 知 书

×审通〔　〕×号

关于对×××××进行审计的通知

×××××(被审计单位名称)：

为了（审计目的），根据（审计立项依据），决定派出审计小组，自×年×月×日起，对你单位(审计范围、内容)进行审计。请予以积极配合，并提供有关资料和必要的工作条件。

审计组长：

审计组员：

附件：1、××××××（应提供的资料清单）

　　　2、××××××

（内部审计机构全称印章）

×年×月×日

主题词：×××　×××　审计　通知

抄送：×××，×××，×××。

××××××　　　　×年×月×日印发

图7　审计通知书

具体审计实施工作底稿

索引号：

<table>
<tr><td>审计事项</td><td></td><td>审计期间
或截止日</td><td></td></tr>
<tr><td colspan="4">

</td></tr>
<tr><td colspan="4">督导意见：</td></tr>
<tr><td colspan="4">一级复核意见：</td></tr>
</table>

执行人：　　　　　　年　月　日　复核人：　　　　　　年　月　日　　第　页

图 8　具体审计实施工作底稿

分项目审计实施工作底稿

被审计单位名称：　　　　　　　　　　　　　　　　　　索引号：

<table>
<tr><td>本分项目的审计内容</td><td></td></tr>
<tr><td colspan="2">实施的审计程序：　　　　　　　　　　　　　　　　参见索引号</td></tr>
<tr><td colspan="2">审计查明的事实：</td></tr>
<tr><td colspan="2">审计意见及建议：</td></tr>
<tr><td colspan="2">督导意见：</td></tr>
<tr><td colspan="2">二级复核意见：</td></tr>
</table>

执行人：　　　　　　年　　月　　日　　　　　　复核人：　　　　　　年　　月　　日

图 9　分项目审计实施工作底稿

汇总审计实施工作底稿

被审计单位名称：　　　　审计项目名称：　　　　共　　页，第　　页

索引号	分项目审计内容	审计查明的事实	审计意见或建议	备　注
				督导意见：
				三级复核意见：

编制人：　　　　年　　月　月日　　　　复核人：　　　　年　　月　日日

图10　汇总审计实施工作底稿

审计工作底稿

被审计单位名称：　　　　　　　　　　　　　　　　　　索引号：

审计事项		审计期间或截止日	
督导意见：			

一级复核意见：	二级复核意见：	三级复核意见：

执行人：　　　　　　年　　月　　日　　　　本事项共　　　　页　　　　第　　页

图 11　审计工作底稿（通用格式）

审计证据审核单

索引号：

<table>
<tr><td>证据名称</td><td colspan="3"></td></tr>
<tr><td>证据类型</td><td></td><td>证据来源</td><td></td></tr>
<tr><td>取证人</td><td></td><td>取证日期</td><td></td></tr>
<tr><td colspan="4">取证过程及相关说明</td></tr>
<tr><td colspan="4">专家鉴定意见</td></tr>
<tr><td colspan="2">督导意见：</td><td colspan="2">复核人：　　　　年　月　日</td></tr>
</table>

图 12　审计证据审核单

关于（被审计单位什么期间范围的什么事项）的审计报告

××××（派出审计小组的内部审计机构）：

为了（审计目的），根据（审计立项依据），我审计小组自×年×月×日至×年×月×日，对（审计范围、内容）进行了审计。我们的审计是按照《中国内部审计准则》和（审计标准）的规定实施的。本次审计的重点是××××。现将审计结果报告如下：

（主要内容：一、审计查明的事实；二、对被审计单位经营活动和内部控制的评价；三、审计处理、处罚意见及改善经营活动和内部控制的建议。）

以上报告，请审定。

附件：1、×××××××

2、×××××××

审计小组组长：×××

×年×月×日

图 13　审计报告

审计报告征求意见单

<table>
<tr><td>

____

根据　　　〔　　〕　号审计通知书，我们对你单位　　　　的审计实施已结束，现将审计报告送去征求意见。请你单位自收到审计报告之日起 10 日内，将意见填在本表内，送回本审计小组。

此致

审计小组组长：　　　　　年　月　日
</td></tr>
<tr><td>

对审计报告的意见

被审计单位签章：　　　　　年　月　日
</td></tr>
</table>

（本表如不敷使用，请另附纸。）

图 14　审计报告征求意见单

审计报告审定单

被审计单位名称：

<table>
<tr><td colspan="2">审计项目名称</td><td colspan="2"></td></tr>
<tr><td colspan="3">一级复核：</td><td>二级复核：</td></tr>
<tr><td>审计小组讨论意见</td><td colspan="3">审计小组组长：
年　月　日</td></tr>
<tr><td>内部审计机构意见</td><td colspan="3">内部审计机构负责人：
年　月　日</td></tr>
<tr><td>组织单位意见</td><td colspan="3">组织负责人：
年　月　日</td></tr>
</table>

督导：　　　　三级复核：

图 15　审计报告审定单

×××××（内部审计机构全称）

审 计 意 见 书

×审意〔 〕×号

关于对××××的审计意见

××××（被审计单位名称）：

根据（审计立项依据），我们自×年×月×日至×年×月×日，对你单位（审计范围、内容）进行了××××（审计方式）审计。现出具如下审计意见：

（主要内容：一、经审计认定的事实；二、对有关事项的评价意见；三、审计意见和建议及其依据。）

以上意见请采纳，并将审计意见的执行情况于×年×月×日前以书面形式送达××××（内部审计机构）。

（内部审计机构全称印章）

×年×月×日

主题词：×× ×× 审计 意见

抄送：×××，×××，×××。

×××××××× ×年×月×日印发

图 16 审计意见书

×××××（内部审计机构全称）

审 计 决 定 书

×审决〔　〕×号

关于对××××的审计决定

××××（被审计单位名称）：

根据（立项依据）我们自×年×月×日至×年×月×日，对你单位（审计范围、内容）进行了审计。对你单位违反财经法规及财务制度的有关事实，现作出如下审计决定：

（主要内容：一、违反财经法规及财务制度的经济事实；二、处理、处罚意见及其依据。）

本审计决定自送达之日起生效。如果对审计决定不服，在收到审计决定之日起 15 日内，向（内部审计机构所在组织）申请复审。复审期间本审计决定照常执行。

（内部审计机构全称印章）

×年×月×日

主题词： ××　××　审计　决定

抄送：×××，×××，×××。

××××××　　　　×年×月×日印发

图 17　审计决定书

审计结果执行反馈单

被审计单位名称：　　　　　　　　　　　　　　　　送达日期：　　年　　月　　日

审计项目名称	
审计结果执行情况 被审计单位签章： 年　　月　　日	

图 18　审计结果执行反馈单

审 计 回 访 单

被审计单位名称：　　　　　　　　　　　　　　　　回访日期：　　年　　月　　日

审计项目名称	
审计回访情况 回访人： 年　　月　　日	

附：审计结果执行情况相关证据

图 19　审计回访单

××××××（内部审计机构全称）

审计移送处理书

×审移〔　〕×号

关于对××××的移送处理意见

××××：

××：

××

附件：1、××××××××

2、××××××××

（内部审计机构全称印章）

×年×月×日

主题词：×× ×× 审计 移送 意见

抄送：×××，×××，×××。

×××××× ×年×月×日印发

图 20　审计移送处理书

×××××（内部审计机构全称）

审 计 结 果 报 告

×××〔　〕×号

关于××××的审计结果报告

××××：

×××：

××、×××

（内部审计机构全称印章）

×年×月×日

主题词：×× ×× 审计 结果 报告

抄送：×××，×××，×××。

×××××××××　　×年×月×日印发

图 21　审计结果报告

×××××（内部审计机构全称）

管 理 建 议 书

×××〔 〕×号

关于××××的建议

××××：

××：

××、××

（内部审计机构全称印章）

×年×月×日

主题词：×× ×× 审计 管理 建议

抄送：×××，×××，×××。

××××××××× ×年×月×日印发

图 22 管理建议书

审计文书送达回证

审计项目名称					
送达文书名称	发文字号	页数	收件人签章	收件日期	送达人

图 23　审计文书送达回证

卷内文件目录

顺序号	文号	责任者	题　　名	日期	页号	备注

*****档案局监制

图 24　卷内文件目录

第　一　单　元

结论类文件材料

（采用逆审计程序并结合文件材料的重要程度进行排列）

图 25　第一单元　结论类文件

第　二　单　元

证明类文件材料

（按与审计报告所述内容对应排列）

图 26　第二单元　证明类文件

第　三　单　元

立项类文件材料

（按文件形成的时间顺序并结合重要程度排列）

图 27　第三单元　立项类文件

卷 内 备 考 表

本 卷 情 况 说 明

立卷人：

检查人：

立卷时间：

******档案局监制

图 28　卷内备考表

第四章　教育审计案卷

教育审计业务案卷，是指教育系统各类组织的内部审计机构在项目审计过程中直接形成的，具有保存价值的文字、图表、声像、实物、电子等不同形式的历史记录。教育审计业务案卷归档后成为各类组织全部档案中的重要组成部分。

项目审计案卷是将在项目审计过程中形成并按照审计项目进行收集、整理、组装，以备保管利用的各种资料、记录。

教育系统各类组织的内部审计机构配合内部档案管理机构对内部审计业务案卷进行收集、整理、移交、鉴定，对形成的审计档案妥善保管，以备利用。

第一节　教育审计案卷的基本要素

1. 档案盒或卷皮

教育审计的归档文件应按规定使用由 337 克以上无酸牛皮纸制作，并印有档案管理机关监制字样的标准档案盒或卷皮装订。

2. 卷内文件目录

教育审计项目形成业务案卷后，应在卷内文件前面编制卷内文件目录，对归档文件逐件编目。卷内文件目录设置责任者、文号、题名、日期、页号、备注等项目。

3. 卷内文件

教育审计项目业务案卷卷内文件应包括审计文书、审计文书表格以及审计证明材料等。

4. 备考表

在卷内文件之后放置备考表。备考表项目包括盒内文件情况说明、立卷人、检查人、立卷时间、保管期限、年度、件数等项。

第二节　教育审计立卷与归档

1. 立卷材料收集

①审计法定文书。包括审计通知书、审计意见书、审计决定书、审计移送处理书、管理建议书等。

②审计作业文书。包括审前调查表、项目审计计划、审计方案、审计实施工作底稿、审计日记、审计报告、审计调查报告等。

③审计往来文书。包括审计请示、审计批复、审计通报、审计函、审计承诺书、审计结果报告、审计调查结果报告等。

④审计文书表格。是与审计文书配套使用的、规范的表格。包括审计立项审批单、审计文书签发单、审计证据审核单、审计报告征求意见单、审计报告审定单、审计结果执行反馈单、审计回访单、审计文书送达回证等。

⑤审计证明材料。审计中收集到的各种审计证据。

2. 立卷归档要求

项目审计案卷要实行“谁审计、谁立卷”、“审结卷成”、“定期归档”的责任制度。

项目审计终结后，审计人员应对本审计项目形成的全部文件材料进行整理、鉴别和取舍，并按立卷的方法和规则进行排列组卷，经审计小组组长进行复核及审计业务档案管理人员检查后，依照有关规定进行编目和装订。定期移交组织内部的档案管理机构。

根据项目审计产生的文件材料的数量，一个审计项目可以立一个卷或多个卷。不应将几个审计项目的文件材料合并为一个卷。

跨年度的审计项目，在审计终结的年度立卷。

第三节　教育审计案卷的排列次序

项目审计案卷卷内一般采用“单元排列法”，以结论性文件材料、证明性文件材料、立项性文件材料三个单元为序进行排列。

1. 第一单元

第一单元是结论类文件材料，采用逆审计程序并结合文件材料的重要程度进行排列。

①审计结果报告（如有批示列前）

②审计决定书

③审计移送处理书

④审计意见书

⑤审计结果执行反馈单

⑥审计回访单（有关审计结果执行情况的证明材料附后）

⑦审计报告审定稿（审计报告审定单列前）

⑧审计报告征求意见稿（审计报告征求意见单列前）

2. 第二单元

第二单元是证明类文件材料，按与审计报告所列问题和审计评价意见相对应的顺序并结合重要程度进行排列。

按照三个层次设计审计实施工作底稿，可根据不同的审计事项选用相应的底稿用纸，具体情况如下：

①汇总审计实施工作底稿

②分项目审计实施工作底稿（相关具体底稿和证明材料列后）

③具体审计实施工作底稿（相关证明材料，如表格、座谈记录等列后）

④审计承诺书

按照单一样式设计审计工作底稿，不同的审计事项选用相同的底稿用纸，但应分别排列，同样能反映审计事项的各个方面。在编制审计工作底稿时，也可以采用各种审计标识、符号，每种标识、符号都代表一种特定的含义，用以区别不同审计事项，可以提高工作效率。

3. 第三单元

第三单元是立项类文件材料，按文件形成的时间顺序，并结合文件材料的重要程度进行排列。

①审计立项审批单（如有委托书或举报材料列前）

②审前调查表

③项目审计计划

④审计方案

⑤审计通知书（或口头通知的记录）

⑥审计文书送达回证

排列卷内文件材料时，对内容相关的一组文件要按照批复、批示在前，请示、报告在后；正件在前，附件在后；定稿在前，修改稿在后；重要文件在前，次要文件在后；汇总性文件在前，基础性文件在后的基本规则进行排列。

第四节　教育审计案卷编目

1. 编写卷内文件页号

卷内文件无论单面或双面，只要有书写文字，均应一面编写一个页号。页号的位置在每面材料非装订线一侧的下角，“单元隔页纸”不编写页号。

2. 填写卷内文件目录

①顺序号，以卷内文件材料排列先后顺序填写顺序号。每份文件材料为一号，证明类文件材料每项（包括证实一项问题的所有审计证据和记录）为一号。

②文号，审计文件材料制发单位的发文字号。

③责任者，形成卷内文件材料的单位或对该文件材料负有责任的署名者。结论类和立项类文件材料，填写审计文件的署名单位名称；证明类文件材料，填写文件的制作者（即审计小组）或提供者（即证

明人）。

④题名，即审计文件标题，一般应照实抄录。无标题或标题不能客观反映文件内容的，应根据文件内容自拟标题，字数不得超过 48 个字，其中每个标点符号占半个字，自拟标题外加“[　]”号。

⑤日期，审计文件材料形成时间，以八位阿拉伯数字标注，“月”、“日”是一位数的在一位数前面加“0”。如：1999.08.02。文件原件上无日期的，应考查准确后再填写；一组证明材料的日期可填写为“1999.08.02—09.02”。

⑥页号，卷内文件材料的开始页号，最后一份为其起止页号。

3. 填写卷内备考表

卷内文件情况说明　写明本项目审计文件材料有无缺损、修改、补充、移出、销毁，与本卷有关的非纸制材料以及与其他卷的关联等情况，由填写人签名并标注说明日期。

①立卷人（整理人），负责整理归档文件的人员姓名。

②检查人，内部审计机构负责检查案卷质量的人员姓名。

③立卷时间，审计归档文件整理完毕的日期。

4. 书写案卷封面

审计案卷可采用硬卷皮封装或档案盒封装。

硬卷皮封面的填写：

①全宗名称。填写（或印制）内部审计机构所在组织的全称或通用简称。

②全宗号。内部审计机构所在组织的档案全宗编号。

③审计案卷标题。应准确概括卷内文件主要责任者、内容、名称。书写格式为“内部审计机构+关于对+被审计单位名称+项目审计的时间范围+项目审计类型名称”。

④时间。填写本案卷卷内审计文件最早形成日期（不包括引用法规的日期）和最晚形成日期。

⑤案卷内文件数。填写卷内目录表中顺序号的最后一号和页号的最后一号。

⑥保管期限。应依据有关审计档案保管期限划注。按项目审计案

卷的保存价值确定为永久、长期（16 年至 50 年）、短期（15 年及其以下）三种。

⑦目录号。案卷所属类目编号。

⑧案卷号。案卷在所属目录内的编号。

档案盒封面的填写：

①标明全宗名称。

②填写盒脊。盒脊内容为全宗号、年度、保管期限、起止件号、盒号。

③填写方法。用号码章在相应栏内从左至右打号，起止件号填写盒内第一件文件和最后一件文件的件号，中间用“/”连接。

第五节 教育审计案卷组装

1. 案卷的规格要求

①卷盒。外形尺寸为 310mm×220mm，盒脊厚度可以根据需要设置为 30mm、40mm、50mm。

②卷皮。规格为 310mm×220mm，厚度可以根据需要设置为 12mm、15mm、20mm。

③卷内文件目录。用纸幅面尺寸采用国际标准 A4 型 297mm×210mm。

④备考表。用纸幅面尺寸同“卷内文件目录”。

2. 案卷的装订

①卷盒保存。归档文件按件装订，逐件编号。在文件首页上端的空白处加盖归档章并填写相关内容，文件首页无法加盖归档章的要另附空白纸，填写文件题名后加盖归档章，依次排列，装入卷盒。

②硬卷皮保存。将一个项目的审计文件材料按标准顺序排列后装订，每卷装订的文件材料不得超过卷皮厚度设置的 20mm，如超出，应按文件材料的适当阶段或内容的相对完整性分成若干卷，每一案卷都有反映该卷内容的目录及备考表，且页码均从一号排起，独立成卷。

3. 案卷装订要求

①永久和长期保管的文件要去掉金属物，用档案行政管理部门指定使用的装订材料装订，不得压字。

②已破损的文件要进行托裱、修复。

③应永久、长期保存的文件，用易于褪变材料书写的，要予以复制，复制件附于原件后一并归档。

④若用卷皮装订时，应在右边和下边取齐。

⑤整理归档文件材料所使用的书写材料、纸张、装具、装订材料等要符合档案保护要求。

4.非纸制材料的保存

与审计案卷相关的证物，凡能入卷保存的均应装入卷盒或卷皮所附的物品袋内。除在袋上注明证物名称、形状、数量、特征、来源外，并应列入卷内目录，以便查对和利用。

不能入卷保存的相关证物，应另行妥善包装，并在包装上注明相应的审计案卷题名、案卷号、证物收集日期、品名、数量、来源等。包装后的证物按照内部档案管理机构的规定存放。

不宜保存的证物，应及时拍成照片存入审计案卷内。

与审计案卷相关的声像磁带，应按件登记其内容、时间、作者及相应的审计案卷题名、案卷号，另行妥为存放。并应在相应审计案卷的“备考表”中注明。

第六节　教育审计案卷保管

1. 案卷保管

教育系统各类组织的内部审计机构和档案管理机构要对项目审计案卷进行科学的整理，归档保存，以便利用。

内部审计机构应设置一名兼职档案员，负责本机构具体审计业务案卷的检查、整理工作，使归档案卷做到组卷合理，内容清楚，符合规范要求。

兼职档案员将装订整理后的案卷进行排列，按照规定填制“档案交接收据”、“档案移交登记簿”，定期移交内部档案管理机构保管备查。归档时间不得迟于该审计项目结束后的次年6月底。

内部档案管理机构对接收的项目审计案卷要按规定进行分类、排列、编号、编目、排架，并实行密级保管。

兼职档案员应当对已移交档案管理机构形成的内部审计业务档案进行定期检查，清点，对于已破损、字迹不清的档案及时抢救，发现隐患及时向内部审计机构负责人汇报解决，确保内部审计业务档案不发生丢失、损坏、泄密等事项。

内部审计机构配合档案管理机构，开展对内部审计业务档案的检查、总结、培训、考核工作。

2. 档案利用

为了使内部审计业务档案得到充分利用，兼职档案员在移交档案时，要认真填写“审计档案案卷目录”等检索工具，以便迅速、准确地查找审计案卷。

借阅审计业务档案时，应按档案管理机构的规定办理利用手续，填写《阅档登记簿》。

借阅审计业务档案，一般应限定在机构内部使用。凡需将档案借出者，应由组织及内部审计机构负责人审查、批准。

任何人在使用内部审计业务档案时，都不得擅自涂改、损坏（抄录）、公布档案的内容，不得泄露档案的秘密。

附：教育审计业务案卷装订次序图

教育审计业务案卷装订次序图

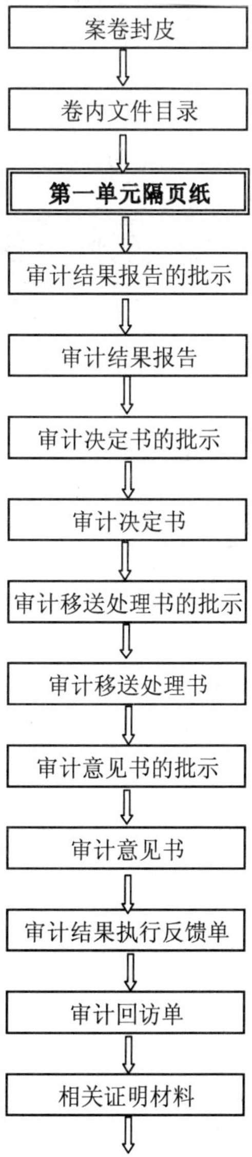

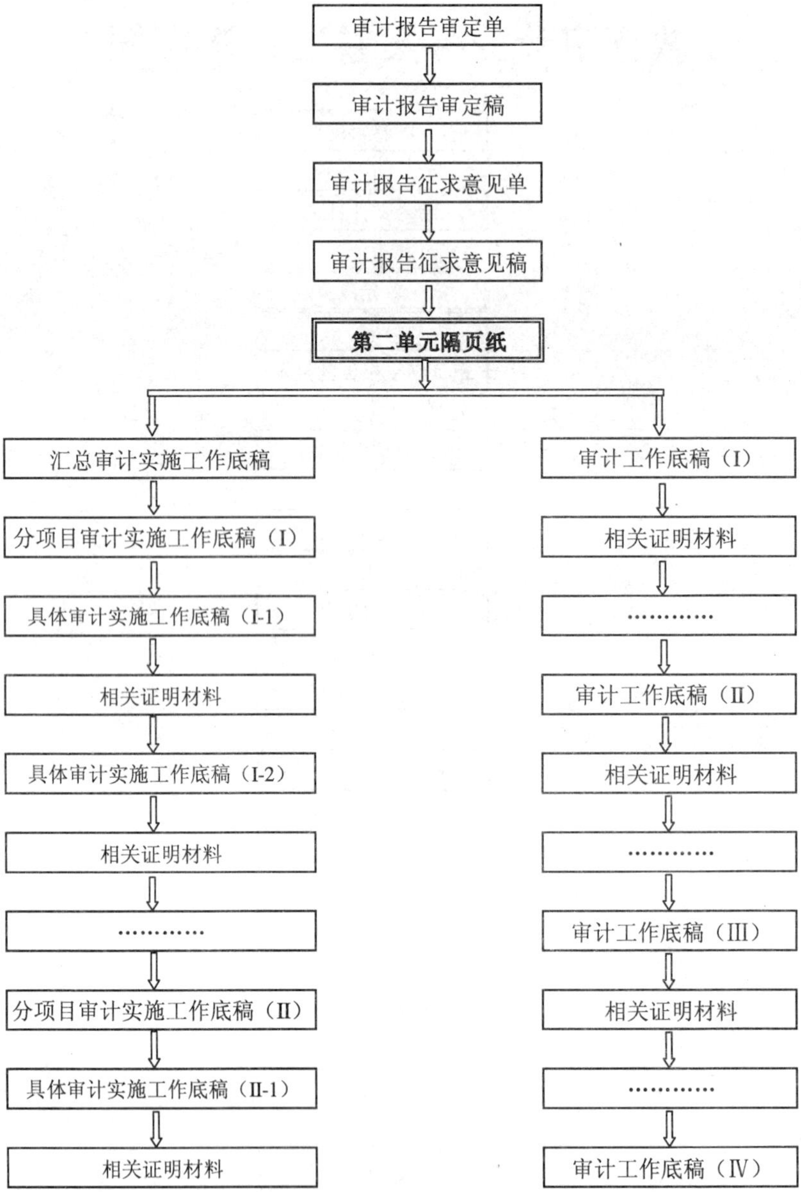

审计报告审定单
审计报告审定稿
审计报告征求意见单
审计报告征求意见稿
第二单元隔页纸
汇总审计实施工作底稿
分项目审计实施工作底稿（I）
具体审计实施工作底稿（I-1）
相关证明材料
具体审计实施工作底稿（I-2）
相关证明材料
…………
分项目审计实施工作底稿（II）
具体审计实施工作底稿（II-1）
相关证明材料
审计工作底稿（I）
相关证明材料
…………
审计工作底稿（II）
相关证明材料
…………
审计工作底稿（III）
相关证明材料
…………
审计工作底稿（IV）

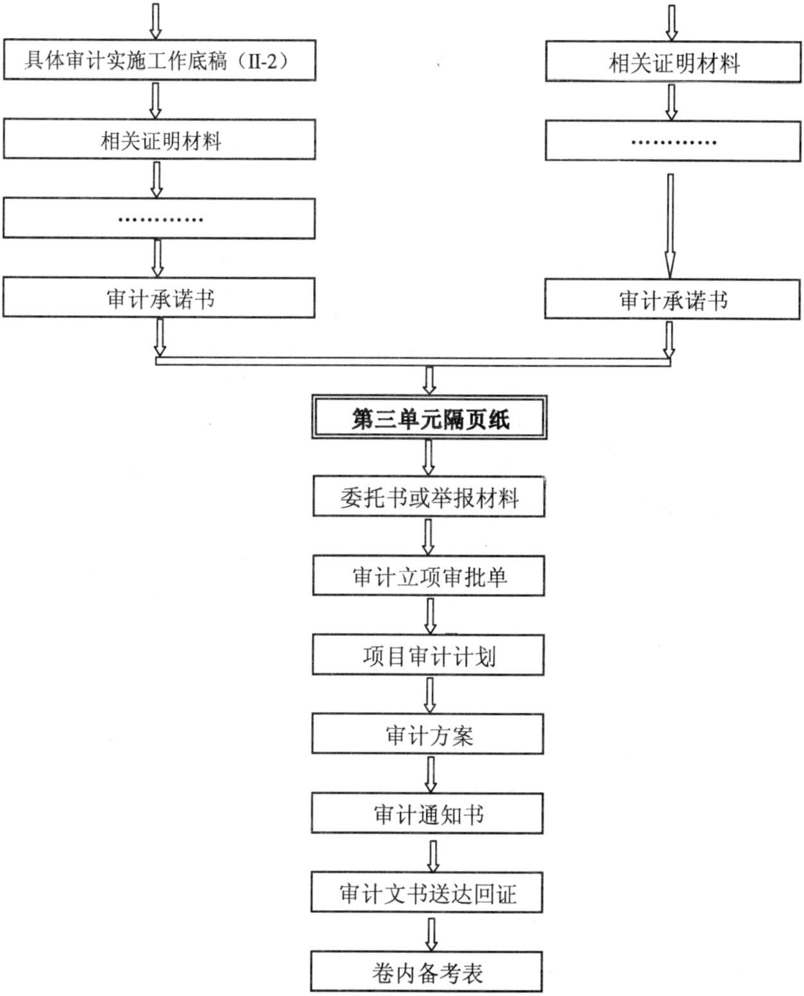
具体审计实施工作底稿（II-2）
相关证明材料
…………
审计承诺书
相关证明材料
…………
审计承诺书
第三单元隔页纸
委托书或举报材料
审计立项审批单
项目审计计划
审计方案
审计通知书
审计文书送达回证
卷内备考表

第五章　教育审计质量

教育审计质量其实就是一个质量控制问题，教育审计质量控制是指内部审计机构为确保其审计质量符合内部审计准则的要求而制定和执行的政策和程序。内部审计准则是衡量教育审计质量的标准和尺度，教育审计工作执行过程中需要依靠一定的政策和程序来控制其质量，确保质量符合标准，这些政策和程序就构成了教育审计质量控制。

教育审计质量控制一般包括内部审计督导、内部自我质量控制与外部评估三个方面。本章主要从“内部审计督导、内部自我质量控制”两个方面进行了详细规定，其中内部自我质量控制包括内部审计机构质量控制与内部审计项目质量控制两个层次。关于“外部评估”专门在第六章进行规范。

第一节　教育审计督导

1. 督导的基本概念

①督导的含义：督导是内部审计机构负责人和审计项目负责人对实施审计工作的审计人员所进行的监督和指导。

②督导的责任：内部审计机构负责人对督导工作负主要责任，审计项目负责人负责审计现场的督导工作。

③督导的原则：在督导工作中，根据内部审计人员的知识和技能以及审计项目的复杂程度，有重点地进行督导；保持应有的职业谨慎，进行合理的专业判断，减少审计风险；必须以事实为依据，做到客观公正。

④督导的关键点：督导有两个关键点，一是督导的对象是人，是对下属人员的监督与指导；二是督导是有层次的，是自上而下由内部审计机构负责人和项目负责人分别对各自下属的人员进行监督与指导

⑤督导的过程：督导工作贯穿于审计项目的全过程，包括审计准备、审计实施、审计报告和审计终结。

2. 督导的基本原则

①督导的一致性。督导工作的范围是宽泛的，它涉及到审计工作的各个方面，由于教育系统各类组织的审计环境不同，可能在内部审计的机构设置、人员安排和管理权限以及责任范围等方面存在差异，由此会影响到督导的层次与环节，但无论存在什么差别，督导的范围具有一致性，只要实施审计，就要进行督导。

②督导的全面性。督导工作是全方位的，它贯穿于审计项目的全过程，包含了所有内部审计人员。所谓全面性，指的是督导工作从审计前就开始指导、审计实施中监督和审计终结阶段复核检查，督导存在于审计项目的各个方面。因此，督导具有全面性

③督导的重要性。由于审计资源的限制，不可能对所有审计项目实施同等深度的督导，应视诸如审计人员的能力、业务的复杂性等具体情况，来区分主次并确定督导重点。督导的重点应是专业水平不高、业务能力不强的审计人员，业务复杂且需比较多专业判断的审计项目等。因此。督导工作应遵循重要性原则。

④督导的谨慎性。督导人员应对业务复杂、关系重大事项保持合理的谨慎态度，以减少审计风险。保持谨慎性，就是要求督导人员需具备理论水平和实践经验，有能力识别审计事项的风险，有责任保证审计项目的质量。保持谨慎性，其目的是为了降低审计风险，但是，不可能完全消除审计风险。

⑤督导的客观性。在实施督导过程中，督导人员应不受任何经济利益和外来因素的干扰，依据事实，客观公正、不偏不倚地做出判断，不能将自己的偏好和有损判断强加于别人。因此，督导的客观性是督导人员进行督导活动时保持的一种职业状态。

3. 督导的基本内容

①审计方案的督导。对审计方案的督导，督导人员应重点关注两个方面的内容，一方面督导人员应确保审计人员了解被审计单位的业务性质和需要特别关注的重大经营问题，制定审计方案；另一方面督导人员应确认审计人员按批准后的审计方案执行，并针对新发现的重要问题修订审计方案。

审计方案的制订督导，督导人员按照审计方案已确定的审计程序方法指导审计人员开展具体工作，同时评价审计人员的工作也要把是否符合审计计划的要求作为基础。因此，制订可行的审计计划和审计方案是督导工作的重要内容。

审计方案的执行督导，督导人员应加强审计实施过程中的督导，特别关注执行人由于理解的偏差或能力问题，不能很好地执行审计方案，可能会影响审计工作质量。因此，审计工作必须按照审计方案实施。同时，督导人员应及时指导和监督审计人员，依据新获得的情况修订审计方案。

②审计底稿的督导。督导人员应对审计人员编制审计工作底稿的质量进行督导，加强事前的指导、事中的监督和事后的复核，对于降低审计风险、提高审计质量具有重要作用。

督导工作的每一个环节均应留下文字痕迹，并以书面形式记录于审计工作底稿。督导人员在督导过程中，必须将阅读审计计划、审计方案、复核审计工作底稿、考察审计证据、确认审计报告、沟通审计结果等工作环节，均以书面形式记录于审计工作底稿。

③审计证据的督导。督导人员应对审计证据的充分性、相关性和可靠性进行督导。充分性反映的是审计证据数量标准，相关性和可靠性反映的是审计证据质量标准。

督导人员对审计证据实施的督导应与对审计证据实施的复核相配合，分级复核审计证据也是督导的内容之一，审计项目负责人需要在审计现场确认和核实审计证据，包括对审计证据的分级复核情况予以督导；审计机构负责人不需要在审计现场确认和核实审计证据，可以通过阅读审计工作底稿所反映的证据来源、性质、内容等，对审计证据是否具备充分性、相关性和可靠性做出专业判断。

④审计报告的督导。督导人员应对审计报告的可靠性和审计建议的可行性进行督导。审计报告的编制同样实行分级复核制度，对其过程进行分级复核，确保审计报告质量。督导工作其目的也是为了确保审计报告的质量，只有可靠的结论、可行的建议，才能保证审计报告的高质量。

督导人员在确认审计报告时，应特别关注审计人员的经验与能力是否丰富、已完成的工作与预期工作质量标准是否有差异和审计判断与结论是否存在偏见等因素，这些因素对于确认审计报告至关重要。

此外，督导人员在督导中还应考虑确定审计结果沟通、确认审计目标实现和遵循内部审计准则等情况，确保审计报告质量。

第二节　机构质量控制

内部审计机构质量控制是为合理保证所有内部审计活动符合内部审计准则的要求而制定的控制政策和程序。内部审计机构质量控制是针对影响所有内部审计活动因素制定的政策和程序，其目的，就是为了使内部审计活动均符合内部审计准则要求而采取的措施。

内部审计机构质量控制，是按照《中国内部审计准则》规定的内容进行规范的，但是，也可以对照《中国内部审计质量评估手册》中内部审计环境类等内容进行规范。

1. 遵守职业道德规范

建立职业道德规范，既是内部审计取得外界理解、支持和信赖的必然要求，又是对内部审计人员在工作中的操守、品质进行的约束。遵守职业道德规范，是保障内部审计质量的基本前提，内部审计机构应采取包括督导等相应措施，指导和监督内部审计人员严格遵守职业道德规范。此外，内部审计机构可根据《内部审计人员职业道德规范》，并结合本组织的具体情况，建立适合内部审计机构自身要求的职业道德规范，以保证审计质量。

2. 提升专业胜任能力

随着经济环境的变化和组织内部管理的需要，内部审计已将其领域扩展到管理审计，传统的审计技术和方法已不适应现代审计，这就对内部审计人员专业能力提出更高的要求。内部审计机构应采取多种包括招聘控制、晋升控制、在职培训、后续教育等措施，提升内部审计人员职业胜任能力，培养一专多能的内部审计人才，以保证审计质量。

3. 科学分派审计业务

首先内部审计机构应按照“厚基础、宽专业”的思路培养队伍、储备人才，保证不同的业务领域都具有专业胜任能力的审计人员来承担；其次内部审计机构应建立科学分派审计业务的政策和程序，要根据审计业务性质、特点，分派拥有相应专业能力的人员执行审计项目任务，以保证审计质量。

4. 依据准则制定规程

《中国内部审计准则》是内部审计的职业基础，是内部审计人员从事内部审计活动必须遵循的规范，因此，内部审计机构应根据《中国内部审计准则》并结合本组织的实际情况，制定更为详细、且便于操作的审计业务规范，包括审计业务流程、审计文书编制、审计案卷归档、审计质量控制、内部及外部评估等规范，以保证审计质量。

5. 适当运用外部手段

首先内部审计机构应建立运用咨询手段的政策和程序，根据本组织需求对特殊专业聘请专家服务和利用外部审计成果做出规范；其次随着经济活动的多样性，不可避免地会遇到审计特殊专业问题，如果现有的审计人员不具备相应专业能力时，就要聘请具备特定技能的专家提供服务；再次为避免重复审计，内部审计可以充分利用外部审计的审计成果，内部审计机构应与外部审计进行协调和沟通。以保证审计质量。

6. 考核评价审计质量

首先内部审计机构应建立审计质量考核与评价的政策和程序，既可以通过单个项目或年终完成项目考核与评价，又可以通过持续或定期考核和评价；其次内部审计机构应采取多种方法进行考核和评价，包括内部审计人员自我评价、内部审计人员相互评价、内部审计机构综合评价、征求审计对象或管理层的意见等方法。在内部审计业务执行后，对其质量进行考核和评价，以保证审计质量。

7. 评估审计报告效果

首先内部审计机构应建立评价审计报告使用效果的政策和程序，促进提高审计质量；其次审计报告的编制应考虑审计项目的重要性和风险水平、审计报告应建立分级复核制度、审计报告应关注使用效果。审计报告是否对被审计单位、管理层及相关部门有效，应通过征求审计对象的意见、内部审计机构的自我评价、检查审计建议的落实、考核审计报告的价值增值等方法，评估审计报告的使用效果，以保证审计质量。

第三节　项目质量控制

项目质量控制是针对具体项目的控制程序和方法进行的规范。内部自我质量控制包含了机构质量控制和项目质量控制两个方面，项目质量控制是实现机构质量控制的基础和补充。项目质量控制的主要内容：一是审计项目负责人指导审计人员执行审计计划；二是审计项目负责人现场监督审计过程；三是内部审计机构建立工作底稿和审计报告分级复核制度。

项目质量控制贯穿了整个项目过程，包含了项目的所有内容，除了重点对上述三项主要内容质量控制外，还需对以下内容进行控制。

1. 项目立项的质量控制

主要对立项依据、立项程序、立项内容等主要环节进行质量控制。

项目立项的依据应当充分：

①内部审计机构根据年度审计计划确定的审计项目和时间安排，选派具有相关专业能力的内部审计人员完成审计项目。

②内部审计机构负责人应对审计对象库确定的审计项目，按照风

险程度排出审计项目执行的先后顺序，并合理安排审计项目。

③内部审计机构负责人应根据审计项目的复杂性和时间限制，合理安排所需的审计资源，为审计项目质量控制提供保障。

④内部审计机构对组织负责人和上级有关部门交办的审计事项，考虑组织风险、管理需要和审计资源适当调整审计计划，确定并安排审计项目。

项目立项的程序应当规范：

①内部审计机构负责人在审计项目进行审计前，应当办理立项手续。

②立项手续应由内部审计机构负责人按照规定的程序进行，做到手续完备。

③内部审计机构负责人根据立项的审计项目，选派审计小组、指定审计小组组长，审计小组组长对完成审计项目工作负责，并对项目实施现场督导；审计小组组长也可以委托具有专业技术能力的审计人员担任主审，在审计小组组长授权范围内履行职责，但审计小组组长应当对主审履行职责的结果承担责任。

④根据内部审计机构负责人授权，审计小组可以代办立项手续。

项目立项的内容应当完整：

①由内部审计机构负责人或审计小组代填“审计立项审批单”。

②应按照“审计立项审批单”规定的内容逐一准确填写。

③内部审计机构负责人和组织负责人应分别在“审计立项审批单”相应栏内签署意见。

项目立项质量的责任追究：

①审计小组组长对项目实施现场督导，并对在授权范围内履行职责的结果负责。

②内部审计负责人对项目建立分级复核制度和督导制度，并对审计立项的充分性、项目安排的合理性、立项手续的规范性和审计资源保障负责。

③组织负责人对“审计立项审批单”所确定的审计目的的恰当性负责。

2. 项目计划的质量控制

主要对审前调查、项目审计计划的内容与要求、项目审计计划的复核与调整等主要环节进行质量控制。

审前调查

在具体实施审计项目前，审计小组应当调查和了解被审计单位下列情况：

①经营活动概况；

②内部控制的设计及运行情况；

③财务、会计资料；

④重要的合同、协议及会议记录；

⑤上次审计的结论、建议及后续审计的执行情况；

⑥上次外部审计的审计意见；其他与项目审计计划有关的重要情况。

一般由审计小组组长在送达审计通知书之前组织实施审前调查。

审前调查可以采取直接到被审计单位调查了解情况、查阅相关资料、走访相关部门等方式。

根据审前调查情况作好调查记录，并由审计小组组长或授权主审制定项目审计计划。

项目计划的内容与要求

审计目的。它是审计小组办理审计事项所要完成的任务。在确定审计目的时，应当考虑以下因素：

①法规及相关政策；

②内部审计机构及组织对审计项目的要求；

③被审计单位的有关情况；

④审计小组成员的业务能力和审计时间；

⑤其他需要考虑的因素。

审计范围。它是被审计单位财务收支所属的会计期间和有关审计事项。审计小组应当围绕审计目的确定审计的范围。

重要性和审计风险的评估。审计小组应当根据被审计单位的基本情况及经营活动的类别、性质，运用职业判断和审计经验，确定其重要性水平，对被审计单位的内部控制进行初步评价，对审计风险做出评估，进而确定审计重点。

审计小组构成和审计时间的分配。在确定审计小组成员构成时，应当考虑其审计经验、专业胜任能力和职业道德水平；根据审计项目的复杂程度合理分配审计时间。

对专家和外部审计工作结果的利用。审计小组应当对审计项目的特殊性和所需审计人员情况进行分析，必要时可聘请有关专家协助，也可利用外部审计工作结果。

项目计划的复核与调整

项目审计计划应当实行三级复核制度、督导制度。

审计小组组长或授权主审组织编制的项目审计计划，应当由审计小组组长进行重点复核；审计小组组长编制的项目审计计划，应当由具有丰富经验且中级以上专业职务的人员担任复核；内部审计机构负责对审计小组组长及相关人复核后的项目审计计划进行一般复核后批准；重要的项目审计计划应当经内部审计机构审计业务会议审定；重大的项目审计计划须报组织负责人审批。

在项目审计计划执行过程中，需要调整计划时，应当按照规定的程序分别报经内部审计机构和组织负责人批准。

项目计划质量的责任追究

审计小组成员应当对审前调查记录的真实性和完整性负责。

审计小组组长负责编制项目审计计划或授权主审组织编制项目审计计划，对审计小组组长授权范围内的职责负相应责任，但审计小组组长应当对主审履行职责的结果承担责任。

审计小组组长应指导审计人员执行审计计划，对项目审计计划的可靠性和指导性负责。

内部审计机构负责人应当对项目审计计划承担复核、批准责任。

组织负责人应当对项目审计计划承担审批责任。

因编制项目审计计划不当或调整不当，造成对重大违纪违规问题应查而未查的，有关人员应当承担相应责任。

3. 审计方案的质量控制

主要对审计方案的内容与要求、审计方案的复核与调整等主要环节进行质量控制。

审计方案的内容与要求

根据项目审计计划编制审计方案。审计方案是对具体审计项目的审计程序及其时间等所做出的详细安排。可以根据审计事项的复杂程度确定审计方案内容的繁简程度。

审计方案的主要内容包括：

①具体审计目的。审计方案应当将项目审计计划的审计工作目的具体化。

②具体审计方法和程序。对实现具体审计目的有重要影响的审计事项应当确定具体审计方法和程序。具体的审计方法和程序能够指导审计人员实施审计，实现具体审计目的。

③预定的执行人及执行日期。为实现具体审计目的，对项目审计的执行人的执行时间进行恰当分工和合理安排。

审计方案的复核与调整

审计小组组长应当对授权主审编制审计方案的具体审计目的的可行性；具体审计方法和程序的可操作性；审计小组成员分工的恰当性、时间安排的合理性等重要事项进行重点复核。

审计小组组长编制审计方案，应当由审计小组内具有丰富经验的人员复核。

内部审计机构负责人应当对审计小组组长及其他人员复核的审计方案内容进行审核后批准。

调整审计方案。在实施审计过程中有下列情况，可以考虑调整审计方案：

①项目审计计划调整的；

②审计小组成员发生变化并影响审计方案执行的；

③审计中发现重大违法违纪问题，需要更改审计内容和审计重点的；

④审计范围受到限制，不能正常履行审计职能的。

调整审计方案，应当按照审计方案的内容分层次审批。

对具体审计方法和程序等一般事项进行调整的，应当由审计小组组长批准。

对具体审计目的、审计预定执行人和审计工作执行时间等重要事项调整的，须经内部审计机构负责人批准。

审计方案质量的责任追究

审计小组组长对具体审计方法和程序的可操作性负责，并对审计方案的编制、复核、调整、报批、执行、现场督导等环节的履行结果承担责任。

内部审计机构负责人对具体审计目的的可行性、审计小组成员分工的恰当性和时间安排的合理性负责，并对审计方案编制不当、调整不当带来的审计风险承担审批责任。

4. 审计证据的质量控制

主要对审计证据类型、获取审计证据方法、获取审计证据要求、获取审计证据应考虑因素、对审计证据整理等主要环节进行质量控制。

审计证据的类型主要包括：书面证据；实物证据；视听电子证据；口头证据；环境证据以及其他证据。

获取审计证据的方法

①审核。通过审核收集与审计事项相关的会计资料、经济业务文件、会议记录、审计承诺书等书面资料或电子数据资料获取审计证据。

②观察。通过观察被审计单位控制程序的执行并编制观察记录的方法获取审计证据。

③监盘。通过监盘编制实物资产盘点清单、现金和有价证券盘点表，也可以采用抽查方式进行盘点，盘点结果应由参加盘点的审计人员、被审计人员签字确认获取审计证据。

④询问。通过询问收集被询问的单位及个人的书面答复材料或口头答复记录，注明询问事项、内容、方式和询问结果等情况获取审计证据。

⑤函证。通过向有关单位及个人发函询证，并编制函证记录获取审计证据。

⑥计算。通过有关数据的计算，并记录计算依据、方法、结果等获取审计证据。

⑦分析性复核。通过编制对比分析表、比率分析表和趋势变动表，分析和注明异常变动项目、重要比率或趋势与预期数额和相关信息的差异情况获取审计证据。

获取审计证据应考虑的因素

适当的抽样方法；

合理的审计风险水平；

成本与效益的合理程度；

具体审计事项的重要程度。

获取审计证据要求

内部审计人员获取的审计证据应当具备充分性，即证据数量足以证实审计事项，作出审计结论和建议；相关性，即证据和审计目的相关性，所反映的内容能够支持审计结论和建议；可靠性，即证据能够反映审计事项的客观事实。

内部审计人员应当有针对性地搜集与审计事项有关的审计证据。对审计结论有重要影响的审计事项，应当在审计实施工作底稿后附有审计证据支持。

内部审计人员在搜集审计证据时，如果不能获取原始证据可以采取文字记录、复印、拍照、下载等方式搜集证据。

内部审计人员在搜集鉴定结论时，注明鉴定的事项、提交的材料、鉴定人资格等。

内部审计人员在搜集审计证据时，对实现审计目的有重要影响且又难以获取充分审计证据的，应当实施追加或替代的审计程序和方法，仍难以获取充分审计证据的，应由审计小组组长确认，在审计工作底稿、审计报告中予以记载、记录或反映。

内部审计人员获取审计证据，应当由证据提供者签名或盖章，如不能取得提供者签名或盖章的，应当注明原因，不影响事实存在，该证据仍然有效。

审计证据汇总

内部审计人员应当做好审计证据的分类、筛选和汇总工作。按照审计事项分类，按照审计证据与审计事项相关程度排序；对审计证据进行比较、筛选和判断，决定取舍；对审计证据进行汇总和分析，确定审计事项的审计证据之间的相互印证和证据来源的可靠程度是否足以支持审计结论。

内部审计人员经过分类、筛选和汇总的审计证据，应当整理编制索引号排列，附在相应的审计实施工作底稿后面。

内部审计人员对于不能附在审计实施工作底稿后面的实物证据、视听电子证据等，应当在相应的审计工作底稿予以注明存放地点等事宜。

审计证据质量的责任追究

内部审计人员引用鉴定结论作为审计证据的,应对其可靠性负责。

内部审计人员应当对审计证据严重失实或隐匿、篡改、毁弃审计证据的行为承担责任。

审计小组组长应当对审计人员搜集审计证据工作进行监督，发现审计证据不符合要求的，责成内部审计人员进一步取证。审计小组组长对审计证据审核负责。

审计小组组长应当对重要审计事项未搜集审计证据或审计证据不足以支持审计结论，造成严重后果的行为承担责任。

审计项目主审、审计小组组长和内部审计机构负责人应在各自责任范围内对审计证据的充分性、相关性和可靠性予以复核和督导，并负相应责任。

5. 审计工作底稿的质量控制

主要对编制审计工作底稿的目的、审计工作底稿的要素、审计工作底稿的记录内容、审计工作底稿的形成、审计工作底稿的要求等主要环节进行质量控制。

编制审计工作底稿的目的

为出具审计报告提供依据；

为评价内部审计工作质量提供依据；

为以后的审计工作提供参考；

对实现审计目的程度的说明；

对内部审计机构及人员是否遵循内部审计工作准则的证明；

提高内部审计人员的业务素质。

审计工作底稿的要素

被审计单位名称；

审计事项；

会计期间或截止日期；

编制人员和编制日期；

审计程序的执行过程和执行结果记录；

审计结论；

复核、督导人员、日期和复核和督导意见；

索引号及页次；

审计工作底稿所附的审计证据及相关资料。

审计工作底稿记录的内容

审计程序执行过程和结果的记录；

获取各种审计证据的记录；

其他相关记录。

审计工作底稿的形式

纸质、磁带、磁盘、胶片或其他有效的信息载体。无纸化的工作底稿应制作备份。

审计工作底稿的要求

审计工作底稿应当附有审计证据，其对应关系应当通过审计证据的索引号来体现。审计证据对应多个审计工作底稿时，应当将审计证据附在与其关系最为密切的审计工作底稿后面，并在其他审计工作底稿上予以说明。

内部审计机构应建立审计工作底稿的三级复核制度和督导制度，一般由主审、审计小组组长、内部审计机构负责人担任复核工作。内部审计机构负责人对督导工作负主要责任，对重大或敏感问题进行直接督导，审计小组组长负责现场督导。审计底稿中要有审计复核和督导的书面记录。

实施项目的审计人员应将重要性标准的确定以及审计风险的评估过程记录于审计工作底稿。

审计小组组长应加强对工作底稿的现场复核。发现审计工作底稿存在问题，复核人员应在复核意见中予以说明，并要求相关人员补充或重编工作底稿。

审计项目完成后，应对审计工作底稿进行分类整理，按要求归档、管理和使用。

应建立审计工作底稿保密制度，内部审计机构以外的组织或个人要求查阅审计工作底稿，必须由内部审计机构或其主管领导批准。

内部审计人员视情况可不分层次编制审计工作底稿，也可分层次编制审计工作底稿，即具体、分项、汇总审计实施工作底稿，形成详细的审计工作记录。

复核人员对审计工作底稿的下列事项进行复核

审计方案确定的审计事项是否实施审计；

具体审计目的是否实现；

审计程序和方法是否执行；

事实是否清楚；

获取的审计证据是否充分；

引用的法规是否准确，审计结论是否恰当。

审计工作底稿质量的责任追究

审计人员应对审计工作底稿的真实性、完整性负责。

审计小组组长对审计工作底稿进行复核、督导和检查，对未能发现审计工作底稿中严重失实的行为承担责任。

内部审计机构负责人对审计工作底稿的复核工作负完全责任。

6. 审计报告的质量控制

主要对审计报告的基本要素、审计报告的主要内容、审计报告的一般原则、审计报告的要求等主要环节进行质量控制。

审计报告的要素

标题、主送单位、正文、签章、报告日期。

审计报告的主要内容

审计概况：包括审计立项依据、审计目的和范围、审计重点和审计标准等内容；

审计依据：应声明内部审计按照内部审计准则的规定实施；

审计结论：根据查明的事实，对被审计单位经营活动和内部控制所做的评价；

审计决定：针对审计发现的主要问题提出的处理、处罚意见；

审计建议：针对审计发现的主要问题提出的改善经营活动和内部控制的建议。

审计报告的要求

审计小组对审计事项实施审计后，应向派出单位即内部审计机构提交审计报告。

审计报告报送内部审计机构前，经审计小组组长审核，送达被审计单位征求意见，并在 10 日内将征求意见稿送还审计小组。

被审计单位对征求意见的审计报告有不同意见，审计小组应进行核实，认为意见合理，应予以采纳并修改审计报告。

修改审计报告后，填写“审计报告审定单”分别由内部审计机构负责人和组织负责人审定。

审计报告的复核

建立健全审计报告三级复核制度、督导制度和审计结果沟通制度，即主审、审计小组组长、内部审计机构负责人，明确各级复核人要求和责任，并提出书面复核意见。各级督导人员同样提出书面督导意见。在出具正式审计报告之前，应与被审计单位进行结果沟通。

应当对以下事项进行复核和督导并提出复核和督导意见：审计目的是否实现；事实是否清楚，证据是否充分；适用法律、规章是否正确；评价、定性、处理、处罚和移送处理是否恰当。

审计报告质量的责任追究

在审计小组组长授权范围内内部审计人员对审计报告的编制、复核、现场督导和分发等重要环节负相应责任；

审计小组组长对审计报告形成的审计结论与建议应充分考虑审计项目的重要性和风险水平。

审计小组组长对审计报告的完整性和真实性负责；

内部审计机构负责人对审计报告的复核和督导意见，及依审计报告出具的审计意见书、审计决定书和审计移送处理书、审计结果报告的恰当性负责；

内部审计机构应充分考虑重要性和风险水平，对审计报告中记录的重大问题，在其复核修改的审计报告和出具的审计意见书、审计决定书、审计移送处理书、审计结果报告中隐瞒不报或不如实反映，造成严重失实的承担责任。

组织负责人对其审批的审计报告或审计意见书、审计决定书、审计移送处理书审计结果报告承担责任。

7. 审计案卷的质量控制

主要对项目审计案卷的基本要素、归入项目审计案卷的主要文件材料、排列文件材料的规则、审计业务案卷的要求等主要环节进行质量控制。

审计业务案卷的基本要素

档案盒或卷皮；

卷内文件目录；

卷内文件材料；

备考表。

归入项目案卷的主要文件材料

结论类文件材料：包括审计报告、审计意见书、“审计结果”反馈、回访单、审计报告审定稿及审计报告审定单、审计报告征求意见单及审计报告征求意见稿等文件材料；审计结果报告等及相关文件材料；审计决定书及相关文件材料；审计移送处理书及相关文件材料。

证明类文件材料：包括审计工作底稿、审计证据、审计承诺书等。

立项类文件材料：包括上级部门的指令性文件、与审计事项有关的举报材料及领导批示、委托审计报告、审计立项审批单、审前调查表、项目审计计划、审计方案、审计通知书以及审计文书送达回证。

排列文件材料的规则

项目审计案卷内的文件材料，按照结论类、证明类、立项类的顺序排列。

①结论类文件材料，采用逆审计程序并结合文件材料的重要程度排列；

②证明类文件材料，按照审计工作底稿及所附审计证据的顺序排列，其中审计工作底稿及所附审计证据按照与审计报告所列内容和审计评价意见相对应的顺序进行排列。

③立项类文件材料，按照文件材料形成的时间顺序，并结合文件材料的重要程度排列。

每份或每组文件之间按照正件在前、附件在后，定稿在前、修改稿在后，批复在前、请示在后，批示在前、报告在后，重要文件在前、次要文件在后，汇总性文件在前、基础性文件在后的顺序排列。

项目审计案卷的要求

审计小组应当按照审计档案管理要求收集与审计项目有关的材料，建立审计档案。

项目审计案卷实行“谁审计、谁立卷”,“审结卷成”、“定期归档”的责任制度。

审计人员在内部审计机构出具审计报告、审计意见书、审计决定书、审计移送处理书、审计结果报告后办理立卷工作。

按照审计项目立卷，一个项目可立一卷或多个卷。但不得将几个项目合并成为一卷。

跨年度的审计项目，在项目审计终结的年度立卷。

审计小组组长按照有关审计法律、法规、内部审计准则、内部审计质量控制以及审计档案管理规定对文件材料进行复核和督导，对不符合规定的，应责成有关人员改正。

内部审计机构负责检查案卷质量的有关人员审查验收并签署意见。

内部审计机构应按照规定期限将检查合格的审计项目案卷移交内部档案管理机构保存。

项目审计案卷的质量责任追究

审计小组成员对文件材料内容的真实性、完整性负责。

立卷人对卷内文件材料的完整性、归档的规范性负责。

审计小组组长对复核和督导意见负责。

内部审计机构负责人对项目案卷的复核和督导负主要责任，并对归档的及时性负责。

第四节　内部评估

内部评估是有教育系统的内部审计机构对内部审计质量进行的自我检查和评价，是在内部审计机构内部进行，但也可以聘请组织内部的有关人员实施。内部评估是内部的考核与评价，可以持续进行，也可以定期进行。持续进行一般在项目负责人执行指导、监督与复核时就可以进行，能够提供对审计质量的即时反馈，便于立即改进和完善。定期进行的评估一般比较正式，需要在多个方面对审计质量进行考核与评价。本节根据《中国内部审计准则》，结合内部审计工作实际并参考《中国内部审计质量评估手册》，对内部评估进行规范。

1. 评估流程

内部审计质量评估程序是在定期进行内部评估项目时，应当遵守的评估次序和要求，评估程序一般包括评估准备、评估实施和评估报告三个阶段。

①评估准备阶段

评估准备阶段是指内部审计机构和人员在实施内部评估前进行必要的准备工作的阶段。一般包括成立评估分组、评估前准备、编制评估方案等。

成立评估组，内部审计机构应选择具备职业胜任能力的人员组织评估组，并指派评估组组长。评估组组长一名，一般由内部审计机构负责人担任，成员由若干名审计人员组成。

评估组长的主要职责：负责评估工作的组织、协调和督导，编制评估方案，复核评估底稿，编写评估报告，沟通评估情况，评结归档等。

评估前准备，评估前应进行搜集资料，以编制评估方案。一是列出内部评估所需要的资料清单，及时收集评估资料。二是初步确定评估工作所涉及的程序、时间安排、评估范围和内容等相关事项。

编制评估方案，评估方案是内部审计机构针对评估项目的评估程序和事项等所作出的详细安排。在准备资料的基础上，并对评估程序、评估范围、评估内容、评估时间以及人员分工作出详细安排。

②评估实施阶段

评估实施阶段是对评估事项进行检查、取证、分析和汇总的工作过程。一般包括了解情况，获取证据与编制工作底稿，汇总与沟通结果，编制评估报告等环节。

了解情况。评估组根据评估需要查阅相关资料。查阅的资料包括：内部审计章程、内部审计工作手册和内部审计案卷等，进一步查阅、了解审计计划、审计工作底稿和审计报告等相关资料。

评估组应选择不同类型的审计业务类型，且对近期的案卷进行查阅和测试。

获取评估证据与编制工作底稿。评估证据是评估组在评估活动中，通过实施评估程序所获得的，用以证明评估事项，做出评估结论的依据。评估组可以采用审查、询问、监盘、查阅、计算和分析性复核等方式获取评估证据。

评估工作底稿是评估组在实施评估过程中形成的工作记录，是联系评估证据和评估结论的桥梁。评估组成员应客观记录评估过程，按照评估分工和实际需要，编制评估工作底稿，评估工作底稿内容主要记录内部审计活动在遵循《中国内部审计准则》中存在的差异记录，并要记录有关改进内部审计工作的意见与建议。

汇总与沟通评估结果。评估组对评估事项逐一进行推敲证据、分析底稿、确认问题、提出建议和汇总结果。主要依据评估要素的评估意见和标准分值，汇总得出评估结论，为召开结果沟通会做准备。

评估组应及时召开评估结果沟通会，参加沟通会的成员包括：内部评估组成员、内部审计机构所有审计人员。评估组组长主持沟通会，并就评估的基本情况、相关意见与建议以及初步评估结论等进行口头沟通。同时，就出具内部审计质量评估报告和后续事项进行沟通，以确定对评估意见与建议改进和落实情况，并保持评估过程的完整。

③评估报告阶段

内部评估报告是评估组根据评估方案实施必要的评估程序后，就内部审计机构自身遵循《中国内部审计准则》的情况、内部审计管理的健全性和规范性、审计的效率性和效果性等方面，报告评估的过程和结果，表达评估意见的 种书面材料。

内部评估报告是对自身工作遵循《中国内部审计准则》和执行《内部审计工作手册》的检验，有利于工作规范和质量控制。内部审计机构负责人应将内部评估结果向组织管理层报告。此外，内部评估报告也为外部评估奠定了良好的基础。

2. 评估标准

①建立评估标准

依据《中国内部审计准则》并参照《中国内部审计质量评估手册》建立内部评估标准。评估标准将评估内容分成两个方面，一方面是内部审计管理，主要对照《中国内部审计准则》中有关内部审计管理方面的要求，对内部审计管理情况进行评估；另一方面是内部审计业务，主要对照《中国内部审计准则》中有关内部审计业务实施方面的要求，对内部审计方法、流程进行评估。将两个方面的内容分别细化后，设计 12 个评估要素、43 个观测点的内部评估标准。评估标准中将 14 个细化的评估要点的标准分值均定为 3 分，将 29 个细化的评估要点分值定为 2 分，各细化要点总分为 100 分。（见表 1 和表 2）

②遵循评估标准

评估结论

内部评估的结论包括总体遵循、部分遵循和未遵循三种。总分在 80 至 100 分以内的确定为总体遵循，总分在 61 至 79 分以内的确定为部分遵循，总分低于 60 分的确定为未遵循。

总体遵循结论的把握：体现审计组织架构、审计管理、审计技术方法和流程与《中国内部审计准则》要求总体一致，内部审计活动符合本组织实际并得到有效推行，且无明显瑕疵，实现了审计目标，但仍有改进空间。总体遵循并不要求完全遵循《中国内部审计准则》。

表 1　内部评估标准

评估内容	评估要素	评估要点	评估分值
内部审计管理	独立性与客观性	机构设置	3
		隶属关系	3
		胜任能力	3
		职责范围	2
		报告通道	2
	内审机构管理	内部审计制度	3
		年度审计计划	3
		部门管理	2
		理论研究	2
		项目管理	2
		业务案卷	2
	内部审计质量控制	内部审计督导	2
		机构质量控制	3
		项目质量控制	3
		外部评估	2
		内部评估	2
	人际关系与沟通	审计环境	2
		赞誉度	2
		审计结果沟通	2
	运用外部手段	内外部审计协调机制及效果	2
		内审外包质量控制	2
		利用外部专家质量控制	2
	职业道德与后续教育	后续教育管理	2
		内审人员的履职表现	2

表2 内部评估标准

评估内容	评估要素	评估要点	评估分值
内部审计业务	审计计划与审计通知书	年度计划制定与执行	2
		项目计划与审计方案	3
		审计通知书的规范性	2
	重要性与审计风险	重要性	2
		审计风险	2
		书面记录项目计划或方案	2
	主要审计工具与技术	审计抽样的应用	2
		分析性复核的应用	2
		计算机辅助审计技术的应用	2
		书面记录技术应用	2
	审计技术与工作底稿	审计证据的复核	2
		审计证据的管理	3
		审计工作底稿的复核	3
		审计工作底稿的管理	3
	审计报告	审计报告的规范性	3
		审计报告的主要内容与管理	2
		审计报告的增值作用	3
	后续审计	审计报告的复核与督导	3
		后续审计的管理	2

部分遵循结论的把握：体现审计组织架构、审计管理、审计技术方法和流程与《中国内部审计准则》要求还存在违反或偏离的情形或被认为不能有效执行，内部审计活动有明显瑕疵，虽未妨碍审计目标的实现，但还有很大的改进空间。

未遵循结论的把握：体现审计组织架构、审计管理、审计技术方法和流程与《中国内部审计准则》要求差距很大，内部审计活动有明显缺陷，影响内部审计机构开展工作，严重妨碍审计目标的实现。

量化打分

对各评估要素以及细化评估要点的量化打分，是质量评估的核心内容之一，直接影响到评估结论。因此，要认真分析、综合考虑影响每个细化要点的各方面因素，做出客观的专业判断。

0 至 1 分量化打分的操作把握：细化要点对应的审计组织架构、审计管理、审计技术方法和流程的设计未遵循《中国内部审计准则》和相关制度要求，不符合组织管理实际，内部审计活动有明显瑕疵，不能实现审计目标。

1 至 2 分量化打分的操作把握：细化要点对应的审计组织架构、审计管理、审计技术方法和流程的设计部分遵循《中国内部审计准则》和相关制度要求，基本符合组织管理实际，但仍存在违反或偏离要求的情况和不能有效执行，内部审计活动存在明显瑕疵，不能完全满足审计目标实现，由很大的改进空间。

2 至 3 分量化打分的操作把握：细化要点对应的审计组织架构、审计管理、审计技术方法和流程的设计总体遵循《中国内部审计准则》和相关制度要求，符合组织管理实际，并得到有效执行，内部审计活动无明显瑕疵，实现了审计目标，但仍有优化的空间。

第六章 教育审计评估

教育审计质量控制一般包括内部审计督导、组织自我质量控制与外部评估三个方面，教育审计质量评估又分内部评估和外部评估两种形式。内部评估是有组织内部的有关人员对内部审计质量进行检查和评价。本章主要对外部评估进行规范。内部审计机构负责人按照组织适当管理层要求，并结合实际情况，建立、实施外部评估制度。内部审计机构可以选择会计师事务所、管理咨询公司、内部审计协会和其他组织的内部审计机构以及具有评估资格的人员进行评估。外部评估机构和人员在承办内部审计质量评估项目时，应从评估程序、评估标准和评估文书等三个方面进行规范。

第一节 评估程序

教育审计质量评估程序是在承办教育审计质量评估项目时，应当遵守的评估次序和要求，评估程序一般包括评估准备、评估实施和评估报告三个阶段。

1. 评估准备阶段

评估准备阶段是指外部评估机构和人员在实施评估前进行必要的准备工作的阶段。一般包括项目立项、成立评估组、评估前调查、编制评估方案、发送评估通知书等。

①评估项目立项

评估项目立项是指外部评估机构和人员在接受评估单位书面委托后，对评估项目的范围、内容和事项的确立。外部评估机构和人员对评估项目进行评估前，应该办理立项手续。

评估立项的依据：应被评估单位的委托、接受有关部门的委托、上级有关部门的要求或委派等。

办理立项手续时，应填写“评估立项单”。填写的内容一般包括：评估项目名称、被评估单位名称、评估立项依据、评估时间、评估范围和内容等。

②成立评估组

评估项目立项后，外部评估机构应选择具备较高职业素质的人员组成评估组，并指派评估组组长。

评估组由组长一名、成员不少于三名组成。评估组成员不能与接收评估单位存在利益冲突，并对接触的信息具有保密义务。评估组长应具备组织能力、业务能力和沟通能力，还应具有大型企事业单位内部审计负责人、咨询机构负责人或相关专业技术职称、国际注册内部审计师、国际注册风险管理师资格，具有良好的审计职业道德和从事审计职业六年以上工作经历，还具有深刻领会《中国内部审计准则》、熟悉掌握内部审计流程和方法等专业知识和能力，并参加过内部审计质量评估专业培训。

评估组长的主要职责：负责评估工作的组织、协调和督导，办理项目立项，编制评估方案，起草评估通知书，复核评估底稿，编写评估报告，沟通评估情况，评结归档等。

③评估前调查

评估前应进行调查、了解、沟通和搜集资料，以编制评估方案。一是将质量评估需要准备的资料清单提交给被评估单位，及时收集评估资料。二是初步与被评估单位沟通评估工作所涉及的程序、时间安排、评估范围和内容等相关事项。三是调查、了解被评估单位的基本情况和有关内部审计活动的相关信息。

④编制评估方案

评估方案是外部评估机构针对评估项目的评估程序和事件等所作出的详细安排。在了解被评估单位的基本情况和内部审计活动的基础上，并对评估程序、评估范围、评估内容、评估时间、问卷发放、访谈范围以及现场评估办公、后勤保障等内容作出详细安排。

⑤发送评估通知书

评估通知书是外部评估机构在实施评估前，通知被评估单位接收评估的书面文件。评估通知书应包括以下主要内容：被评估单位名称，评估目的及范围，评估时间及评估组名单，被评估单位应提供的具体资料和其他必要的协助，外部评估机构就评估组遵循职业道德和对评估过程中知悉的商业秘密予以保密的承诺。

外部评估机构应根据评估方案编制评估通知书，一般在实施评估前，向被评估单位送达评估通知书，送达评估通知书应填制“评估文书送达回证”。

2. 评估实施阶段

评估实施阶段是对评估事项进行检查、取证、分析和汇总的工作过程。一般包括召开评估座谈会，了解情况，问卷与访谈，获取证据与编制工作底稿，汇总与沟通结果，编制评估报告等环节。

①召开评估座谈会

外部评估组按照评估通知书约定的时间召开评估座谈会。参加座谈会人员包括：被评估单位的管理层、内部审计机构负责人和其他利益相关方以及评估组成员。座谈会由外部评估组组长主持。座谈会的主要内容包括：评估组组长介绍评估方案，被评估单位介绍内部审计情况，初步了解和熟悉评估环境，被评估单位向评估组提供资料，进一步明确落实其他评估事项等。

②了解情况

评估组根据评估需要查阅被评估单位相关资料，以了解内部审计环境和内部审计业务情况。查阅的资料包括：内部审计章程、内部审计工作手册和内部审计案卷等，进一步查阅、了解审计计划、审计工作底稿和审计报告等相关资料，如有必要还延伸、追溯查阅审计工作底稿对应的原始凭证、会议纪要和其他相关资料。

评估组应择取不同类型的审计业务类型，且对近期的案卷进行查阅和测试。

③问卷与访谈

问卷调查与访谈是外部评估组进一步了解被评估单位情况的一种评估方法，也是评估工具和手段。问卷调查是客观收集被评估单位及利益方对内部审计活动的看法和态度，也是背对背的真实表达。问卷调查在评估前调查，也可以在评估中调查，问卷可根据不同调查对象，设计不同调查内容，以获取更详细的信息。访谈是深入了解被评估单位各方面的人员对内部审计工作的认识和理解，也是面对面客观交流。评估组应根据不同的访谈对象来拟定不同的访谈提纲，以取得预期的效果。评估组应对问卷调查和访谈获取的具体内容予以保密。

④获取评估证据与编制工作底稿

评估证据是评估组在评估活动中，通过实施评估程序所获得的，用以证明评估事项，做出评估结论的依据。评估组可以采用审查、询问、访谈、问卷、监盘、查阅、计算和分析性复核等方式获取评估证据。

评估工作底稿是评估组在实施评估过程中形成的工作记录，是联系评估证据和评估结论的桥梁。评估组成员应客观记录评估过程，按照评估分工和实际需要，编制评估工作底稿，评估工作底稿内容主要记录内部审计活动在遵循《中国内部审计准则》中存在的差异记录，并要记录有关改进内部审计工作的意见与建议。

⑤汇总与沟通评估结果

评估组对评估事项逐一进行推敲证据、分析底稿、确认问题、提出建议和汇总结果。主要依据评估要素的评估意见和标准分值，汇总得出评估结论，为召开结果沟通会做准备。

评估组应及时召开评估结果沟通会，主要参加沟通会的成员包括：被评估单位管理层、内部审计机构负责人和其他利益相关方以及评估组成员。评估组组长主持沟通会，并就评估的基本情况、相关意见与建议以及初步评估结论等进行口头沟通。同时，就出具内部审计质量评估报告和后续事项进行沟通，以确定被评估单位对评估意见与建议采纳和落实情况，并保持评估过程的完整。

⑥编制评估报告

教育审计质量评估报告是评估组根据评估方案对被评估单位实

施必要的评估程序后，就被评估单位遵循《中国内部审计准则》的情况、内部审计管理的健全性和规范性、审计的效率性和效果性等方面，向被评估单位报告评估的过程和结果，表达评估意见的一种书面材料。

教育审计质量评估报告一般在现场实施结束后的 10 个工作日内送被评估单位征求意见；被评估单位收到评估报告 10 个工作日内，将评估报告征求意见稿连同书面意见返还评估组；评估组在收到被评估单位意见后的 10 个工作日内，应认真研究、核实，必要时应对评估报告修改后，出具正式评估报告。

第二节　评估标准

1. 评估标准的建立

依据《中国内部审计准则》和《中国内部审计质量评估手册》建立内部审计质量评估标准。评估标准将评估内容分成两个方面，一方面是内部审计管理，主要对照《中国内部审计准则》中有关内部审计管理方面的要求，对内部审计管理情况进行评估；另一方面是内部审计业务，主要对照《中国内部审计准则》中有关内部审计业务实施方面的要求，对内部审计方法、流程进行评估。将两个方面的内容分别细化后，设计 19 个评估要素、34 个观测点的内部审计质量评估标准。评估标准中将 33 个细化观测点的标准分值均定为 3 分，将 1 个细化观测点分值定位 1 分，各细化观测点总分为 100 分。（见表）

2. 评估标准的遵循

①评估结论

教育审计质量评估的结论包括总体遵循、部分遵循和未遵循三种。总分在 80 至 100 分以内的确定为总体遵循，总分在 61 至 79 分以内的确定为部分遵循，总分低于 60 分的确定为未遵循。

总体遵循结论的把握：体现被评估单位审计组织架构、审计管理、审计技术方法和流程与《中国内部审计准则》要求总体一致，内部审计活动符合本组织实际并得到有效推行，且无明显瑕疵，实现了审计

表 1　教育审计质量评估标准

评估内容	评估要素	评估观测点	标准分值
内部审计管理	1、内部审计的独立性与客观性	独立性	3 分
		客观性	3 分
	2、内部审计机构与治理层或最高管理层的关系	工作关系	3 分
	3、内部审计机构的管理	内部审计章程	3 分
		部门管理	3 分
		年度审计计划	3 分
		项目管理	3 分
	4、内部审计质量控制	机构质量控制	3 分
		项目质量控制	3 分
		外部评估	3 分
		内部评估	1 分
	5、内部审计督导	内部审计督导方法与内容	3 分
		内部审计督导执行效果	3 分
	6、人际关系	人际关系管理	3 分
	7、结果沟通	审计结果沟通	3 分
	8、后续教育	后续教育的管理	3 分
	9、内部审计与外部审计的协调	内外部审计协调机制及效果	3 分
	10、评价外部审计（外部专家）工作质量	内审外包的质量控制	3 分
	11、内部审计人员职业道德规范	内部审计人员的履职表现	3 分

表 2 教育审计质量评估标准

评估内容	评估要素	评估观测点	标准分值
内部审计业务	1、审计计划	年度审计计划执行情况	3 分
		项目审计计划与审计工作方案	3 分
	2、审计通知书	审计通知书的规范性	3 分
	3、重要性与审计风险	重要性	3 分
		审计风险	3 分
	4、主要审计工具与技术	审计抽样的应用	3 分
		分析性复核的应用	3 分
		计算机辅助审计技术的应用	3 分
	5、审计证据	审计证据的基本要求	3 分
		审计证据的管理	3 分
	6、审计工作底稿	审计工作底稿的基本要求	3 分
		审计工作底稿的复核与管理	3 分
	7、审计报告	审计报告的编制要求	3 分
		审计报告的主要内容与管理	3 分
	8、后续审计	后续审计的管理	3 分

目标，但仍有改进空间。总体遵循并不要求完全遵循《中国内部审计准则》。

部分遵循结论的把握：体现被评估单位审计组织架构、审计管理、审计技术方法和流程与《中国内部审计准则》要求还存在违反或偏离的情形或被认为不能有效执行，内部审计活动有明显瑕疵，虽未妨碍审计目标的实现，但还有很大的改进空间。

未遵循结论的把握：体现被评估单位审计组织架构、审计管理、审计技术方法和流程与《中国内部审计准则》要求差距很大，内部审计活动有明显缺陷，影响内部审计机构开展工作，严重妨碍审计目标的实现。

②量化打分

对各评估要素以及细化观测点的量化打分，是质量评估的核心内容之一，直接影响到评估结论。因此，要认真分析、综合考虑影响每个细化观测点的各方面因素，做出客观的专业判断。

0 至 1 分量化打分的操作把握：细化观测点对应的审计组织架构、审计管理、审计技术方法和流程的设计未遵循《中国内部审计准则》和相关制度要求，不符合组织管理实际，内部审计活动有明显瑕疵，不能实现审计目标。

1 至 2 分量化打分的操作把握：细化观测点对应的审计组织架构、审计管理、审计技术方法和流程的设计部分遵循《中国内部审计准则》和相关制度要求，基本符合组织管理实际，但仍存在违反或偏离要求的情况和不能有效执行，内部审计活动存在明显瑕疵，不能完全满足审计目标实现，由很大的改进空间。

2 至 3 分量化打分的操作把握：细化观测点对应的审计组织架构、审计管理、审计技术方法和流程的设计总体遵循《中国内部审计准则》和相关制度要求，符合组织管理实际，并得到有效执行，内部审计活动无明显瑕疵，实现了审计目标，但仍有优化的空间。

第三节　评估文书

1. 文书概念

评估文书是外部评估机构在评估过程中形成的具有规范格式的文书。

2. 文书样式

评估文书主要包括评估立项单、评估方案、评估通知书、评估工作底稿、评估结果汇总表、评估报告等。

评 估 立 项 单

被评估单位名称：　　　　　　　　　　　　　　　　立项号：

项目名称	
立项依据	
评估内容	
评估范围	
评估时间	
外部评估机构负责人意见：	
备注	

评　估　方　案

被评估单位名称：　　　　　　　　　　　　　　　　　　　　共　页，第　页

具体评估内容与范围	具体评估程序与方法	执行人	执行日期	评估方案的调整
				外部评估组组长意见：

编制人：　　　　年　月　日　　　　复核人：　　　　年　月　日

××××××（外部评估机构全称）

评 估 通 知 书

×评通〔 〕×号

关于对×××××进行评估的通知

×××××(被评估单位名称)：

为了（评估目的），根据（评估立项依据），决定派出评估小组，自×年×月×日起，对你单位(评估范围、内容)进行评估。请予以积极配合，并提供有关资料和必要的工作条件。

评估组长：

评估组员：

附件：1、××××××（应提供的资料清单）

2、××××××

（外部评估机构全称印章）

×年×月×日

主题词：××× ××× 评估 通知

抄送：×××，×××，×××。

××××××　　×年×月×日印发

评 估 工 作 底 稿

接受评估单位：＿＿＿＿＿＿＿＿评估时间范围：＿＿＿＿＿＿＿

评 估 人/日 期：＿＿＿＿＿＿＿＿＿＿＿＿＿复 核 人/日 期：

索引号：

评估要点	评估记录	评估意见及建议	得分 0-3

评估结果汇总表

评估内容	评估要素	评估观测点	得分（0-3）
内部审计管理	1、内部审计的独立性与客观性	独立性	
		客观性	
	2、内部审计机构与治理层或最高管理层的关系	工作关系	
	3、内部审计机构的管理	内部审计章程	
		部门管理	
		年度审计计划	
		项目管理	
	4、内部审计质量控制	机构质量控制	
		项目质量控制	
		外部评估	
		内部评估	
	5、内部审计督导	内部审计督导方法与内容	
		内部审计督导执行效果	
	6、人际关系	人际关系管理	
	7、结果沟通	审计结果沟通	
	8、后续教育	后续教育	
	9、内部审计与外部审计的协调	内外部审计协调机制及效果	
	10、评价外部审计（外部专家）工作质量	内审外包的质量控制	
	11、内部审计人员职业道德规范	内部审计人员的履职表现	

内部审计业务	1、审计计划	年度审计计划执行情况	
		项目审计计划与审计工作方案	
	2、审计通知书	审计通知书的规范性	
	3、重要性与审计风险	重要性	
		审计风险	
	4、主要审计工具与技术	审计抽样的应用	
		分析性复核的应用	
		计算机辅助审计技术的应用	
	5、审计证据	审计证据的基本要求	
		审计证据的管理	
	6、审计工作底稿	审计工作底稿的基本要求	
		审计工作底稿的复核与管理	
	7、审计报告	审计报告的编制要求	
		审计报告的主要内容与管理	
	8、后续审计	后续审计的管理	
总分			

××××××（外部评估机构全称）
评 估 报 告

×××评字[　]号

关于×××公司内部审计质量外部评估报告

×××公司：

受贵公司委托，我评估组自×年×月×日至×年×月×日，对×××公司的内部审计质量进行了外部评估。我们的评估是按照《中国内部审计准则》及《中国内部审计质量评估手段》的有关规定实施的。本次评估的重点是×××。先将评估结果报告如下：

（主要内容：一、评估依据及范围；二、评估方法；三、评估结论；四、需关注事项及改进建议。）

评估组组长：（姓名）　CIA（签字）

评估组成员：（姓名）　CIA（签字）

（姓名）　CIA（签字）

×××评估机构（盖章）

×年×月×日

主题词：××　××　审计　结果　报告

抄送：×××，×××，×××。

××××××××　　×年×月×日印发

第七章 教育审计法规

第一节 教育审计法规

1. 中华人民共和国审计法

第一章 总则

第一条 为了加强国家的审计监督，维护国家财政经济秩序，提高财政资金使用效益，促进廉政建设，保障国民经济和社会健康发展，根据宪法，制定本法。

第二条 国家实行审计监督制度。国务院和县级以上地方人民政府设立审计机关。

国务院各部门和地方各级人民政府及其各部门的财政收支，国有的金融机构和企业事业组织的财务收支，以及其他依照本法规定应当接受审计的财政收支、财务收支，依照本法规定接受审计监督。

审计机关对前款所列财政收支或者财务收支的真实、合法和效益，依法进行审计监督。

第三条 审计机关依照法律规定的职权和程序，进行审计监督。

审计机关依据有关财政收支、财务收支的法律、法规和国家其他有关规定进行审计评价，在法定职权范围内作出审计决定。

第四条 国务院和县级以上地方人民政府应当每年向本级人民代表大会常务委员会提出审计机关对预算执行和其他财政收支的审计工作报告。审计工作报告应当重点报告对预算执行的审计情况。必要时，人民代表大会常务委员会可以对审计工作报告作出决议。

国务院和县级以上地方人民政府应当将审计工作报告中指出的问题的纠正情况和处理结果向本级人民代表大会常务委员会报告。

第五条 审计机关依照法律规定独立行使审计监督权，不受其他行政机关、社会团体和个人的干涉。

第六条 审计机关和审计人员办理审计事项，应当客观公正，实事求是，廉洁奉公，保守秘密。

第二章 审计机关和审计人员

第七条 国务院设立审计署，在国务院总理领导下，主管全国的审计工作。审计长是审计署的行政首长。

第八条 省、自治区、直辖市、设区的市、自治州、县、自治县、不设区的市、市辖区的人民政府的审计机关，分别在省长、自治区主席、市长、州长、县长、区长和上一级审计机关的领导下，负责本行政区域内的审计工作。

第九条 地方各级审计机关对本级人民政府和上一级审计机关负责并报告工作，审计业务以上级审计机关领导为主。

第十条 审计机关根据工作需要，经本级人民政府批准，可以在其审计管辖范围内设立派出机构。

派出机构根据审计机关的授权，依法进行审计工作。

第十一条 审计机关履行职责所必需的经费，应当列入财政预算，由本级人民政府予以保证。

第十二条 审计人员应当具备与其从事的审计工作相适应的专业知识和业务能力。

第十三条 审计人员办理审计事项，与被审计单位或者审计事项有利害关系的，应当回避。

第十四条 审计人员对其在执行职务中知悉的国家秘密和被审计单位的商业秘密，负有保密的义务。

第十五条 审计人员依法执行职务，受法律保护。

任何组织和个人不得拒绝、阻碍审计人员依法执行职务，不得打击报复审计人员。

审计机关负责人依照法定程序任免。审计机关负责人没有违法失职或者其他不符合任职条件的情况的，不得随意撤换。

地方各级审计机关负责人的任免，应当事先征求上一级审计机关的意见。

第三章　审计机关职责

第十六条　审计机关对本级各部门（含直属单位）和下级政府预算的执行情况和决算以及其他财政收支情况，进行审计监督。

第十七条　审计署在国务院总理领导下，对中央预算执行情况和其他财政收支情况进行审计监督，向国务院总理提出审计结果报告。

地方各级审计机关分别在省长、自治区主席、市长、州长、县长、区长和上一级审计机关的领导下，对本级预算执行情况和其他财政收支情况进行审计监督，向本级人民政府和上一级审计机关提出审计结果报告。

第十八条　审计署对中央银行的财务收支，进行审计监督。

审计机关对国有金融机构的资产、负债、损益，进行审计监督。

第十九条　审计机关对国家的事业组织和使用财政资金的其他事业组织的财务收支，进行审计监督。

第二十条　审计机关对国有企业的资产、负债、损益，进行审计监督。

第二十一条　对国有资本占控股地位或者主导地位的企业、金融机构的审计监督，由国务院规定。

第二十二条　审计机关对政府投资和以政府投资为主的建设项目的预算执行情况和决算，进行审计监督。

第二十三条　审计机关对政府部门管理的和其他单位受政府委托管理的社会保障基金、社会捐赠资金以及其他有关基金、资金的财务收支，进行审计监督。

第二十四条　审计机关对国际组织和外国政府援助、贷款项目的财务收支，进行审计监督。

第二十五条 审计机关按照国家有关规定，对国家机关和依法属于审计机关审计监督对象的其他单位的主要负责人，在任职期间对本地区、本部门或者本单位的财政收支、财务收支以及有关经济活动应负经济责任的履行情况，进行审计监督。

第二十六条 除本法规定的审计事项外，审计机关对其他法律、行政法规规定应当由审计机关进行审计的事项，依照本法和有关法律、行政法规的规定进行审计监督。

第二十七条 审计机关有权对与国家财政收支有关的特定事项，向有关地方、部门、单位进行专项审计调查，并向本级人民政府和上一级审计机关报告审计调查结果。

第二十八条 审计机关根据被审计单位的财政、财务隶属关系或者国有资产监督管理关系，确定审计管辖范围。

审计机关之间对审计管辖范围有争议的，由其共同的上级审计机关确定。

上级审计机关可以将其审计管辖范围内的本法第十八条第二款至第二十五条规定的审计事项，授权下级审计机关进行审计；上级审计机关对下级审计机关审计管辖范围内的重大审计事项，可以直接进行审计，但是应当防止不必要的重复审计。

第二十九条 依法属于审计机关审计监督对象的单位，应当按照国家有关规定建立健全内部审计制度；其内部审计工作应当接受审计机关的业务指导和监督。

第三十条 社会审计机构审计的单位依法属于审计机关审计监督对象的，审计机关按照国务院的规定，有权对该社会审计机构出具的相关审计报告进行核查。

第四章 审计机关权限

第三十一条 审计机关有权要求被审计单位按照审计机关的规定提供预算或者财务收支计划、预算执行情况、决算、财务会计报告，运用电子计算机储存、处理的财政收支、财务收支电子数据和必要的电子计算机技术文档，在金融机构开立账户的情况，社会审计机构出具的审计报告，以及其他与财政收支或者财务收支有关的资料，被审计单位不得拒绝、拖延、谎报。

被审计单位负责人对本单位提供的财务会计资料的真实性和完整性负责。

第三十二条　审计机关进行审计时，有权检查被审计单位的会计凭证、会计账簿、财务会计报告和运用电子计算机管理财政收支、财务收支电子数据的系统，以及其他与财政收支、财务收支有关的资料和资产，被审计单位不得拒绝。

第三十三条　审计机关进行审计时，有权就审计事项的有关问题向有关单位和个人进行调查，并取得有关证明材料。有关单位和个人应当支持、协助审计机关工作，如实向审计机关反映情况，提供有关证明材料。

审计机关经县级以上人民政府审计机关负责人批准，有权查询被审计单位在金融机构的账户。

审计机关有证据证明被审计单位以个人名义存储公款的，经县级以上人民政府审计机关主要负责人批准，有权查询被审计单位以个人名义在金融机构的存款。

第三十四条　审计机关进行审计时，被审计单位不得转移、隐匿、篡改、毁弃会计凭证、会计账簿、财务会计报告以及其他与财政收支或者财务收支有关的资料，不得转移、隐匿所持有的违反国家规定取得的资产。

审计机关对被审计单位违反前款规定的行为，有权予以制止；必要时，经县级以上人民政府审计机关负责人批准，有权封存有关资料和违反国家规定取得的资产；对其中在金融机构的有关存款需要予以冻结的，应当向人民法院提出申请。

审计机关对被审计单位正在进行的违反国家规定的财政收支、财务收支行为，有权予以制止；制止无效的，经县级以上人民政府审计机关负责人批准，通知财政部门和有关主管部门暂停拨付与违反国家规定的财政收支、财务收支行为直接有关的款项，已经拨付的，暂停使用。

审计机关采取前两款规定的措施不得影响被审计单位合法的业务活动和生产经营活动。

第三十五条 审计机关认为被审计单位所执行的上级主管部门有关财政收支、财务收支的规定与法律、行政法规相抵触的，应当建议有关主管部门纠正；有关主管部门不予纠正的，审计机关应当提请有权处理的机关依法处理。

第三十六条 审计机关可以向政府有关部门通报或者向社会公布审计结果。

审计机关通报或者公布审计结果，应当依法保守国家秘密和被审计单位的商业秘密，遵守国务院的有关规定。

第三十七条 审计机关履行审计监督职责，可以提请公安、监察、财政、税务、海关、价格、工商行政管理等机关予以协助。

第五章 审计程序

第三十八条 审计机关根据审计项目计划确定的审计事项组成审计组，并应当在实施审计三日前，向被审计单位送达审计通知书；遇有特殊情况，经本级人民政府批准，审计机关可以直接持审计通知书实施审计。

被审计单位应当配合审计机关的工作，并提供必要的工作条件。

审计机关应当提高审计工作效率。

第三十九条 审计人员通过审查会计凭证、会计账簿、财务会计报告，查阅与审计事项有关的文件、资料，检查现金、实物、有价证券，向有关单位和个人调查等方式进行审计，并取得证明材料。

审计人员向有关单位和个人进行调查时，应当出示审计人员的工作证件和审计通知书副本。

第四十条 审计组对审计事项实施审计后，应当向审计机关提出审计组的审计报告。审计组的审计报告报送审计机关前，应当征求被审计对象的意见。被审计对象应当自接到审计组的审计报告之日起十日内，将其书面意见送交审计组。审计组应当将被审计对象的书面意见一并报送审计机关。

第四十一条　审计机关按照审计署规定的程序对审计组的审计报告进行审议，并对被审计对象对审计组的审计报告提出的意见一并研究后，提出审计机关的审计报告；对违反国家规定的财政收支、财务收支行为，依法应当给予处理、处罚的，在法定职权范围内作出审计决定或者向有关主管机关提出处理、处罚的意见。

审计机关应当将审计机关的审计报告和审计决定送达被审计单位和有关主管机关、单位。审计决定自送达之日起生效。

第四十二条　上级审计机关认为下级审计机关作出的审计决定违反国家有关规定的，可以责成下级审计机关予以变更或者撤销，必要时也可以直接作出变更或者撤销的决定。

第六章　法律责任

第四十三条　被审计单位违反本法规定，拒绝或者拖延提供与审计事项有关的资料的，或者提供的资料不真实、不完整的，或者拒绝、阻碍检查的，由审计机关责令改正，可以通报批评，给予警告；拒不改正的，依法追究责任。

第四十四条　被审计单位违反本法规定，转移、隐匿、篡改、毁弃会计凭证、会计账簿、财务会计报告以及其他与财政收支、财务收支有关的资料，或者转移、隐匿所持有的违反国家规定取得的资产，审计机关认为对直接负责的主管人员和其他直接责任人员依法应当给予处分的，应当提出给予处分的建议，被审计单位或者其上级机关、监察机关应当依法及时作出决定，并将结果书面通知审计机关；构成犯罪的，依法追究刑事责任。

第四十五条　对本级各部门（含直属单位）和下级政府违反预算的行为或者其他违反国家规定的财政收支行为，审计机关、人民政府或者有关主管部门在法定职权范围内，依照法律、行政法规的规定，区别情况采取下列处理措施：

（一）责令限期缴纳应当上缴的款项；

（二）责令限期退还被侵占的国有资产；

（三）责令限期退还违法所得；

（四）责令按照国家统一的会计制度的有关规定进行处理；

（五）其他处理措施。

第四十六条 对被审计单位违反国家规定的财务收支行为，审计机关、人民政府或者有关主管部门在法定职权范围内，依照法律、行政法规的规定，区别情况采取前条规定的处理措施，并可以依法给予处罚。

第四十七条 审计机关在法定职权范围内作出的审计决定，被审计单位应当执行。

审计机关依法责令被审计单位上缴应当上缴的款项，被审计单位拒不执行的，审计机关应当通报有关主管部门，有关主管部门应当依照有关法律、行政法规的规定予以扣缴或者采取其他处理措施，并将结果书面通知审计机关。

第四十八条 被审计单位对审计机关作出的有关财务收支的审计决定不服的，可以依法申请行政复议或者提起行政诉讼。

被审计单位对审计机关作出的有关财政收支的审计决定不服的，可以提请审计机关的本级人民政府裁决，本级人民政府的裁决为最终决定。

第四十九条 被审计单位的财政收支、财务收支违反国家规定，审计机关认为对直接负责的主管人员和其他直接责任人员依法应当给予处分的，应当提出给予处分的建议，被审计单位或者其上级机关、监察机关应当依法及时作出决定，并将结果书面通知审计机关。

第五十条 被审计单位的财政收支、财务收支违反法律、行政法规的规定，构成犯罪的，依法追究刑事责任。

第五十一条 报复陷害审计人员的，依法给予处分；构成犯罪的，依法追究刑事责任。

第五十二条 审计人员滥用职权、徇私舞弊、玩忽职守或者泄露所知悉的国家秘密、商业秘密的，依法给予处分；构成犯罪的，依法追究刑事责任。

第七章　附则

第五十三条　中国人民解放军审计工作的规定，由中央军事委员会根据本法制定。

第五十四条　本法自 1995 年 1 月 1 日起施行。1988 年 11 月 30 日国务院发布的《中华人民共和国审计条例》同时废止。

（1994 年 8 月 31 日第八届全国人民代表大会常务委员会第九次会议通过，根据 2006 年 2 月 28 日第十届全国人民代表大会常务委员会第二十次会议《关于修改〈中华人民共和国审计法〉的决定》修正）

2. 中华人民共和国审计署令（第 4 号）

《审计署关于内部审计工作的规定》已经 2003 年 2 月 10 日审计署审计长会议通过，现予发布，自 2003 年 5 月 1 日起施行。

审计长 

二〇〇三年三月四日

审计署关于内部审计工作的规定

第一条　为了加强内部审计工作，建立健全内部审计制度，根据《中华人民共和国审计法》等有关法律，制定本规定。

第二条　内部审计是独立监督和评价本单位及所属单位财政收支、财务收支、经济活动的真实、合法和效益的行为，以促进加强经济管理和实现经济目标。

第三条　国家机关、金融机构、企业事业组织、社会团体以及其他单位，应当按照国家有关规定建立健全内部审计制度。

法律、行政法规规定设立内部审计机构的单位，必须设立独立的内部审计机构。

法律、行政法规没有明确规定设立内部审计机构的单位，可以根据需要设立内部审计机构，配备内部审计人员。

有内部审计工作需要且不具有设立独立的内部审计机构条件和人员编制的国家机关，可以授权本单位内设机构履行内部审计职责。

设立内部审计机构的单位，可以根据需要设立审计委员会，配备总审计师。

第四条 内部审计机构在本单位主要负责人或者权力机构的领导下开展工作。

第五条 内部审计人员实行岗位资格和后续教育制度，本单位应当予以支持和保障。

第六条 单位主要负责人或者权力机构应当保护内部审计人员依法履行职责，任何单位和个人不得打击报复。

第七条 内部审计人员办理审计事项，应当严格遵守内部审计职业规范，忠于职守，做到独立、客观、公正、保密。

第八条 内部审计机构履行职责所必需的经费，应当列入财务预算，由本单位予以保证。

第九条 内部审计机构按照本单位主要负责人或者权力机构的要求，履行下列职责：

（一）对本单位及所属单位（含占控股地位或者主导地位的单位，下同）的财政收支、财务收支及其有关的经济活动进行审计；

（二）对本单位及所属单位的预算内、预算外资金的管理和使用情况进行审计；

（三）对本单位内设机构及所属单位领导人员的任期经济责任进行审计；

（四）对本单位及所属单位固定资产投资项目进行审计；

（五）对本单位及所属单位内部控制制度的健全性和有效性以及风险管理进行评审；

（六）对本单位及所属单位经济管理和效益情况进行审计；

（七）法律、法规规定和本单位主要负责人或者权力机构要求办理的其他审计事项。

第十条 内部审计机构每年应当向本单位主要负责人或者权力机

构提出内部审计工作报告。

第十一条 单位主要负责人或者权力机构应当制定相应规定，确保内部审计机构具有履行职责所必需的权限，主要是：

（一）要求被审计单位按时报送生产、经营、财务收支计划、预算执行情况、决算、会计报表和其他有关文件、资料；

（二）参加本单位有关会议，召开与审计事项有关的会议；

（三）参与研究制定有关的规章制度，提出内部审计规章制度，由单位审定公布后施行；

（四）检查有关生产、经营和财务活动的资料、文件和现场勘察实物；

（五）检查有关的计算机系统及其电子数据和资料；

（六）对与审计事项有关的问题向有关单位和个人进行调查，并取得证明材料；

（七）对正在进行的严重违法违规、严重损失浪费行为，作出临时制止决定；

（八）对可能转移、隐匿、篡改、毁弃会计凭证、会计帐簿、会计报表以及与经济活动有关的资料，经本单位主要负责人或者权力机构批准，有权予以暂时封存

（九）提出纠正、处理违法违规行为的意见以及改进经济管理、提高经济效益的建议；

（十）对违法违规和造成损失浪费的单位和人员，给予通报批评或者提出追究责任的建议。

第十二条 单位主要负责人或者权力机构在管理权限范围内，授予内部审计机构必要的处理、处罚权。

第十三条 内部审计机构对本单位有关部门及所属单位严格遵守财经法规、经济效益显著、贡献突出的集体和个人，可以向单位主要负责人或者权力机构提出表扬和奖励的建议。

第十四条 内部审计机构应当遵守内部审计准则、规定，按照单位主要负责人或者权力机构的要求实施审计。

第十五条 内部审计协会是内部审计行业的自律性组织，是社会

团体法人。全国设立中国内部审计协会，地方根据需要和法定程序设立具有独立法人资格的地方内部审计协会。

第十六条 内部审计协会依照法律和章程履行职责，并接受审计机关的指导、监督和管理。

第十七条 内部审计机构应当不断提高内部审计业务质量，并依法接受审计机关对内部审计业务质量的检查和评估。

第十八条 被审计单位不配合内部审计工作、拒绝审计或者提供资料、提供虚假资料、拒不执行审计结论或者报复陷害内部审计人员的，单位主要负责人或者权力机构应当及时予以处理；构成犯罪的，移交司法机关追究刑事责任。

第十九条 对认真履行职责、忠于职守、坚持原则、做出显著成绩的内部审计人员，由所在单位给予精神或者物质奖励。

对滥用职权、徇私舞弊、玩忽职守、泄露秘密的内部审计人员，由所在单位依照有关规定予以处理；构成犯罪的，移交司法机关追究刑事责任。

第二十条 本规定由审计署负责解释。

第二十一条 本规定自 2003 年 5 月 1 日起施行。审计署于 1995 年 7 月 14 日发布的《审计署关于内部审计工作的规定》(审计署令 1995 年第 1 号）同时废止。

3. 中华人民共和国教育部第 17 号令

第一章 总则

第一条 为了建立健全教育系统内部审计制度，规范教育系统内部审计工作，根据《中华人民共和国教育法》、《中华人民共和国审计法》和《审计署关于内部审计工作的规定》等法律、法规，制定本规定。

第二条 教育系统按照依法治教、从严管理的原则，应建立内部审计制度，促进教育行政部门和单位遵守国家财经法规，规范内部管理，加强廉政建设，维护自身合法权益，防范风险，提高教育资金使用效益。

第三条　教育系统内部审计是教育系统内部审计机构、审计人员对财务收支、经济活动的真实、合法和效益进行独立监督、评价的行为。

第四条　教育行政部门和单位应当依照国家法律、法规和本规定，实行内部审计制度，设置独立的内部审计机构，配备审计人员，开展内部审计工作。

第五条　本规定所称教育行政部门，是指县级及县级以上的各级教育行政部门；单位，是指高等学校及其他教育事业、企业单位。

第二章　组织和领导

第六条　教育部内部审计机构负责指导和检查全国教育系统内部审计工作，并对所属单位实施内部审计。

地方各级教育行政部门内部审计机构负责指导和检查本地区教育系统内部审计工作，并对本部门所属单位实施内部审计。

单位内部审计机构对本单位及所属单位（含占控股地位或者主导地位的单位）实施内部审计。

第七条　内部审计机构在本部门、本单位主要负责人的领导下，依据国家法律、法规和政策，以及上级部门和本部门、本单位的规章制度，独立开展内部审计工作，对本部门、本单位主要负责人负责并报告工作，同时接受国家审计机关和上级主管部门内部审计机构的业务指导和检查。

第八条　教育行政部门和单位主要负责人领导本部门、本单位内部审计工作的主要职责：

（一）建立健全内部审计机构，完善内部审计规章制度；

（二）定期研究、部署和检查审计工作，听取内部审计机构的工作汇报，及时审批年度审计工作计划、审计报告，督促审计意见和审计决定的执行；

（三）支持内部审计机构和审计人员依法履行职责，并提供经费保证和工作条件；

（四）对成绩显著的内部审计机构和审计人员进行表彰和奖励；

（五）加强审计队伍建设，切实解决审计人员在培训、专业职务评聘和待遇等方面存在的实际困难和问题。

第九条 教育行政部门内部审计机构指导内部审计工作的主要职责：

（一）依据国家法律、法规和上级主管部门及本部门的有关规定，制定内部审计规章制度；

（二）督促本部门所属单位和下级教育行政部门建立健全内部审计机构，配备审计人员；

（三）及时做出工作部署，指导和督促本地区教育系统内部审计机构和审计人员依法开展工作；

（四）组织审计人员参加岗位资格培训和后续教育，开展内部审计理论研讨；

（五）总结、推广先进经验,提出表彰先进集体和先进个人的建议；

（六）维护内部审计机构和审计人员的合法权益。

第三章 内部审计机构和审计人员

第十条 教育系统内部审计机构应按照职责分明、科学管理和审计独立性的原则设置；暂时不具备设置条件的，应当配备专门人员负责内部审计工作。

第十一条 教育行政部门和单位，应当保证审计工作所必需的专职人员编制,配备具有内部审计岗位资格的审计人员。

教育行政部门和单位,可以根据工作需要，聘请特约审计人员和兼职审计人员。

第十二条 内部审计机构的变动和审计机构负责人的任免或调动，应事先征求上一级主管部门内审机构的意见。

第十三条 内部审计机构在审计过程中应当严格执行内部审计制度，保证审计业务质量，提高工作效率。

第十四条 审计人员办理审计事项，应当严格遵守内部审计准则和内部审计人员职业道德规范。

审计人员办理审计事项，与被审计单位或审计事项有直接利害关系的，应当回避。

第十五条　审计人员依法履行职责,受法律保护，任何单位和个人不得设置障碍和打击报复。

第十六条　审计人员应当按照国家的有关规定，参加岗位资格培训和后续教育。

第四章　内部审计机构职责和权限

第十七条　内部审计机构和审计人员主要对下列事项进行审计：

（一）财务收支及有关经济活动；

（二）预算执行和决算；

（三）预算内、预算外资金的管理和使用；

（四）专项教育资金的筹措、拨付、管理和使用；

（五）固定资产的管理和使用；

（六）建设、修缮工程项目；

（七）对外投资项目；

（八）内部控制制度的健全、有效及风险管理；

（九）经济管理和效益情况；

（十）有关领导人员的任期经济责任；

（十一）本部门、本单位主要负责人和上级主管部门交办的其他事项。

第十八条　教育系统内部审计机构对本部门、本单位和所属单位财务收支及有关经济活动中的重大事项组织或进行专项审计调查，并向本部门、本单位领导或上级主管部门报告审计调查结果。各单位内部审计机构配合财务部门加强财务管理，对本单位资金收支的真实性、完整性、合法性，以及账务处理的正确性进行严格监督，定期进行审计调查。

第十九条　内部审计机构根据工作需要，经所在部门、单位负责人批准，可委托社会中介机构对有关事项进行审计。

第二十条　内部审计机构在履行审计职责时,具有下列主要权限：

（一）要求有关单位按时报送财务收支计划、预算执行情况、决算、会计报表和其他有关文件、资料等；

（二）对审计涉及的有关事项，向有关单位和个人进行调查并取得有关文件、资料和证明材料；

（三）审查会计凭证、账簿等，检查资金和财产，检查有关电子数据和资料，勘察现场实物；

（四）参与制定有关的规章制度，起草内部审计规章制度；

（五）参加本部门、本单位的有关会议，召开与审计事项有关的会议；

（六）对正在进行的严重违法违纪、严重损失浪费的行为，做出临时的制止决定；

（七）对可能转移、隐匿、篡改、毁弃的会计凭证、会计账簿、会计报表以及与经济活动有关的资料，经本部门、本单位主要负责人批准，有权采取暂时封存的措施；

（八）提出改进管理、提高经济效益的建议；对模范遵守和维护财经法纪成绩显著的单位和人员提出给予表彰的建议；对违法违规和造成损失浪费的行为提出纠正、处理的意见；对严重违法违规和造成严重损失浪费的有关单位和人员提出移交纪检、监察或司法部门处理的建议。

第二十一条 教育系统内部审计可以利用国家审计机关、上级内部审计机构和社会中介机构的审计结果；内部审计的审计结果经本部门、本单位主要负责人批准同意后，可提供给有关部门。

第五章 内部审计工作程序

第二十二条 内部审计机构应当根据本部门、本单位的中心任务和上级内部审计机构的部署，制定年度审计工作计划，报经本部门、本单位主要负责人批准后组织实施。

第二十三条 内部审计机构实施审计，应组成审计组，编制审计方案，并在实施审计前向被审计单位送达审计通知书。

第二十四条 审计人员对审计事项实施审计，取得有关证明材料，编制审计工作底稿。

第二十五条　审计组对审计事项实施审计后，编制审计报告，并征求被审计单位意见。被审计单位应当自接到审计报告之日起十个工作日内，将书面意见送交审计组，逾期即视为无异议。

第二十六条　内部审计机构负责人对审计报告进行审核后，报本部门、本单位主要负责人审批

第二十七条　内部审计机构应对重要审计事项进行后续审计，检查被审计单位对审计发现的问题所取的纠正措施及其效果。

第二十八条　内部审计机构在审计事项结束后，应当按照有关规定建立和管理审计档案。

第六章　法律责任

第二十九条　违反本规定，有下列行为之一的单位和个人，内部审计机构根据情节轻重，可以提出警告、通报批评、经济处理或移送纪检监察机关处理等建议，报本部门、本单位主要负责人，本部门、本单位主要负责人应及时予以处理：

（一）拒绝或拖延提供与审计事项有关的文件、会计资料和证明材料的；

（二）转移、隐匿、篡改、毁弃有关文件和会计资料的；

（三）转移、隐匿违法所得财产的；

（四）弄虚作假，隐瞒事实真相的；

（五）阻挠审计人员行使职权，抗拒、破坏监督检查的；

（六）拒不执行审计决定的；

（七）报复陷害审计人员或检举人员的。

以上行为构成犯罪的，应当移交司法机关处理。

第三十条　违反本规定，有下列行为之一的内部审计机构和审计人员，由其所在部门、单位根据有关规定给予批评教育或行政处分：

（一）利用职权，谋取私利的；

（二）弄虚作假，徇私舞弊的；

（三）玩忽职守，给国家和单位造成重大损失的；

（四）泄露国家秘密和被审计单位秘密的。

以上行为构成犯罪的，应当移交司法机关处理。

第七章　附　则

第三十一条　各级教育行政部门和单位可以根据本规定，结合实际情况，制定具体实施办法，并报上级主管部门备案。民办高等学校可以根据实际情况参照本规定执行。

第三十二条　本规定自二〇〇四年六月一日起施行，一九九六年四月五日国家教育委员会发布的第二十四号令《教育系统内部审计工作规定》同时废止。

第二节　教育审计准则

1. 内部审计基本准则

第一章　总　则

第一条　为了规范内部审计工作，明确内部审计机构和人员的责任，根据《中华人民共和国审计法》、《审计署关于内部审计工作的规定》及相关法律法规制定本准则。

第二条　本准则所称内部审计，是指组织内部的一种独立客观的监督和评价活动，它通过审查和评价经营活动及内部控制的适当性、合法性和有效性来促进组织目标的实现。

第三条　本准则适用于各类组织的内部审计机构、内部审计人员及其从事的内部审计活动。

第二章　一般准则

第四条　内部审计机构的设置应考虑组织的性质、规模、内部治理结构及相关规定，并配备一定数量具有执业资格的内部审计人员。

第五条　内部审计机构应建立有效的质量控制制度，并积极了解、参与组织的内部控制建设。

第六条　内部审计人员应具备必要的学识及业务能力．熟悉本组织的经营活动和内部控制，并不断通过后续教育来保持和提高专业胜任能力。

第七条　内部审计人员应当遵循职业道德规范，并以应有的职业谨慎态度执行内部审计业务。

第八条　内部审计机构和人员应保持独立性和客观性，不得负责被审计单位经营活动和内部控制的决策与执行。

第九条　内部审计人员应具有较强的人际交往技能，能恰当地与他人进行有效的沟通。

第三章　作业准则

第十条　内部审计人员在审计过程中，应充分考虑重要性与审计风险的问题。

第十一条　内部审计人员应在考虑组织风险、管理需要及审计资源的基础上，制定审计计划，对审计工作做出合理安排。

第十二条　内部审计人员在实施审计前，应向被审计单位送达内部审计通知书，并做好必要的审计准备工作。

第十三条　内部审计人员应深入调查、了解被审计单位的情况，采用抽样审计等方法，对其经营活动及内部控制的适当性、合法性和有效性进行测试。

第十四条　内部审计人员可以运用审核、观察、询问、函证和分析性复核等方法，获取充分、相关、可靠的审计证据，以支持审计结论和建议。

第十五条　内部审计人员在审计过程中应积极利用计算机进行辅助审计。在计算机信息系统下进行审计，不应改变审计计划确定的目标和范围。

第十六条　内部审计人员应将审计程序的执行过程及收集和评价的审计证据，记录于审计工作底稿。

第四章 报告准则

第十七条 内部审计人员应在实施必要的审计程序后，出具审计报告。审计报告的编制应当以经过核实的审计证据为依据，做到客观、完整、清晰、及时、具有建设性，并体现重要性原则。

第十八条 审计报告应说明审计目的、范围，提出结论和建议，并应当包括被审计单位的反馈意见。

第十九条 审计报告应声明内部审计是按照中国内部审计准则的规定实施，若存在末遵循该准则的情形，审计报告应对其作出解释和说明。

第二十条 内部审计机构应建立审计报告的分级复核制度，明确规定各级复核的要求和责任。

第二十一条 内部审计人员应进行后续审计，促进被审计单位对审计发现的问题及时采取合理、有效的纠正措施。

第五章 内部管理准则

第二十二条 内部审计机构负责人应确定年度审计工作目标，制定年度审计计划，编制人力资源计划和财务预算。

第二十三条 内部审计机构负责人应根据《审计署关于内部审计工作的规定》和中国内部审计准则，结合本组织的实际情况，制定审计工作手册，以指导内部审计人员的工作。

第二十四条 内部审计机构负责人应建立内部激励约束制度，对内部审计人员的工作进行监督、考核，评价其工作业绩。

第二十五条 内部审计机构负责人应在组织适当管理层的支持和监督下，做好与外部审计的协调工作。

第六章 附 则

第二十六条 本准则由中国内部审计协会发布并负责解释。

第二十七条 本准则自 2003 年 6 月 1 日起施行。

2. 内部审计人员职业道德规范

第一条 内部审计人员在履行职责时，应当严格遵守中国内部审计准则及中国内部审计协会制定的其他规定。

第二条 内部审计人员不得从事损害国家利益、组织利益和内部审计职业荣誉的活动。

第三条 内部审计人员在履行职责时，应当做到独立、客观、正直和勤勉。

第四条 内部审计人员在履行职责时，应当保持廉洁，不得从被审计单位获得任何可能有损职业判断的利益。

第五条 内部审计人员应当保持应有的职业谨慎，并合理使用职业判断。

第六条 内部审计人员应当保持和提高专业胜任能力，必要时可聘请有关专家协助。

第七条 内部审计人员应诚实地为组织服务，不做任何违反诚信原则的事情。

第八条 内部审计人员应当遵循保密性原则，按规定使用其在履行职责的所获取的资料。

第九条 内部审计人员在审计报告中应客观地披露所了解的全部重要事项。

第十条 内部审计人员应具有较强的人际交往技能，妥善处理好与组织内外相关机构和人士的关系。

第十一条 内部审计人员应不断接受后续教育，提高服务质量。

3. 内部审计具体准则

内部审计具体准则第1号——审计计划

第一章 总 则

第一条 为了规范内部审计人员编制审计计划，保证及时、有效地执行审计业务，提高审计效率，根据<内部审计基本准则》制定本准则。

第二条 本准则所称审计计划，是指内部审计机构和人员为完成审计业务，达到预期的审计目的，对一段时期的审计工作任务或具体审计项目作出的事先规划。

第三条 本准则适用于各类组织的内部审计机构、内部审计人员及其从事的内部审计活动。

第二章 一般原则

第四条 审计计划一般包括年度审计计划、项目审计计划和审计方案三个层次：

（一）年度审计计划是对年度的审计任务所作的事先规划，是组织年度工作计划的重要组成部分；

（二）项目审计计划是对具体审计项目实施的全过程所作的综合安排；

（三）审计方案是对具体审计项目的审计程序及其时间等所作出的详细安排。

内部审计机构可以根据组织的性质、规模、审计业务的复杂程度等因素决定审计计划层次的繁简。

第五条 年度审计计划应在下年度开始前编制完成，并报组织适当管理层批准，以指导内部审计机构下年度的工作；项目审计计划和审计方案应在审计实施前编制完成，并经内部审计机构负责人批准。

第六条 内部审计机构应当根据批准后的审计计划组织实施内部审计活动。在计划执行过程中，若有必要，应按规定的程序对计划进行修改和补充。

第七条 内部审计机构负责人应定期检查审计计划的执行情况。

第三章 年度审计计划

第八条 内部审计机构负责人负责年度审计计划的制定工作。

第九条 年度审计计划应当包括以下基本内容：

（一）内部审计年度工作目标；

（二）需要执行的具体审计项目及其先后顺序；

（三）各审计项目所分配的审计资源；

（四）后续审计的必要安排。

第十条　在制定年度审计计划时，应当考虑组织风险、管理需要和审计资源，以确定具体审计项目。

第十一条　在制定年度审计计划前，应了解以下情况，以评价各审计项目的风险程度：

（一）组织的发展目标及年度工作重点；

（二）严重影响相关经营活动的法规、政策、计划和合同；

（三）相关内部控制的质量；

（四）相关经营活动的复杂性及其近期变化；

（五）相关人员的能力、品质及其岗位的近期变动；

（六）其他与项目有关的重要情况。

第十二条　内部审计机构负责人应根据审计项目的风险程度规划审计项目执行的先后顺序。

第十三条　内部审计机构负责人应根据审计项目的性质、复杂性及时间限制，合理安排所需的审计资源。

第四章　项目审计计划与审计方案

第十四条　内部审计机构应根据年度审计计划确定的审计项目和时间安排，选派内部审计人员开展审计工作。

第十五条　在具体实施审计项目前，审计项目负责人应充分了解被审计单位的以下情况，以制定项目审计计划：

（一）经营活动概况；

（二）内部控制的设计及运行情况；

（三）财务、会计资料；

（四）重要的合同、协议及会议记录；

（五）上次审计的结论、建议以及后续审计的执行情况；

（六）上次外部审计的审计意见；

（七）其他与项目审计计划有关的重要情况。

第十六条　项目审计计划应当包括以下基本内容：

（一）审计目的和审计范围；

（二）重要性和审计风险的评估；

（三）审计小组构成和审计时间的分配；

（四）对专家和外部审计工作结果的利用；

（五）其他有关内容。

第十七条 审计项目负责人应根据项目审计计划制定审计方案。

第十八条 审计方案应当包括以下基本内容：

（一）具体审计目的；

（二）具体审计方法和程序；

（三）预定的执行人及执行日期；

（四）其他有关内容。

第十九条 审计项目负责人可以根据枝审计单位的经营规模、业务复杂程度及审计工作的复杂程度确定项目审计计划和审计方案内容的繁简程度。

第五章 附 则

第二十条 本准则由中国内部审计协会发布并负责解释。

第二十一条 本准则自 2003 年 6 月 1 日起施行。

内部审计具体准则第 2 号——审计通知书

第一章 总 则

第一条 为了规范内部审计通知书的编制与发送，根据《内部审计基本准则》制定本准则。

第二条 本准则所称审计通知书，是指内部审计机构在实施审计前，通知被审计单位或个人接受审计的书面文件。

第三条 本准则适用于各类组织的内部审计机构、内部审计人员及其从事的内部审计活动。

第二章 审计通知书的编制与发送

第四条 审计通知书应包括以下基本内容：

（一）被审计单位及审计项目名称；

（二）审计目的及审计范围；

（三）审计时间；

（四）被审计单位应提供的具体资料和其他必要的协助；

（五）审计小组名单；

（六）内部审计机构及其负责人的签章和签发日期。

第五条　内部审计机构应根据经过批准后的审计计划编制审计通知书。

第六条　内部审计机构应在实施审计前，向被审计单位送达审计通知书。特殊审计业务可在实施审计时送达。

第七条　审计通知书主送被审计单位，必要时可抄送组织内部相关部门。涉及组织内个人责任的审计项目，应抄送被审计者本人。

第三章　附　则

第八条　本准则由中国内部审计协会发布并负责解释。

第九条　本准则自 2003 年 6 月 1 日起施行。

内部审计具体准则第 3 号——审计证据

第一章　总　则

第一条　为了规范内部审计证据的获取及处理，保证审计证据的充分性、相关性和可靠性，根据《内部审计基本准则》制定本准则。

第二条　本准则所称审计证据，是指内部审计人员在从事审计活动中，通过实施审计程序所获取的，用以证实审计事项，作出审计结论和建议的依据。

第三条　本准则适用于各类组织的内部审计机构、内部审计人员及其从事的内部审计活动。

第二章　一般原则

第四条　内部审计人员应当依据审计目标获取不同类型的审计证

据。审计证据包括下列几种：

（一）书面证据；

（二）实物证据；

（三）视听电子证据；

（四）口头证据；

（五）环境证据。

第五条 内部审计人员获取的审计证据应当具备充分性、相关性和可靠性。

（一）充分性是指证据数量足以证实审计事项，作出审计结论和建议；

（二）相关性是指证据和审计目标相关联，所反映的内容能够支持审计结论和建议；

（三）可靠性是指证据能够反映审计事项的客观事实。

第六条 审计项目的各级复核入应在各自责任范围内对审计证据的充分性、相关性和可靠性予以复核。

第七条 内部审计人员在获取审计证据时，应当考虑下列基本因素：

（一）适当的抽样方法。

（二）合理的审计风险水平。证据的充分性与审计风险水平密切相关。可以接受的审计风险水平越低，所需证据的数量就越多。

（三）成本与效益的合理程度。获取审计证据应考虑取证成本与证据效益的对比。但对于重要审计事项，不应将审计成本的高低作为减少必要审计程序的理由。

（四）具体审计事项的重要程度。内部审计人员应当从数量和性质两个方面判断具体审计事项的重要性，以做出获取审计证据的决策。

第三章 审计证据的获取与处理

第八条 内部审计人员可以采用下列方法获取审计证据：

（一）审核；

（二）观察；

（三）监盘；

（四）询问；

（五）函证；

（六）计算；

（七）分析性复核：

第九条　内部审计人员应将获取审计证据的名称、来源，内容、时间等清晰、完整地记录在工作底稿中。

第十条　内部审计人员可聘请其他专业机构或人士对审计项目的某些特殊问题进行鉴定，以鉴定结论作为审计证据，内部审计人员应对引用该证据的可靠性负责。

第十一条　对于被审计单位存有异议的审计证据，内部审计人员应作进一步核实。

第十二条　内部审计人员获取的审计证据，如有必要，应当由证据提供者签名或盖章。如果证据提供者拒绝，内部审计人员应当注明原因和日期，该证据依然可作为支持审计结论知建议的依据。

第十三条　内部审计人员应作好审计证据的分类、筛选和汇总工作，保证已获取审计证据的充分性、相关性和可靠性。

第十四条　在评价审计证据时，应当考虑证据之间的相互印证及证据来源的可靠程度。

第四章　附　则

第十五条　本准则由中国内部审计协会发布并负责解释。

第十六条　本准则自 2003 年 6 月 1 日起施行。

内部审计具体准则第 4 号——审计工作底稿

第一章　总　则

第一条　为了规范审计工作底稿的编制和使用，根据《内部审计基本准则>制定本准则。

第二条　本准则所称审计工作底稿，是指内部审计人员在审计过程中形成的工作记录，是联系审计证据和审计结论的桥梁。

第三条 本准则适用于各类组织的内部审计机构、内部审计人员及其从事的内部审计活动。

第二章 一般原则

第四条 内部审计人员在审计工作中应编制审计工作底稿，以达到以下目的：

（一）为形成审计报告提供依据；

（二）说明审计目标的实现程度；

（三）为评价内部审计工作质量提供依据；

（四）证实内部审计机构及人员是否遵循内部审计准则；

（五）为以后的审计工作提供参考；

（六）提高内部审计人员的专业素质。

第五条 审计工作底稿应内容完整、记录清晰、结论明确，客观反映项目审计计划与审计方案的制定及实施情况，并包括与形成审计结论和建议有关的所有重要事项。

第六条 审计工作底稿的形式可以是纸质、磁带、磁盘、胶片或其他有效的信息载体。无纸化的工作底稿应制作备份。

第七条 审计工作底稿主要包括以下记录：

（一）内部审计通知书、项目审计计划、审计方案及其调整的记录；

（二）审计程序执行过程和结果的记录；

（三）获取的各种类型审计证据的记录；

（四）其他与审计事项有关记录。

第八条 内部审计机构应当建立审计工作底稿的分级复核制度，明确规定各级复核的要求和责任。内部审计机构负责人对审计工作底稿的复核负完全责任。

第三章 审计工作底稿的编制与复核

第九条 审计工作底稿应载明下列事项：

（一）被审计单位的名称；

（二）审计事项及其期间或截止日期；

（三）审计程序的执行过程和执行结果记录；

（四）审计结论；

（五）执行人员姓名和执行日期；

（六）复核人员姓名、复核日期和复核意见；

（七）索引号及页次；

（八）审计标识与其他符号及其说明等。

第十条　审计工作底稿中可使用各种审计标识．但应注明含义并保持前后一致。

第十一条　审计工作底稿应注明索引编号和顺序编号。相关工作底稿之间如存在勾稽关系应予以清晰反映，相互引用时应交叉注明索引编号。

第十二条　审计工作底稿的复核应由内部审计机构中比工作底稿编制人员职位更高或具有丰富经验的人担任。

第十三条　在审计作业中，审计项目负责人应加强对工作底稿的现场复核。

第十四条　如果发现审计工作底稿存在问题，复核人员应在复核意见中加以说明，并要求相关人补充或重编工作底稿。

第四章　审计工作底稿的整理与使用

第十五条　内部审计人员在审计项目完成后，应及时对审计工作底稿进行分类整理，按相关法规的要求归档、管理和使用。

第十六条　审计工作底稿归组织所有，由内部审计机构成组织内部有关部门保管。

第十七条　内部审计机构应建立工作底稿保密制度。如果内部审计机构以外的组织成个人要求查阅工作底稿，必须由内部审计机构负责人或其主管领导批准。但法院、检察院和其他有权部门依法进行查阅的除外。

第五章 附 则

第十八条 本准则由中国内部审计协会发布并负责解释。

第十九条 本准则自2003年6月1日起施行。

内部审计具体准则第5号——内部控制审计

第一章 总 则

第一条 为了规范内部审计人员审查与评价被审计单位的内部控制，根据《内部审计基本准则》制定本准则。

第二条 本准则所称内部控制，是指组织内部为实现经营目标，保护资产安全完整，保证遵循国家法律法规，提高组织运营的效率及效果，而采取的各种政策和程序。

第三条 本准则适用于各类组织的内部审计机构、内部审计人员及其从事的内部审计活动。

第二章 一般原则

第四条 内部控制审计的目的是合理地保证组织实现以下目标：

（一）遵守国家有关法律法规和组织内部规章制度；

（二）信息的真实、可靠；

（三）资产的安全、完整；

（四）经济有效地使用资源；

（五）提高经营效率和效果。

第五条 内部控制包括控制环境、风险管理、控制活动、信息与沟通、监督等五个要素。

第六条 控制环境主要包括以下内容：

（一）经济性质和经营类型；

（二）管理层的经营理念；

（三）管理层倡导的组织文化；

（四）法人治理结构；

（五）各项职责的分工及相应人员的胜任能力；

（六）人力资源政策及其执行，

第七条　风险管理主要包括以下内容：

（一）识别影响组织目标实现的各类风险；

（二）建立风险管理机制。

第八条　控制活动主要包括以下内容：

（一）所有经营活动应有适当的授权；

（二）不相容职务应当分离；

（三）有效控制凭证和记录的真实性；

（四）资产和记录的接近限制；

（五）独立的业务审核。

第九条 信息与沟通主要包括以下内容：

（一）及时、准确、完整地记录所有信息；

（二）保证管理信息系统的有序运行；

（三）保证管理信息系统的安全可靠。

第十条　监督主要包括以下内容：

（一）内部审计机构实施的独立监督；

（二）管理层对内部控制的自我评估。

第十一条　建立、健全内部控制并使之有效运行是组织高级管理层的责任。内部控制目标的实现有赖于组织所有人员的参与。

第十二条　内部控制是对组织目标实现的相对保证。由于人为错误、串通舞弊、超越制度、环境变化及成本效益原则等因素的影响，内部控制可能无法发挥其应有作用。

第三章　内部控制的审查与评价

第十三条　内部审计人员应实施适当的审查程序，以评价被审计单位的控制环境。其审查重点为以下内容：

（一）经营活动的复杂程度；

（二）管理权限的集中程度；

（三）管理行为守则的健全性和有效性；

（四）管理层对逾越既定控制程序的态度

（五）组织文化的内容及组织成员对此的理解与认同；

（六）法人治理结构的健全性和有效性；

（七）组织各阶层人员的知识与技能；

（八）组织结构和职责划分的合理性；

（九）重要岗位人员的权责相称程度及其胜任能力；

（十）员工聘用程序及培训制度；

（十一）员工业绩考核与激励机制。

第十四条 内部审计人员应实施适当的审查程序，评价组织风险管理机制的健全性和有效性。其审查重点为以下内容：

（一）可能引发风险的内外因素；

（二）风险发生的可能性和预计带来的后果；

（三）对抗风险的能力；

（四）风险管理的具体方法及效果。

第十五条 内部审计人员应实施适当的审查程序，评价控制活动的适当性、合法性、有效性。其审查重点为以下内容：

（一）控制活动建立的适当性；

（二）控制活动对风险的识别和规避；

（三）控制活动对组织目标实现的作用；

（四）控制活动执行的有效性。

第十六条 内部审计人员应实施适当的审查程序，评价组织获取及处理信息的能力。其审查重点为以下内容：

（一）获取财务信息、非财务信息的能力；

（二）信息处理的及时性和适当性；

（三）信息传递渠道的便捷与畅通；

（四）管理信息系统的安全可靠性。

第十七条 内部审计人员对内部控制做出评价时，应选择适当的评价标准。

（一）内部审计人员首先应判断组织已有标准的适当性，如果认为已有标准不合适，应向适当管理层报告；

（二）如果管理层没有制定合适的标准，内部审计人员可以基于组织利益最大化的原则选择适当的评价标准。

第十八条　内部审计人员在评价内部控制时，按照项目的性质和需要，既可以对全部控制要素进行评价，也可以只对部分控制要素进行评价。

第十九条　内部审计人员可以采用文字叙述、调查问卷、流程图等方法对内部控制进行描述和评价，并记录于审计工作底稿中。

第四章　内部控制审计的报告

第二十条　内部审计人员应向组织的适当管理层报告内部控制的审计结果。审计报告应说明审查和评价内部控制的目的、范围、审计结论、审计决定及对改善内部控制的建议；并应当包括被审计单位的反馈意见。

第二十一条　内部审计人员应在必要时进行内部控制的后续审计。

第五章　附则

第二十二条　本准则由中国内部审计协会发布并负责解释

第二十三条　本准则自 2003 年 6 月 1 日起施行。

内部审计具体准则第 6 号——舞弊的预防、检查与报告

第一章　总　则

第一条　为了规范内部审计机构和人员协助组织预防、检查和报告舞弊行为，明确相关责任，降低组织风险，根据《内部审计基本准则》制定本准则。

第二条　本准则所称舞弊，是指组织内、外人员采用欺骗等违法违规手段，损害或谋取组织经济利益，同时可能为个人带来不正当利益的行为。

第三条　本准则适用于各类组织的内部审计机构、内部审计人员

及其从事的内部审计活动。

第二章　一般原则

第四条　组织管理层应对舞弊行为的发生承担责任。建立、健全并有效实施内部控制，预防、发现及纠正舞弊行为是组织管理层的主要责任。

第五条　内部审计机构和人员应当保持应有的职业谨慎，合理关注组织内部可能发生的舞弊行为，以协助组织管理层预防、检查和报告舞弊行为。

第六条　内部审计机构和人员应在以下几个方面保持应有的职业谨慎：

（一）具有预防、识别、检查舞弊的基本知识和技能，在执行审计项目时警惕相关方面可能存在的舞弊风险；

（二）根据被审计事项的重要性、复杂性以及审计的成本效益性，合理关注和检查可能存在的舞弊行为；

（三）运用适当的审计职业判断，确定审计范围和审计程序，以发现、检查和报告舞弊行为；

（四）发现舞弊迹象时，应及时向适当管理层报告，提出进一步检查的建议。

第七条　内部审计并非专为检查舞弊而进行。即使审计人员以应有的职业谨慎执行了必要的审计程序，也不能保证发现所有的舞弊行为。

第八条　损害组织经济利益的舞弊，是指组织内外人员为谋取自身利益，采用欺骗等违法违规手段使组织经济利益遭受损害的不正当行为。有下列情形之一者属于此类舞弊行为：

（一）收受贿赂或回扣；

（二）将正常情况下可以使组织获利的交易事项转移给他人；

（三）贪污、挪用、盗窃组织资财；

（四）使组织为虚假的交易事项支付款项；

（五）故意隐瞒、错报交易事项；

（六）泄露组织的商业秘密；

（七）其他损害组织经济利益的舞弊行为。

第九条　谋取组织经济利益的舞弊，是指组织内部人员为使本组织获得不当经济利益而其自身也可能获得相关利益，采用欺骗等违法违规手段，损害国家和其他组织成个人利益的不正当行为。有下列情形之一者属于此类舞弊：

（一）支付贿赂或回扣；

（二）出售不存在或不真实的资产；

（三）故意错报交易事项、记录虚假的交易事项，使财务报表使用者误解而作出不适当的投融资决策；

（四）隐瞒或删除应对外披露的重要信息；

（五）从事违法违规的经营活动；

（六）偷逃税款；

（七）其他谋取组织经济利益的舞弊行为。

第十条　组织应作好舞弊检查的保密工作。

第三章　舞弊的预防

第十一条　舞弊的预防是指采取适当行动防止舞弊的发生，或在舞弊行为发生时将其危害控制在最低限度以内。

第十二条　建立、健全组织的内部控制并使之得以有效实施是预防舞弊的主要途径。

第十三条　内部审计人员在审查和评价内部控制时，应当关注以下主要内容以协助组织预防舞弊：

（一）组织目标的可行性；

（二）控制意识和态度的科学性；

（三）员工行为规范的合理性和有效性；

（四）经营活动授权制度的适当性；

（五）风险管理机制的有效性；

（六）管理信息系统的有效性。

第十四条　除内部控制的固有局限外，还应考可能会导致舞弊发生的下列情况：

（一）管理人员品质不佳；

（二）管理人员遭受异常压力；

（三）经营活动中存在异常交易事项；

（四）组织内部个人利益、局部利益和整体利益存在较大冲突；

（五）内部审计机构在审计中难以获取充分，相关、可靠的证据。

第十五条 内部审计人员应根据审查和评价内部控制时发现的舞弊迹象或从其他来源获取的信息，考虑可能发生的舞弊行为的性质，向组织适当管理层报告，同时就需要实施的舞弊检查提出建议。

第四章 舞弊的检查

第十六条 舞弊的检查是指实施必要的检查程以确定舞弊迹象所显示的舞弊行为是否已经发生。

第十七条 舞弊的检查通常由内部审计人员、专业的舞弊调查人员、法律顾问及其他专家实施。

第十八条 内部审计人员应按照以下要求进行舞弊检查：

（一）评估舞弊涉及的范围及复杂程度，避免对可能涉及舞弊的人员提供信息或被其所提供的信息误导；

（二）对参与舞弊检查人员的资格、技能和独立性进行评估；

（三）设计适当的舞弊检查程序，以确定舞弊者、舞弊程度、舞弊手段及舞弊原因；

（四）在舞弊检查过程中与组织适当管理层、专业舞弊调查人员、法律顾问及其他专家保持必要的沟通；

（五）保持应有的职业谨慎，以避免损害相关组织或人员的合法权益。

第十九条 在舞弊检查工作结束后，内部审计人员应评价查明的事实，以满足下列要求：

（一）确定强化内部控制的措施；

（二）设计适当程序，对组织未来检查类似舞弊行为提供指导；

（三）使内部审计人员了解、熟悉相关的舞弊迹象特征。

第五章　舞弊的报告

第二十条　舞弊的报告是指内部审计人员以书面或口头形式向适当管理层报告舞弊预防、检查的情况及结果。

第二十一条　在舞弊检查过程中，出现下列情况时，内部审计人员应及时向适当管理层报告：

（一）可以合理确信舞弊已经发生，并需深入调查；

（二）舞弊行为已导致对外披露的财务报表严重失实；

（三）发现犯罪线索，并获得应当移送司法机关处理的证据。

第二十二条　内部审计人员完成必要的舞弊检查程序后，应从舞弊行为的性质和金额两方面考虑其严重程度，出具相应的审计报告。

（一）报告的内容应包括：舞弊行为的性质、涉及人员、舞弊手段及原因、检查结论、处理意见、提出的建议及纠正措施；

（二）若发现的舞弊行为性质较轻且金额较小时，可一并纳入常规审计报告；

（三）若发现的舞弊行为性质严重或金额较大，应出具专项审计报告．如果涉及敏感的或对公众有重大影响的问题，应征求法律顾问的意见。

第六章　附　则

第二十三条　本准则由中国内部审计协会发布并负责解释。

第二十四条　本准则自 2003 年 6 月 1 日起施行。

内部审计具体准则第 7 号——审计报告

第一章　总　则

第一条　为了规范内部审计人员编制和出具审计报告，根据《内部审计基本准则》制定本准则。

第二条　本准则所称审计报告，是指内部审计人员根据审计计划对被审计单位实施必要的审计程序后，就被审计单位经营活动和内部控制的适当性、合法性和有效性出具的书面文件。

第三条 本准则适用于各类组织的内部审计机构、内部审计人员及其从事的内部审计活动。

第二章 一般原则

第四条 内部审计人员应在审计实施结束后，以经过核实的审计证据为依据，形成审计结论与建议，出具审计报告。如有必要，内部审计人员可以在审计过程中提交期中报告，以便及时采取有效的纠正措施改善经营活动和内部控制。

第五条 审计报告应当客观、完整、清晰、及时，具有建设性，并体现重要性原则、

（一）审计报告的编制应实事求是、不偏不倚地反映审计事项；

（二）审计报告应按照规定的格式及内容编制，作到要素齐全、格式规范，不遗漏审计中发现的重大事项；

（三）审计报告应突出重点、简明扼要，易于理解；

（四）审计报告应及时编制，以便适时采取有效纠正措施；

（五）审计报告应针对被审计单位经营活动和内部控制的缺陷提出可行的改进建议，促进组织目标的实现；

（六）审计报告形成的审计结论与建议应当充分考虑审计项目的重要性和风险水平。

第六条 内部审计机构应该建立健全审计报告分级复核制度，明确规定各级复核的要求和责任。

第七条 审计报告是对被审计单位经营活动及内部控制的适当性、合法性和有效性所做出的相对保证。

第三章 审计报告的内容

第八条 审计报告应当包括以下基本要素：

（一）标题；

（二）收件人；

（三）正文；

（四）附件；

（五）签章；

（六）报告日期。

第九条　审计报告的正文应包括以下主要内容：

（一）审计概况：说明审计立项依据、审计目的和范围、审计重点和审计标准等内容；

（二）审计依据：应声明内部审计是按照内部审计准则的规定实施，若存在未遵循该准则的情形，应对其做出解释和说明；

（三）审计结论：根据已查明的事实，对被审计单位经营活动和内部控制所作的评价；

（四）审计决定：针对审计发现的主要问题提出的处理、处罚意见；

（五）审计建议：针对审计发现的主要问题提出的改善经营活动和内部控制的建议。

第十条　审计报告的附件应包括对审计过程与审计发现问题的具体说明、被审计单位的反馈意见等内容。

第四章　审计报告的编制、复核与分发

第十一条　审计项目负责人应在实施必要的审计程序后，编制审计报告，并向被审计单位征求反馈意见。

第十二条　被审计单位对审计报告持有异议的，审计项目负责人及相关人员应进行研究、核实，必要时应修改审计报告。

第十三条　审计报告经过必要的修改后，应连同被审计单位的反馈意见及时适内部审计机构负责人复核。

第十四条　内部审计机构应将审计报告提交被审计单位和组织适当管理层，并要求被审计单位在规定的期限内落实纠正措施。

第十五条　内部审计机构应当及时地将审计报告归入审计档案，妥善保存。

第五章 附 则

第十六条 本准则由中国内部审计协会发布并负责解释。

第十七条 本准则自 2003 年 6 月 1 日起施行。

内部审计具体准则第 8 号——后续审计

第一章 总 则

第一条 为了规范内部审计人员的后续审计工作，保证审计的效果，根据《内部审计基本准则》制定本准则。

第二条 本准则所称后续审计，是指内部审计机构为检查被审计单位对审计发现的问题所采取的纠正措施及其效果而实施的审计。

第三条 本准则适用于各类组织的内部审计机构、内部审计人员及其从事的内部审计活动。

第二章 一般原则

第四条 被审计单位管理层的责任是对审计中发现的问题采取纠正措施。内部审计人员的责任是评价被审计单位管理层采取的纠正措施是否及时，合理、有效。

第五条 内部审计机构应在规定的期限内，或与被审计单位约定的期限内执行后续审计。

第六条 内部审计机构负责人应适时安排后续审计工作，并把它作为年度审计计划的一部分。

第七条 内部审计机构负责人如果初步认定被审计单位管理层对审计发现的问题已采取了有效的纠正措施，后续审计可以作为下次审计工作的一部分。

第八条 当被审计单位基于成本或其他考虑，决定对审计发现的问题不采取纠正措施，并做出书面承诺时，内部审计机构负责人应向组织的适当管理层报告。

第三章　后续审计程序

第九条　内部审计机构负责人应根据被审计单位的反馈意见，确定后续审计时间和人员安排，编制审计方案。

第十条　编制后续审计方案时应考虑以下基本因素：

（一）审计决定和建议的重要性；

（二）纠正措施的复杂性；

（三）落实纠正措施所需要的期限和成本；

（四）纠正措施失败可能产生的影响；

（五）被审计单位的业务安排和时间要求。

第十一条　内部审计人员在确定后续审计范围时，应分析原有审计决定和建议是否仍然可行。如果被审计单位的内部控制或其他因素发生变化，使原有审计决定和建议不再适用时，应对其进行必要的修订。

第十二条　对于已采取纠正措施的事项，内部审计人员应判断是否需要深入检查，必要时可提出应在下次审计中予以关注的事项。

第十三条　内部审计人员应根据后续审计的执行过程和结果，向被审计单位及组织适当管理层提交后续审计报告。

第四章　附　则

第十四条　本准则由中国内部审计协会发布并负责解释。

第十五条　本准则自2003年6月1日起施行。

内部审计具体准则第9号——内部审计督导

第一章　总　则

第一条　为了规范内部审计的督导工作，保证内部审计的质量，根据《内部审计基本准则》制定本准则。

第二条　本准则所称督导，是指内部审计机构负责人和审计项目负责人对实施审计工作的审计人员所进行的监督与指导。

第三条 本准则适用于各类组织的内部审计机构、内部审计人员及其从事的内部审计活动。

第二章 一般原则

第四条 内部审计机构应根据审计工作的具体情况，建立内部审计督导制度，明确督导的目的、范围及各级督导人员的责任。

第五条 内部审计机构负责人对督导工作负主要责任。审计项目负责人负责审计现场的督导工作。

第六条 对于重大或敏感的审计问题，审计机构负责人应直接进行督导。审计机构负责人应采取适当的措施，尽可能减少内部审计人员的专业判断风险。

第七条 在督导工作中，应遵循重要性、谨慎性和客观性原则。

（一）督导人员应根据内部审计人员的知识与技能，以及审计项目的复杂性，有重点地进行督导工作；

（二）实施督导时，应当保持应有的职业谨慎，进行合理的专业判断，减少审计风险；

（三）实施督导时，必须以事实为依据，做到客观公正。

第八条 督导应当贯穿于审计项目的全过程，包括审计准备、审计实施和审计终结三个阶段。

第三章 审计督导的内容与方法

第九条 督导人员应确保审计人员明确审计目标和审计责任，并具有完成审计项目所必需的知识和技能。

第十条 督导人员应确保审计人员了解被审计单位的业务性质和需要特别关注的重大经营问题，制定可行的审计方案。

第十一条 督导人员应确认审计人员按批准后的审计方案实施必要的审计程序，并针对新发现的重要问题修订审计方案。

第十二条 督导人员应复核审计人员所编制工作底稿的质量。

第十三条 督导人员应确认审计证据的充分性、相关性及可靠性。

第十四条 督导人员应确认审计报告的可靠性，审计建议的可行性。

第十五条　对被审计单位提出的异议，督导人员应进行核实、复查，并及时给予答复。

第十六条　督导人员应确认审计目标实现的情况，确定是否存在尚未解决的重要问题。

第十七条　督导人员应确认审计人员遵循内部审计准则的情况。

第四章　附　则

第十八条　本准则由中国内部审计协会发布并负责解释。

第十九条　本准则自 2003 年 6 月 1 日起施行。

内部审计具体准则第 10 号——内部审计与外部审计的协调

第一章　总　则

第一条　为了规范内部审计与外部审计的协调工作，提高审计效率，根据《内部审计基本准则》制定本准则。

第二条　本准则所称内部审计与外部审计的协调，是指内部审计机构与会计师事务所、国家审计机构在审计工作中的沟通与合作。

第三条　本准则适用于各类组织的内部审计机构、内部审计人员及其从事的内部审计活动。

第二章　一般原则

第四条　内部审计应做好与外部审计的协调工作，以实现以下目的：

（一）确保充分的审计范围；

（二）减少重复审计，提高审计效率；

（三）共享审计成果，降低审计成本；

（四）提高内部审计人员素质，改进内部审计机构工作；

（五）维护组织利益。

第五条　内部审计与外部审计的协调工作，应在组织适当管理层的支持和监督下，由内部审计机构负责人具体组织实施。

第六条 内部审计机构负责人应定期对内外部审计的协调工作进行评估，并根据评估结果及时调整、改进协调工作。

第三章 协调的方法及内容

第七条 内部审计机构应在外部审计为本组织提供审计服务时做好协调工作。

第八条 内部审计与外部审计之间的协调，可以通过定期会议、不定期全面或其他沟通方式进行。

第九条 内部审计与外部审计的协调工作包括以下几个方面；

（一）与外部审计机构及人员的沟通；

（二）配合外部审计工作；

（三）评价外部审计工作质量；

（四）利用外部审计工作成果。

第十条 内部审计与外部审计应在审计范围上进行协调。在制定审计计划时，应考虑双方的工作，以确保充分的审计范围，最大限度减少重复性工作。

第十一条 内部审计与外部审计应在必要的范围内互相交流相关申计工作底稿，以便在审阅后相互评价工作质量，利用对方的工作成果。

第十二条 内部审计与外部审计应相互交流审计报告和管理建议书。

第十三条 内部审计与外部审计应在具体审计程序和方法上相互沟通，达成共识，以促进双方的合作。

第四章 附 则

第十四条 本准则由中国内部审计协会发布并负责解释。

第十五条 本准则自 2003 年 6 月 1 日起施行。

内部审计具体准则第 11 号——结果沟通

第一章　总　则

第一条　为了规范内部审计的结果沟通工作，保证审计工作质量，根据《内部审计基本准则》制定本准则。

第二条　本准则所称结果沟通，是指内部审计机构与被审计单位、组织适当管理层就审计概况、依据、结论、决定或建议进行讨论和交流的过程。

第三条　本准则适用于各类组织的内部审计机构、内部审计人员及其从事的内部审计动。

第二章　一般原则

第四条　结果沟通的目的是为了保证审计结果的客观、公正，并取得被审计单位、组织适当管理层的理解。

第五条　内部审计机构应建立结果沟通制度，明确各级责任，积极有效的进行沟通。

第六条　被审计单位应与内部审计机构进行认真充分的沟通，并及时反馈意见。

第七条　结果沟通一般采取书面或口头方式，也可采用其他适当方式。

第八条　内部审计机构与人员应在审计报告正式提交之前进行结果沟通工作。

第九条　内部审计机构应当把结果沟通的有关书面材料作为审计工作底稿归档保存。

第三章　结果沟通的内容及方法

第十条　结果沟通的主要内容包括：

（一）审计概况；

（二）审计依据；

（三）审计结论；

（四）审计决定；

（五）审计建议。

第十一条 内部审计机构应与被审计单位进行审计结果沟通。被审计单位对审计结果持有异议，审计项目负责人及相关人员应进行研究、核实。

第十二条 内部审计机构负责人应与组织适当管理层就审计过程中发现的重大问题及时进行沟通。

第十三条 内部审计机构与被审计单位进行结果沟通时，应注意沟通技巧，进行平等、诚恳、恰当、充分的交流。

第四章 附 则

第十四条 本准则由中国内部审计协会发布并负责解释。

第十五条 本准则自 2004 年 5 月 1 日起施行。

内部审计具体准则第 12 号——遵循性审计

第一章 总 则

第一条 为了规范内部审计机构和人员实施遵循性审计的行为，明确相关责任，保证遵循性审计工作质量，根据《内部审计基本准则》制定本准则。

第二条 本准则所称遵循性审计，是指内部审计机构和人员审查组织在经营过程中遵守相关法规、政策、计划、预算、程序、合同等遵循性标准的情况并作出相应评价的审计活动。

第三条 本准则适用于各类组织的内部审计机构、内部审计人员及其从事的内部审计活动。

第二章 一般原则

第四条 组织管理层负责确定、制定并执行遵循性标准。为保障遵循性标准的执行，组织管理层应建立适当、合法、有效的内部控制。

第五条 内部审计机构和人员负责审查、评价组织执行有关遵循性标准的情况。

第六条　遵循性审计是内部控制审计的基本内容之一，是实施内部审计过程中不可缺少的环节。

第七条　内部审计机构和人员应当做好遵循性审计中的保密工作。

第三章　遵循性审计的内容和方法

第八条　遵循性审计包括以下主要内容：

（一）国家相关法规的遵循情况；

（二）行业、部门政策的遵循情况；

（三）组织经营计划和财务计划的遵循情况；

（四）组织经营预算和财务预算的遵循情况；

（五）组织所定各种程序标准的遵循情况；

（六）组织签定的各类合同的遵循情况；

（七）其他标准的遵循情况。

第九条　在确定审计目标时，内部审计人员应考虑向以下方面询问相关遵循性标准：

（一）组织经营、财务等相关方面负责人；

（二）组织的法律顾问；

（三）投资人、合同方；

（四）政府及其他主管机构；

（五）外部审计人员；

（六）其他。

第十条　内部审计人员在实施遵循性审计时，应当充分关注组织的以下情况：

（一）受到政府有关部门的调查或处罚；

（二）重要的法律诉讼；

（三）异常的交易或事项；

（四）计划、预算执行结果严重偏离标准；

（五）信息严重失真或资料不完整；

（六）缺乏相关的内部控制或相关内部控制无效；

（七）其他可能导致违反遵循性标准的情况。

第十一条 在实施遵循性审计的过程中，内部审计人员应获取充分、相关、可靠的审计证据，并记录于工作底稿中。

第十二条 在评价遵循性标准的执行情况时，若相关标准之间存在不一致，应当按照以下原则进行处理：

（一）国家制定的法规之间存在不一致时，应当按照《中华人民共和国立法法》的规定处理；

（二）行业、部门的政策之间存在不一致时，应当由其共同的上一级机构进行裁决和解释；

（三）组织内部的计划、预算、程序之间存在不一致时，应当按照标准制定者的管理层次由高至低进行取舍；

（四）涉及合同问题，应按照《中华人民共和国合同法》的规定处理。

第十三条 当有证据表明组织可能存在严重违反遵循性标准的事项，或严重违反遵循性标准的事项发生时，内部审计机构和人员应及时将有关事实告知适当管理层。

第十四条 遵循性审计情况和结果必须反映在审计报告中。对严重违反遵循性标准的审查结果，应出具专项审计报告。

第四章 附 则

第十五条 本准则由中国内部审计协会发布并负责解释。

第十六条 本准则自2004年5月1日起施行。

内部审计具体准则第13号——评价外部审计工作质量

第一章 总 则

第一条 为了规范内部审计机构对外部审计工作质量的评价工作，有效利用外部审计成果，根据《内部审计基本准则》制定本准则。

第二条 本准则所称评价外部审计工作质量，是指由内部审计机构对外部审计工作过程及结果的质量进行评价的活动。

第三条　本准则适用于各类组织的内部审计机构、内部审计人员及其从事的内部审计活动。

第二章　一般原则

第四条　内部审计机构在需要利用外部审计工作成果，以减少重复工作、提高审计效率时，应对外部审计工作质量进行评价。

第五条　在评价外部审计工作质量时，内部审计机构应根据适当的标准对外部审计工作质量进行客观的评价，合理利用外部审计成果。

第六条　评价外部审计工作质量，可以按照评价准备、评价实施和评价报告三个阶段进行。

第七条　内部审计机构应挑选具有足够专业胜任能力的人员对外部审计工作质量进行评价。

第三章　评价准备

第八条　在评价外部审计工作质量之前，内部审计机构应考虑以下因素：

（一）评价活动的必要性；

（二）评价活动的可行性；

（三）评价活动预期结果的有效性。

第九条　在决定对外部审计工作质量进行评价后，内部审计机构应编制适当的评价方案。评价方案应包括以下主要内容：

（一）评价目的；

（二）评价工作的时间安排；

（三）评价的主要内容与步骤；

（四）评价的依据；

（五）评价工作的主要方法；

（六）评价人员的分工。

第十条　内部审计机构应取得反映外部审计工作质量的审计报告及其他相关资料。

第十一条 内部审计机构应详细了解外部审计所采用的审计准则及其在执业过程中与组织之间协调的情况。

第十二条 如果有必要，内部审计机构可以与外部审计机构就评价事项进行适当的沟通。

第四章 评价实施

第十三条 内部审计机构对外部审计工作质量的评价应重点关注以下内容：

（一）外部审计机构及人员的独立性；

（二）外部审计人员的专业胜任能力；

（三）外部审计人员的职业谨慎性；

（四）外部审计机构的信誉；

（五）外部审计所用审计程序及方法的适当性；

（六）外部审计所用审计依据的有效性；

（七）外部审计范围和内容与内部审计机构要求的一致性。

第十四条 内部审计机构在评价外部审计工作质量时，应充分考虑其与内部审计活动的差异。

第十五条 内部审计机构在评价外部审计工作质量时，可以采用审核、观察、询问等一般方法以及与有关方面沟通、协调的特殊方法。

第十六条 内部审计机构应将评价工作过程记录于工作底稿中。

第五章 评价报告

第十七条 在形成外部审计工作质量的评价结论之前，内部审计机构应征求组织内部有关部门与相关人员的意见。

第十八条 评价外部审计工作质量应编制评价报告。评价报告应包括以下主要内容：

（一）评价报告的名称；

（二）被评价外部审计组织的名称；

（三）评价目的；

（四）评价的主要内容；

（五）评价结果；

（六）评价报告编制的时间。

第十九条　编制对外部审计工作质量的评价报告，应当做到客观、清晰、及时。

第六章　附　则

第二十条　本准则由中国内部审计协会发布并负责解释。

第二十一条　本准则自 2004 年 5 月 1 日起施行。

内部审计具体准则第 14 号——利用外部专家服务

第一章　总　则

第一条　为了规范内部审计机构利用外部专家服务的行为，获取充分、相关、可靠的审计证据，根据《内部审计基本准则》制定本准则。

第二条　本准则所称利用外部专家服务，是指内部审计机构聘请在某一领域中具有专门技能、知识和经验的个人或单位提供专业服务，并在审计活动中利用其工作结果。

第三条　本准则适用于各类组织的内部审计机构、内部审计人员及其从事的内部审计活动。

第二章　一般原则

第四条　内部审计机构可根据需要，利用外部专家服务。利用外部专家服务是为了获取充分、相关和可靠的审计证据，保证审计工作的质量。

第五条　外部专家应当对选用的假设、方法及其工作结果负责。

第六条　内部审计机构应当对利用外部专家服务结果所形成的审计结论负责。

第七条　内部审计机构和人员可在以下方面利用外部专家服务：

（一）特定资产的评估；

（二）工程项目的评估；

（三）产品或服务质量问题；

（四）信息技术问题；

（五）衍生金融工具问题；

（六）舞弊及安全问题；

（七）法律问题；

（八）风险管理问题；

（九）其他。

第八条　外部专家可由内部审计机构从组织外部聘请，也可在组织内部指派。

第三章　对外部专家的聘请

第九条　在聘请外部专家时，内部审计机构应当对外部专家的独立性进行评价，考虑以下影响独立性的因素：

（一）外部专家与被审计单位之间是否存在重大利益关系；

（二）外部专家与被审计单位管理层重要人员是否存在私人关系；

（三）外部专家与审计事项之间是否存在专业关系；

（四）其他可能影响独立性的因素。

第十条　在聘请外部专家时，内部审计机构应当对外部专家的专业胜任能力进行评价，考虑其专业资格、专业经验与声望等。

第十一条　在利用外部专家服务前，内部审计机构和人员应当与外部专家签订书面协议。协议主要包括以下内容：

（一）外部专家服务的目的、范围及相关责任；

（二）外部专家服务结果的预定用途；

（三）在审计报告中可能提及外部专家的情形；

（四）外部专家利用相关资料的范围；

（五）报酬及其支付方式；

（六）对保密性的要求；

（七）违约责任。

第四章　对外部专家服务结果的评价与利用

第十二条　内部审计机构在利用外部专家服务结果作为审计证据时，应当评价其充分性、相关性及可靠性。

第十三条　内部审计机构和人员在评价外部专家服务结果时，应当考虑下列因素：

（一）外部专家选用的假设和方法的适当性；

（二）外部专家所用资料的充分性、相关性和可靠性。

第十四条　在利用外部专家服务时，如果有必要，应该在审计报告中提及。

第十五条　内部审计机构对外部专家服务评价后，如果认为其服务的结果无法形成充分、相关、可靠的证据，且无法通过实施其他审计程序获取相应的审计证据时，应当在审计报告中具体说明原因。

第五章　附　则

第十六条　本准则由中国内部审计协会发布并负责解释。

第十七条　本准则自 2004 年 5 月 1 日起施行。

内部审计具体准则第 15 号——分析性复核

第一章　总　则

第一条　为了规范内部审计人员执行分析性复核的行为，提高审计效率，根据《内部审计基本准则》制定本准则。

第二条　本准则所称分析性复核，是指内部审计人员通过分析和比较信息之间的关系或计算相关的比率，以确定审计重点、获取审计证据和支持审计结论的一种审计方法。

第三条　本准则适用于各类组织的内部审计机构、内部审计人员及其从事的内部审计活动。

第二章 一般原则

第四条 内部审计人员应当合理运用职业判断，在审计准备阶段、实施阶段和完成阶段执行分析性复核。

第五条 内部审计人员执行分析性复核有助于以下目标的实现：

（一）确认经营活动的完成程度；

（二）发现意外差异；

（三）分析潜在的差异和漏洞；

（四）潜在的不合法和不合规的行为。

第六条 内部审计人员执行分析性复核能够获取与以下事项相关的证据：

（一）被审计单位的持续经营能力；

（二）被审计事项的总体合理性；

（三）经营活动与内部控制中可能的差异和漏洞的严重程度；

（四）经营活动的经济性、效率性与效果性；

（五）计划、预算的完成情况；

（六）其他事项。

分析性复核所获取的审计证据主要为间接证据，内部审计人员不能仅依赖分析性复核结果得出审计结论。

第七条 分析性复核所分析的信息主要包括以下几种形式：

（一）财务信息和非财务信息；

（二）实物量信息与货币量信息；

（三）电子数据信息与非电子数据信息；

（四）绝对数信息与相对数信息。

第八条 执行分析性复核时，应考虑信息之间的关联性，以免得出不恰当的结论。

第九条 内部审计人员应保持应有的职业谨慎，考虑以下因素以确定对分析性复核结果的依赖程度：

（一）分析性复核的目标；

（二）被审计单位的性质；

（三）已收集信息资料的充分性、相关性和可靠性；

（四）以往审计中对被审计单位内部控制的评价结果；

（五）以往审计中发现的差异与漏洞。

第三章　分析性复核的执行

第十条　分析性复核的基本内容包括：

（一）将当期信息与历史信息相比较并分析其波动情况及发展趋势；

（二）将当期信息与预测、计划或预算信息相比较并作差异分析；

（三）将当期信息与内部审计人员预期信息相比较并作差异分析；

（四）将被审计单位信息与组织其他部门类似信息相比较并作差异分析；

（五）将被审计单位信息与行业相关信息相比较并作差异分析；

（六）对会计信息与非财务信息之间的关系、比率的计算与分析；

（七）对重要信息内部组成因素的关系、比率的计算与分析。

第十一条　执行分析性复核的方法主要包括：

（一）简易比较法；

（二）比率分析法；

（三）结构分析法；

（四）趋势分析法；

（五）回归分析法；

（六）其他技术方法。

内部审计人员可以单独或联合使用以上方法。

第十二条　内部审计人员在审计准备阶段执行分析性复核，以了解被审计事项的基本情况，确定审计重点，帮助编制审计计划和审计方案。

第十三条　内部审计人员在审计实施阶段执行分析性复核，对经济活动和内部控制进行测试，以获取审计证据。

第十四条　内部审计人员在审计完成阶段执行分析性复核，验证其他审计程序所得结论的合理性，以保证审计质量。

第四章　对分析性复核结果的利用

第十五条　内部审计人员应当考虑以下影响分析性复核效率和效果的因素：

（一）被审计事项的重要性；

（二）内部控制的适当、合法和有效性；

（三）获取信息的便捷性和可靠性；

（四）分析性复核执行人员的素质。

第十六条　内部审计人员应充分考虑分析性复核的结果，在综合分析和评价的基础上得出审计结论。

第十七条　内部审计人员执行分析性复核发现意外差异时，应采用以下方法对其进行调查和评价：

（一）询问管理层获取其解释和答复；

（二）实施必要的审计程序，确认管理层解释和答复的合理性与可靠性；

（三）如果管理层没有作出恰当的解释，应扩大审计测试，执行其他审计程序，作进一步的审查，以便得出结论。

第五章　附　则

第十八条　本准则由中国内部审计协会发布并负责解释。

第十九条　本准则自 2004 年 5 月 1 日起施行。

内部审计具体准则第 16 号——风险管理审计

第一章　总　则

第一条　为了规范内部审计人员对组织内部控制中的风险管理状况进行审查与评价，根据《内部审计基本准则》制定本准则。

第二条　本准则所称风险管理，是对影响组织目标实现的各种不确定性事件进行识别与评估，并采取应对措施将其影响控制在可接受范围内的过程。风险管理旨在为组织目标的实现提供合理保证。

第三条　本准则适用于各类组织的内部审计机构、内部审计人员及其从事的内部审计活动。

第二章　一般原则

第四条　风险管理是组织内部控制的基本组成部分，内部审计人员对风险管理的审查和评价是内部控制审计的基本内容之一。

第五条　组织管理层负责确定可接受的风险范围，建立、健全风险管理机制并使之有效运行。

第六条　风险管理包括以下主要阶段：

（一）风险识别，即根据组织目标、战略规划等识别所面临的风险；

（二）风险评估，即对已识别的风险，评估其发生的可能性及影响程度；

（三）风险应对，即采取应对措施，将风险控制在组织可接受的范围内。

第七条　内部审计机构和人员应当充分了解组织的风险管理过程，审查和评价其适当性和有效性，并提出改进建议。

第八条　风险管理包括组织整体及职能部门两个层面。内部审计人员既可对组织整体风险管理进行审查与评价，也可对职能部门风险管理进行审查与评价。

第三章　风险管理的审查与评价

第九条　内部审计人员应当实施必要的审计程序，对风险识别过程进行审查与评价，重点关注组织面临的内、外部风险是否已得到充分、适当的确认。

第十条　外部风险是指外部环境中对组织目标的实现产生影响的不确定性，其主要来源于以下因素：

（一）国家法律、法规及政策的变化；

（二）经济环境的变化；

（三）科技的快速发展；

（四）行业竞争、资源及市场变化；

（五）自然灾害及意外损失；

（六）其他。

第十一条 内部风险是指内部环境中对组织目标的实现产生影响的不确定性，其主要来源于以下因素：

（一）组织治理结构的缺陷；

（二）组织经营活动的特点；

（三）组织资产的性质以及资产管理的局限性；

（四）组织信息系统的故障或中断；

（五）组织人员的道德品质、业务素质未达到要求；

（六）其他。

第十二条 内部审计人员应当实施必要的审计程序，对风险评估过程进行审查与评价，重点关注以下两个要素：

（一）风险发生的可能性；

（二）风险对组织目标的实现产生影响的严重程度。

第十三条 内部审计人员应当充分了解风险评估的方法。风险评估可以采用定性或定量的方法进行。

（一）定性方法，是指运用定性术语评估并描述风险发生的可能性及其影响程度。

（二）定量方法，是指运用数量方法评估并描述风险发生的可能性及其影响程度。

第十四条 内部审计人员应当对管理层所采用的风险评估方法进行审查，并重点考虑以下因素：

（一）已识别的风险的特征；

（二）相关历史数据的充分性与可靠性；

（三）管理层进行风险评估的技术能力；

（四）成本效益的考核与衡量；

（五）其他。

第十五条 内部审计人员在评价风险评估方法的适当性和有效性时，应当遵循以下原则：

（一）定性方法的采用需要充分考虑相关部门或人员的意见，以提高评估结果的客观性；

（二）在风险难以量化、定量评价所需数据难以获取时，一般应采用定性方法；

（三）定量方法一般情况下会比定性方法提供更为客观的评估结果。

第十六条　内部审计人员应当实施适当的审计程序，对风险应对措施进行审查。根据风险评估结果作出的风险应对措施主要包括以下几个方面：

（一）回避。是指采取措施避免进行可产生风险的活动；

（二）接受。是指由于风险已在组织可接受的范围内，因而可以不采取任何措施；

（三）降低。是指采取适当措施将风险降低到组织可接受的范围内；

（四）分担。是指采取措施将风险转移给其他组织或保险机构。

第十七条　内部审计人员在评价风险应对措施的适当性和有效性时，应当考虑以下因素：

（一）采取风险应对措施之后的剩余风险水平是否在组织可以接受的范围之内；

（二）采取的风险应对措施是否适合本组织的经营、管理特点；

（三）成本效益的考核与衡量。

第十八条　内部审计人员应向组织适当管理层报告审查和评价风险管理过程的结果，并提出改进建议。

第十九条　风险管理的审查和评价结果应反映在内部控制审计报告中，必要时应出具专项审计报告。

第四章　附　则

第二十条　本准则由中国内部审计协会发布并负责解释。

第二十一条　本准则自 2005 年 5 月 1 日起施行。

内部审计具体准则第 17 号——重要性与审计风险

第一章 总 则

第一条 为了规范内部审计人员在审计过程中合理运用重要性原则和评估审计风险，根据《内部审计基本准则》制定本准则。

第二条 本准则所称重要性，是指被审计单位经营活动及内部控制中存在偏离特定目标的差异或缺陷的严重程度，这一程度的差异或缺陷在特定环境下可能会影响管理层的判断或决策以及组织目标的实现。

本准则所称审计风险，是指内部审计人员未能发现被审计单位经营活动及内部控制中存在的重大差异或缺陷而做出不恰当审计结论的可能性。

第三条 本准则适用于各类组织的内部审计机构、内部审计人员及其从事的内部审计活动。

第二章 一般原则

第四条 内部审计人员应当保持应有的职业谨慎，合理运用专业判断，确定重要性，评估审计风险。

第五条 内部审计人员在编制项目审计计划、实施审计程序及评价审计结果时，应当合理考虑并运用重要性标准。

第六条 内部审计人员在运用重要性标准时，应当充分考虑差异或缺陷的性质、数量等因素。

第七条 内部审计人员应当对审计风险进行评估，制定并实施相应的审计程序，以便将审计风险降低到可接受的水平。

第八条 内部审计人员应当考虑重要性与审计风险之间存在的反向关系。重要性标准量越高，审计风险越低；重要性标准量越低，审计风险越高。

第九条 内部审计人员应当将重要性标准的确定以及审计风险的评估过程记录于审计工作底稿。

第三章　重要性

第十条　内部审计人员在编制项目审计计划时，应当对重要性作出初步判断，合理估计所需审计证据的数量。重要性标准量越低，应当获取的审计证据越多。

第十一条　内部审计人员对审计范围中各项经营活动及内部控制的重要性作出判断时，应当考虑以下因素：

（一）相关管理层的需要；

（二）被审计单位经营活动受法律、法规的影响程度；

（三）被审计单位在组织中的重要程度；

（四）被审计单位的经营规模、经营风险及各项业务的性质；

（五）内部审计人员对被审计单位内部控制适当性、合法性及有效性的预估。

第十二条　内部审计人员应当合理选用重要性标准的判断基础，采用固定比率、变动比率等确定重要性标准量。判断基础通常包括经营活动的业务量、业务的复杂性、内部控制的执行频率、资产总额、收入总额等。

第十三条　在审计过程中如需修改审计计划，内部审计人员应当重新考虑部分或全部经营活动及内部控制的重要性标准和审计风险。

第十四条　内部审计人员应在审计实施结束后，汇集已发现的差异或缺陷，考虑其性质、数量对管理层决策及对组织目标的实现产生影响的程度。

第十五条　内部审计人员应当根据汇集的差异或缺陷的情况，在审计报告中对被审计单位经营活动及内部控制的适当性、合法性和有效性作出评价。

第十六条　在审计报告提交前，如果被审计单位已就经营活动及内部控制中存在的差异或缺陷作了纠正，内部审计人员应当在审计报告中对此作出说明。

第四章　审计风险

第十七条　审计风险包括两方面内容：

（一）重大差异或缺陷风险，是指被审计单位经营活动及内部控制中存在重大差异或缺陷的可能性；

（二）检查风险，是指审计人员未能通过审计测试发现重大差异或缺陷的可能性。

第十八条　内部审计人员应当合理运用专业判断，考虑下列事项，评估重大差异或缺陷风险：

（一）管理层的品德和能力；

（二）管理层遭受的异常压力；

（三）重要岗位人员的变动情况；

（四）经营活动的复杂性；

（五）影响被审计单位的环境因素；

（六）容易受损失或被挪用的资产；

（七）经营活动中运用估计和判断的程度；

（八）内部控制设计及执行情况的预估；

（九）其他。

第十九条　内部审计人员可以实施以下审计程序，以评估重大差异或缺陷风险：

（一）询问被审计单位相关人员及组织相关管理层；

（二）查阅被审计单位的经营业务手册、内部控制手册等资料；

（三）查阅被审计单位年度经营计划、财务预算等文件；

（四）检查交易或事项的凭证和记录；

（五）观察被审计单位经营活动及内部控制的执行情况；

（六）选择若干交易进行测试。

第二十条　重大差异或缺陷风险对检查风险有直接影响。重大差异或缺陷风险水平越高，内部审计人员就应实施更为详细的检查程序，以便将检查风险降低至可接受的水平。

第二十一条　内部审计人员的检查风险与以下因素有关：

（一）抽样审计方法的应用；

（二）内部审计人员的专业胜任能力及职业道德水准；

（三）内部审计人员所用审计方法的适当性及有效性；

（四）其他。

第二十二条　内部审计人员应在评估审计风险的基础上制定项目审计计划和审计方案。

第五章　附　则

第二十三条　本准则由中国内部审计协会负责解释。

第二十四条　本准则自 2005 年 5 月 1 日起施行。

内部审计具体准则第 18 号——审计抽样

第一章　总　则

第一条　为了规范内部审计人员运用审计抽样方法，提高审计效率，根据《内部审计基本准则》制定本准则。

第二条　本准则所称审计抽样，是指内部审计人员在内部审计活动中，采用适当的抽样方法从被审查和评价的审计总体中抽取一定数量有代表性的样本进行测试，以样本审查结果推断总体特征并作出相应结论的过程。

第三条　本准则适用于各类组织的内部审计机构、内部审计人员及其从事的内部审计活动。

第二章　一般原则

第四条　确定抽样总体、选择抽样方法时应当以审计目标为依据并考虑被审计单位与审计项目的具体情况。

第五条　抽样总体的确定应当遵循相关性、完整性和经济性原则。

（一）相关性是指抽样总体与审计目标相关；

（二）完整性是指抽样总体的内容能全面反映项目的实际情况；

（三）经济性是指抽样总体的确定应符合成本效益原则。

第六条 在审计抽样过程中，可以采用统计抽样方法，也可以采用非统计抽样方法，或两种方法结合使用。

第七条 抽取的样本应有代表性，具有与审计总体相似的特征。

第八条 内部审计人员在选取样本时，应当对经营活动中存在的重大差异或缺陷风险以及审计过程中的检查风险进行评估，并充分考虑因抽样引起的抽样风险及其他因素引起的非抽样风险。

第九条 抽样结果的评价应当从定量和定性两个方面进行，并以此为依据合理推断审计总体特征。

第三章 抽样程序和方法

第十条 审计抽样的一般程序包括以下步骤：

（一）根据审计目标及审计对象的特征制定审计抽样方案；

（二）选取样本；

（三）对样本执行审计测试；

（四）评价样本；

（五）根据样本评价结果推断总体特征；

（六）形成结论。

第十一条 内部审计人员应依据审计目标制定审计抽样方案，抽样方案主要包括下列内容：

（一）审计总体，是指审计对象的各个具体单位组成的整体；

（二）抽样单位，是指构成审计总体的单位项目；

（三）样本，是指在抽样过程中从审计总体中抽取的部分单位组成的整体；

（四）误差，是指经营活动及内部控制中存在的差异或缺陷；

（五）可容忍误差，是指内部审计人员所愿意接受的差异或缺陷的最大程度；

（六）预计总体误差，是指内部审计人员预先估计的审计总体中差异或缺陷发生的概率；

（七）可靠程度，是指预计抽样结果能够代表审计总体质量特征的概率；

（八）抽样风险，是指内部审计人员依据抽样结果得出的结论与总体特征不相符合的可能性；

（九）样本量，是指能够使内部审计人员对审计总体作出审计结论所确定的抽样单位的数量；

（十）其他因素。

第十二条 内部审计人员应根据审计重要性标准合理确定预计总体误差、可容忍误差和可靠程度的水平。

第十三条 内部审计人员应根据审计目标的要求及审计对象的特征选择不同的审计抽样方法。审计抽样方法分为统计抽样和非统计抽样两种。

（一）统计抽样是指以数理统计方法为基础，按照随机原则从总体中选取样本进行审查，并对总体特征进行推断的审计抽样方法。主要包括发现抽样、连续抽样等属性抽样方法，以及单位均值抽样、差异估计抽样和货币单位抽样等变量抽样方法。

（二）非统计抽样是审计人员根据自己的专业判断和经验进行抽样和推断总体的方法。

（三）统计抽样和非统计抽样审计方法相互结合使用，可以提高推断总体的精确度和可靠程度。

第十四条 内部审计人员应根据以下因素确定样本量：

（一）审计总体。审计总体的量越大，所需要的样本量越大；

（二）可容忍误差。可容忍误差增大，样本量减少；

（三）预计总体误差。预计总体误差增大，样本量增大；

（四）抽样风险。抽样风险越小，样本量越大；

（五）可靠程度。可靠程度增大，样本量增大。

第十五条 内部审计人员可以运用以下方法选取样本：

（一）随机数表选样法；

（二）系统选样法；

（三）分层选样法；

（四）整群选样法；

（五）任意选样法。

第十六条 样本选取之后，内部审计人员应当按照审计方案实施必要的审计程序，获取审计证据。

第四章 抽样结果的评价

第十七条 内部审计人员应当根据预先确定的构成误差的条件，确定存在误差的样本。

第十八条 内部审计人员应当对抽样风险和非抽样风险进行评估，以防止对审计总体作出不恰当的结论。

第十九条 抽样风险是由于抽取的样本不能代表总体特征，从而导致不恰当结论所带来的风险。抽样风险包括以下几类：

（一）错误接受风险，是指样本表明审计项目不存在重大差异或缺陷，而实际上却存在着重大差异或缺陷的可能性；

（二）错误拒绝风险，是指样本表明审计项目存在重大差异或缺陷，而实际上并没有存在重大差异或缺陷的可能性。

第二十条 非抽样风险是由抽样之外的其他因素造成的风险，一般包括以下原因：

（一）审计程序设计及执行不恰当；

（二）抽样过程没有按照规范程序执行；

（三）样本审查结果解释错误。

第二十一条 内部审计人员应根据样本误差，采用适当的方法，推断审计总体误差。

第二十二条 内部审计人员应根据抽样结果的评价，确定审计证据是否足以证实某一审计总体特征。如果推断的总体误差超过可容忍误差，应增加样本量或执行替代审计程序。

第二十三条 内部审计人员在上述评价的基础上还应考虑误差性质、误差产生的原因，以及误差对其他审计项目可能产生的影响等。

第五章 附 则

第二十四条 本准则由中国内部审计协会发布并负责解释。

第二十五条　本准则自2005年5月1日起施行。

内部审计具体准则第19号——内部审计质量控制

第一章　总　则

第一条　为了规范内部审计质量控制工作，保证内部审计质量，根据《内部审计基本准则》制定本准则。

第二条　本准则所称内部审计质量控制，是指内部审计机构为确保其审计质量符合内部审计准则的要求而制定和执行的政策和程序。

第三条　本准则适用于各类组织的内部审计机构、内部审计人员及其从事的内部审计活动。

第二章　一般原则

第四条　内部审计机构负责人对制定并实施系统、有效的质量控制政策与程序负总体责任。

第五条　内部审计质量控制的目标是：

（一）审计活动遵循内部审计准则和本机构审计工作手册的要求；

（二）审计活动的效率及效果达到既定要求；

（三）审计活动能够促进组织目标的实现，增加组织的价值。

第六条　内部审计质量控制一般包括内部审计督导、内部自我质量控制与外部评价三个方面。

第七条　督导是内部审计机构负责人和审计项目负责人对实施审计工作的审计人员所进行的监督和指导。对内部审计督导的规范应遵照中国内部审计协会发布的《内部审计具体准则第九号——内部审计督导》执行。

第八条　内部自我质量控制是内部审计机构负责人和审计项目负责人通过适当的手段对内部审计质量所实施的控制。

第九条　外部评价是由内部审计机构以外的其他机构和人员对内部审计质量所进行的考核与评价。

第三章　内部自我质量控制

第十条　内部自我质量控制包括内部审计机构质量控制与内部审计项目质量控制两个层次。

第十一条　内部审计机构质量控制是为合理保证所有内部审计活动符合内部审计准则的要求而制定的控制政策和程序。

第十二条　内部审计机构负责人在制定机构质量控制政策和程序时，应考虑以下因素：

（一）内部审计机构的组织形式及授权状况；

（二）内部审计人员的素质与专业结构；

（三）内部审计业务的范围与特点；

（四）成本与效益原则的要求；

（五）其他。

第十三条　内部审计机构质量控制主要包括以下内容：

（一）遵守职业道德规范；

（二）保持并不断提升内部审计人员的专业胜任能力；

（三）合理分派内部审计业务；

（四）依据内部审计准则制定操作规程；

（五）适当运用咨询手段；

（六）进行审计质量的内部考核与评价；

（七）评估审计报告的使用效果；

（八）监控内部审计机构质量控制政策与程序的执行。

第十四条　内部审计项目质量控制是为合理保证审计项目的实施符合内部审计准则的要求而制定的控制程序与方法。制定内部审计项目质量控制程序与方法应体现内部审计机构质量控制的要求。

第十五条　内部审计项目负责人在实施项目质量控制程序与方法时，应考虑以下因素：

（一）审计项目的性质及复杂程度；

（二）参与该项目的内部审计人员的专业胜任能力；

（三）其他。

第十六条　内部审计项目质量控制主要包括以下内容：

（一）指导内部审计人员执行审计计划；

（二）监督内部审计过程；

（三）复核审计工作底稿及审计报告。

第十七条　内部审计机构应将内部自我质量控制政策与程序列入审计工作手册，并以适当的方式传达给每一位内部审计人员。

第十八条　内部审计机构应通过持续和定期的检查，对内部审计质量进行考核和评价。

第十九条　内部审计机构对审计质量进行考核和评价可以采取以下方法：

（一）考核审计计划的完成情况；

（二）由内部审计人员进行自我评价；

（三）征求被审计单位和组织其他部门的意见；

第二十条　内部审计机构负责人应当将评价结果及时向组织适当管理层报告。

第四章　外部评价

第二十一条　内部审计机构负责人应按照组织适当管理层的要求，并结合实际情况，建立、实施外部评价制度。

第二十二条　内部审计机构负责确定外部评价机构，并报经组织适当管理层批准。

第二十三条　外部评价机构和人员应当遵循独立、客观、保密的原则，并具有评价工作所需要的专业胜任能力。

第二十四条　内部审计机构可以从以下途径选择外部评价机构和人员：

（一）组织内部其他机构和人员；

（二）会计师事务所；

（三）管理咨询公司；

（四）内部审计协会；

（五）其他组织的内部审计机构。

第二十五条 外部评价应当定期实施，在下述情况下，也可以适当延长外部评价的间隔：

（一）自上次外部评价后，内部审计机构的组织结构、规章制度、人员素质以及审计质量控制具有较大的稳定性；

（二）组织适当管理层在近期对内部审计质量的相关内容进行过考核与评价。

第二十六条 外部评价一般包括以下内容：

（一）内部审计机构组织结构的合理程度；

（二）内部审计人员履行内部审计准则的情况；

（三）内部审计人员的专业胜任能力；

（四）内部审计目标的实现程度；

（五）内部自我质量控制的适当性及有效性；

（六）其他。

第二十七条 外部评价人员在对内部审计质量作出评价后，应当出具外部评价报告，并提交给组织适当管理层。

第二十八条 外部评价报告应包括以下主要内容：

（一）对内部审计活动是否遵循内部审计准则发表意见；

（二）内部审计工作存在的主要问题；

（三）对提高内部审计质量的建议；

（四）内部审计机构的反馈意见。

第二十九条 内部审计机构应当对外部评价报告所提出的重大问题及时拟定改进方案或措施，改善内部审计质量。

第五章 附 则

第三十条 本准则由中国内部审计协会发布并负责解释。

第三十一条 本准则自 2005 年 5 月 1 日起施行。

内部审计具体准则第20号——人际关系

第一章　总　则

第一条　为了规范内部审计人员与组织内外相关机构和人员良好人际关系的建立，保证内部审计工作顺利、有效地进行，根据《内部审计基本准则》制定本准则。

第二条　本准则所称人际关系是指内部审计人员与组织内外相关机构和人员之间的相互交往与联系。

第三条　本准则适用于各类组织的内部审计机构、内部审计人员及其从事的内部审计活动。

第二章　一般原则

第四条　内部审计活动中的人际关系主要包括内部审计人员与下列机构和人员之间的相互交往与联系：

（一）组织适当管理层和相关人员；

（二）被审计单位和相关人员；

（三）组织内部各职能部门及相关人员；

（四）组织外部的相关机构和人员；

（五）内部审计机构中的其他成员。

第五条　内部审计人员应当与组织内外相关机构和人员进行必要沟通，保持良好的人际关系，以实现以下目的：

（一）在内部审计工作中与相关机构和人员建立相互信任的关系，促进彼此的交流与沟通；

（二）在内部审计工作中尽量取得相关机构和人员的理解和配合，及时获得相关、可靠的信息，提高内部审计效率；

（三）确保内部审计意见得到有效贯彻，实现内部审计目标。

第六条　内部审计人员应当在遵循有关法律、法规的情况下灵活、妥善地处理人际关系。

第七条　内部审计人员在人际关系的处理中应注意保持内部审计的独立性和客观性。

第八条 内部审计人员应当具备建立良好人际关系的意识和能力。

第九条 内部审计机构负责人应定期对内部审计人员的人际关系进行评价，并根据评价结果及时采取措施改进人际关系。

第三章 处理人际关系的方式和方法

第十条 内部审计人员在处理人际关系时，应主动、及时、有效地进行沟通，以保证信息的快捷传递和充分交流。

第十一条 内部审计人员处理人际关系时采用的主要沟通类型包括以下两种：

（一）人员沟通。内部审计人员与相关人员之间的沟通形式包括：①倾听，是指内部审计人员利用聆听行为接收口头信息，理解其含义并对此作出反应的过程；②语言沟通，是指内部审计人员利用语言行为发送和接收信息而进行信息交流的过程；③非语言沟通，是指内部审计人员利用形体、表情或其他非语言信号进行信息交流的过程。

（二）组织沟通。内部审计人员在特定组织环境下的沟通形式包括：①纵向沟通，是指与上下级部门之间的信息交流；②横向沟通，是指与组织内各平行部门之间的信息交流；③斜向沟通，是指信息在非平行、非隶属部门之间的交流。

第十二条 内部审计人员处理人际关系时采用的主要沟通方式包括以下两种：

（一）口头沟通。内部审计人员利用口头语言进行信息交流的方式，包括询问、会谈、调查、讨论、会议、征求意见等；

（二）书面沟通。内部审计人员利用书面语言进行信息交流的方式，包括审计通知书、问卷调查、内外部审计协调的书面报告、审计报告和管理建议书等。

第十三条 内部审计人员在工作中时常会遇到人际关系的冲突，其主要原因在于：

（一） 缺乏必要、及时的信息沟通；

（二）对同一事物的认识存在分歧，导致不同的评价；

（三）各自的价值观、利益观不相一致；

（四）职业道德信念的差异。

第十四条　内部审计人员应当及时、妥善地化解人际冲突，可以采取的化解方法有：

（一）暂时回避，寻找适当的时机再进行协调；

（二）说服、劝导；

（三）适当的妥协；

（四）互相协作；

（五）向适当管理层报告，寻求协调；

（六）其他。

第十五条　内部审计人员应当积极、主动地与对内部审计工作负有领导责任的组织适当管理层进行沟通，可以采取的沟通途径包括：

（一）积极、主动地与组织适当管理层相联系；

（二）与组织适当管理层就审计计划进行沟通，以达成共识；

（三）咨询组织适当管理层，了解内部控制环境；

（四）根据审计发现的问题和审计结论，及时向组织适当管理层提出各种审计建议；

（五）发出书面审计报告之前，要利用各种沟通方式征求组织适当管理层对审计结论、决定和建议的意见。

第十六条　内部审计人员应当与被审计单位建立并保持良好的人际关系，采取下列沟通途径获得被审计单位的理解、配合和支持：

（一）在了解被审计单位基本情况时，应当进行及时、有效的沟通和协调；

（二）在实施审计前，利用审计通知书与被审计单位进行书面沟通，审计通知书内容的表述应清晰、简洁，并具备可行性；

（三）通过询问、会谈、会议、问卷调查等沟通方式，了解内部控制的情况；

（四）通过口头方式或其他非正式方式，与被审计单位交流审计发现；

（五）在审计报告提交之前，以书面方式与被审计单位进行正式结果沟通。

第十七条 内部审计人员应当与组织内其他职能部门建立并保持良好的人际关系，确保在以下方面得到支持与配合：

（一）了解组织及相关职能部门的情况；

（二）寻求审计中发现问题的解决方法；

（三）落实审计决定；

（四）有效利用审计成果；

（五）其他。

第十八条 内部审计人员应当与组织外部相关机构和人员之间建立并保持良好的人际关系，以获得更多的认同、支持及协助。

第十九条 内部审计人员应当重视内部审计机构成员间的人际关系，相互协作，相互包容。

第四章 附 则

第二十条 本准则由中国内部审计协会发布并负责解释。

第二十一条 本准则自 2005 年 5 月 1 日起施行。

内部审计具体准则第 21 号——内部审计的控制自我评估法

第一章 总 则

第一条 为了规范内部审计人员在审计活动中应用控制自我评估法，提高审计效率，根据《内部审计基本准则》制定本准则。

第二条 本准则所称控制自我评估，是指由对内部控制的制定与执行负有责任的组织相关管理人员对内部控制进行评价的过程。内部审计人员可以应用控制自我评估法来协助内部控制的审查和评价。

第三条 本准则适用于各类组织的内部审计机构、内部审计人员及其从事的内部审计活动。

第二章 一般原则

第四条 内部审计人员在实施内部控制审查与评价之前应适当

应用控制自我评估法，根据控制自我评估报告考虑审计重点，以提高审计效率，促进内部控制审计目的的实现。

第五条　内部审计人员应当制定控制自我评估计划，召集组织相关管理人员对内部控制进行自我评估，并做好组织、协调与记录工作。

第六条　内部审计人员可以根据内部控制审计的目的与范围，确定控制自我评估的内容。控制自我评估主要包括以下内容：

（一）定组织整体或职能部门的目标，识别其主要风险；

（二）估组织内部控制的适当性、合法性及有效性；

（三）认内部控制重大缺陷或存在严重风险的业务环节；

（四）估组织非正式的控制及其有效性；

（五）估组织的业务流程及其运作效率；

（六）控制自我评估中发现的问题提出改进建议。

第七条　内部审计机构负责人应当担任控制自我评估的召集人，并加强对控制自我评估过程的督导。

第三章　控制自我评估的程序与方法

第八条　内部审计人员在应用控制自我评估法时，一般包括以下主要程序：

（一）订控制自我评估的计划；

（二）与组织相关管理人员就控制自我评估的目的、内容及程序进行事先沟通和交流；

（三）确定控制自我评估的时间与方法；

（四）召集组织相关管理人员开展控制自我评估；

（五）在控制自我评估过程中做好协调与记录工作；

（六）在控制自我评估过程结束后，及时反馈并提交控制自我评估报告。

第九条　内部审计人员应用控制自我评估法时，应当根据行业特性、组织文化、管理风格、员工素质等灵活选用适当的方法。控制自我评估的主要方法包括：专题讨论会、问卷调查法和管理分析法。

第十条　专题讨论会是指内部审计人员召集组织相关管理人员

就内部控制的特定方面或过程进行讨论及评估的一种方法。专题讨论会一般采用以下主要形式：

（一）以目标为基础的形式，是指围绕实现目标的最佳方式展开讨论，并评价现有内部控制是否能促进组织目标的实现；

（二）以风险为基础的形式，是强调对影响目标实现的各种风险进行识别，并确定现有风险管理过程是否适当、有效；

（三）以控制为基础的形式，是对现有内部控制的运行情况进行讨论，评估其有效性；

（四）以过程为基础的形式，是对组织业务流程的各个环节进行讨论和分析，以提出改善或简化流程的建议。

第十一条 在采用专题讨论会法时，内部审计人员组织会议参与者就会议专题展开自由讨论，并且做好信息的收集与反馈工作。

（一）内部审计人员可以采取电子投票等方式及时收集信息；

（二）内部审计人员应当及时汇总专题讨论会上的投票情况及讨论意见，提出有针对性的内部控制改进措施，并及时向会议参与者反馈，以便其了解情况并采取措施。

第十二条 问卷调查法是指内部审计人员就内部控制的特定方面或过程以书面问卷的形式向组织相关管理人员收集意见的一种方法。

第十三条 管理分析法是指内部审计人员就内部控制的特定方面或过程向相关管理人员收集信息，并将之与其他来源的信息一起进行综合分析的一种方法。

第十四条 内部审计人员应当根据组织特点及内部控制审计的需要适当应用控制自我评估法，一般每季度进行一次，以便对内部控制进行持续的监督。

第十五条 内部审计人员应当将控制自我评估过程中相关管理人员对内部控制的意见、建议以及评估结论等记录于工作底稿中，并据此提出改进内部控制的建议，编制控制自我评估报告。

第十六条 内部审计人员应当将控制自我评估报告及时反馈给参与内部控制评估的相关管理人员。必要时，也可提交给董事会或最高管理层，以便其及时采取有效措施改善经营活动和内部控制。

第四章　附　则

第十七条　本准则由中国内部审计协会发布并负责解释。

第十八条　本准则自2006年7月1日起施行。

内部审计具体准则第22号——内部审计的独立性与客观性

第一章　总　则

第一条　为保障内部审计的独立性与客观性，根据《内部审计基本准则》制定本准则。

第二条　本准则所称独立性，是指内部审计机构和人员在进行内部审计活动时，不存在影响内部审计客观性的利益冲突的状态。独立性一般指内部审计机构的独立性。

本准则所称客观性，是指内部审计人员在进行内部审计活动时，应以事实为依据，保持公正、不偏不倚的精神状态。客观性一般指内部审计人员的客观性。

第三条　本准则适用于各类组织的内部审计机构、内部审计人员及其从事的内部审计活动。

第二章　一般原则

第四条　内部审计机构负责人应采取措施保障内部审计机构的独立性以及内部审计人员的客观性，以确保审计目的的实现。

第五条　内部审计机构的独立性主要受机构与董事会或最高管理层关系的影响，并需要依靠规范的机构管理工作得以保证。具体而言，受到以下因素的影响：

（一）董事会或最高管理层的支持；

（二）内部审计机构的管理体制；

（三）内部审计机构负责人的权责范围；

（四）内部审计活动受到的外在压力以及干涉程度；

（五）其他可能影响内部审计机构独立性的因素。

第六条 加强内部审计机构的独立性能够促进内部审计人员客观性的提高。除了内部审计机构的独立性之外，内部审计人员的客观性还受到以下因素的影响：

（一）内部审计人员的职业道德素质；

（二）内部审计人员的专业胜任能力；

（三）内部审计活动中是否存在利益冲突的状况；

（四）其他可能影响内部审计人员客观性的因素。

第七条 内部审计人员应提高职业道德素质及专业胜任能力，避免利益冲突，并主动采取措施保证客观性。

第三章 独立性

第八条 内部审计机构应隶属于组织的董事会或最高管理层，接受其指导和监督并取得其支持，以确保内部审计机构的独立性。

第九条 内部审计机构负责人的任免应由组织董事会或最高管理层经过适当的程序确定，内部审计机构负责人应直接向董事会或最高管理层负责。

第十条 内部审计机构应通过内部审计章程的制定明确其职责和权限范围，并报经董事会或最高管理层批准，以确保内部审计活动不受到组织内其他部门的干涉和限制。

第十一条 部审计机构应向董事会或最高管理层提交审计报告及工作报告，并在日常工作中与其保持有效的沟通。

第十二条 部审计机构负责人有权出席或参加由董事会或最高管理层举行的与审计、财务报告、内部控制、治理程序等有关的会议，并积极发挥内部审计的作用。

第四章 客观性

第十三条 内部审计人员在进行审计活动前，应主动对客观性进行评估，一般可以采用以下步骤：

（一）识别可能损害客观性的因素；

（二）评估这些因素影响的严重性；

（三）向审计项目负责人或内部审计机构负责人报告，采取措施降低这些因素的影响；

（四）向董事会或最高管理层报告或披露有关客观性受损的情况。

第十四条　内部审计人员在识别可能损害客观性的因素时，应重点考虑以下内容：

（一）内部审计人员审查和评价自己以前负责的经营活动和内部控制；

（二）内部审计人员与被审计单位存在直接的经济利益关系；

（三）内部审计人员与被审计单位管理层有密切的私人关系；

（四）内部审计人员与被审计单位有长期合作关系；

（五）内部审计人员对于被审计单位或其管理层存有文化、种族或性别上的歧视；

（六）内部审计人员对于审计项目存有认知上的偏见；

（七）内部审计人员遭受来自机构内部和外部的压力；

（八）内部审计范围受到限制。

第十五条　内部审计人员识别了可能损害客观性的因素后，应对这些因素的严重性进行评估，并考虑是否已存在降低其影响的措施。

第十六条　当发现存在严重损害客观性的因素时，内部审计人员应及时向审计项目负责人或内部审计机构负责人报告客观性受损的情况。

第十七条　内部审计机构负责人应采取以下主要措施保证客观性：

（一）加强人力资源管理，提高内部审计人员的职业道德素质及专业胜任能力；

（二）增派内部审计人员参加审计项目，并进行适当分工；

（三）采用工作轮换的方式安排审计项目及审计小组；

（四）建立适当、有效的激励机制；

（五）制定并实施系统、有效的内部审计质量控制政策和程序；

（六）停止执行有关业务并及时向董事会或最高管理层报告。

第十八条 在客观性受到严重损害的情况下，内部审计机构负责人应及时向董事会或最高管理层报告，披露客观性受损的具体情况。

第五章 附 则

第十九条 本准则由中国内部审计协会发布并负责解释。

第二十条 本准则自 2006 年 7 月 1 日起施行。

内部审计具体准则第 23 号——内部审计机构与董事会或最高管理层的关系

第一章 总 则

第一条 为了明确和协调内部审计机构与董事会或最高管理层的关系，保证内部审计的独立性，增强内部审计工作的有效性，根据《内部审计基本准则》制定本准则。

第二条 本准则所称内部审计机构与董事会或最高管理层的关系，是指内部审计机构由于隶属于董事会或最高管理层，而形成的协助其工作并向其报告的组织关系。

第三条 本准则适用于各类组织的内部审计机构、内部审计人员及其所从事的内部审计活动。

第二章 一般原则

第四条 内部审计机构应接受董事会或最高管理层的领导，保持与董事会或最高管理层的良好关系，协助董事会或最高管理层履行职责，实现董事会、最高管理层与内部审计在组织治理中的协同作用。

第五条 对内部审计机构有领导作用的董事会和相类似的机构包括：

（一）董事会；

（二）董事会下属的审计委员会；

（三）非营利组织的理事会。

第六条 对内部审计机构有领导作用的最高管理层包括：

（一）总经理；

（二）与总经理级别相当的人员。

第七条　内部审计机构与董事会或最高管理层的关系包括以下基本内容：

（一）接受董事会或最高管理层的领导；

（二）协助董事会或最高管理层的工作；

（三）向董事会或最高管理层报告工作。

第八条　内部审计机构负责人应积极寻求董事会或最高管理层对内部审计工作的理解与支持。

第九条　内部审计机构应在授权范围内配合监事会工作。

第三章　接受董事会或最高管理层的领导

第十条　内部审计机构应在董事会或最高管理层的领导下，有效履行内部审计职责，确保内部审计活动能满足董事会或最高管理层的需要。

第十一条　内部审计机构接受董事会或最高管理层领导的方式包括：

（一）报请董事会或最高管理层批准审计工作事项；

（二）接受并完成董事会或最高管理层的业务委派。

第十二条　内部审计机构应向董事会或最高管理层报请批准的事项包括：

（一）内部审计章程；

（二）年度审计计划；

（三）人力资源计划；

（四）财务预算；

（五）内部审计政策的制定及变动。

第十三条　董事会或最高管理层根据需要，委派给内部审计机构的业务包括：

（一）进行舞弊调查；

（二）经济责任审计；

（三）执行特别专项审计；

（四）评价会计师事务所的工作质量；

（五）其他。

第四章　协助董事会或最高管理层的工作

第十四条　内部审计机构应协助董事会或最高管理层的工作，充分履行内部审计机构的职责。

第十五条　内部审计机构协助董事会或最高管理层的工作包括以下内容：

（一）协助董事会履行职责，提供与其监督职责相关的合法性、舞弊和内部控制的信息；

（二）协助董事会评估其工作，并提出适当建议；

（三）对组织各项经营活动或内部控制提供咨询意见；

（四）在董事会或最高管理层对外披露内部控制信息的过程中提供协助；

（五）在组织的道德文化建设中提供协助。

第五章　向董事会或最高管理层报告

第十六条　内部审计机构应与董事会或最高管理层保持有效的沟通，除了向董事会或最高管理层提交项目的审计报告之外，还应当定期提交工作报告。

第十七条　内部审计机构应定期向董事会或最高管理层提交工作报告，一般每年至少一次。

第十八条　内部审计机构的工作报告应概括、清晰地说明审计工作的开展以及本机构各类资源的使用情况，具体包括以下主要内容：

（一）年度审计计划的执行情况；

（二）审计项目涉及范围及审计意见的总括说明；

（三）对组织经营活动和内部控制的总体评价；

（四）审计中发现的差异和缺陷的汇总及其原因分析；

（五）重要的审计发现和建议；

（六）财务预算的执行情况；

（七）人力资源计划的执行情况；

（八）内部审计工作的效率和效果；

（九）董事会或最高管理层要求或关注的其他内容。

第十九条　内部审计机构提交工作报告时，还应当对年度审计计划、财务预算以及人力资源计划执行中出现的重大偏差及原因做出说明，并提出应对措施。

第二十条　内部审计机构应向董事会或最高管理层提交审计报告，审计报告应清晰反映重要的审计发现和建议。

第二十一条　日常工作中，内部审计机构还应与董事会或最高管理层就以下事项进行交流：

（一）讨论董事会或最高管理层关注的领域；

（二）内部审计活动是否满足董事会或最高管理层信息需求；

（三）讨论内部审计的新趋势和最佳实务；

（四）内部审计与外部审计之间的协调是否有效。

第六章　附　则

第二十二条　本准则由中国内部审计协会发布并负责解释。

第二十三条　本准则自 2006 年 7 月 1 日起施行。

内部审计具体准则第 24 号——内部审计机构的管理

第一章　总　则

第一条　为了规范内部审计机构的管理工作，保证审计质量，提高审计效率，根据《内部审计基本准则》制定本准则。

第二条　本准则所称内部审计机构的管理，是指内部审计机构对内部审计人员和内部审计活动实施的计划、组织、领导、控制、和协调工作。

第三条　本准则适用于各类组织的内部审计机构、内部审计人员及其从事的内部审计活动。

第二章　一般原则

第四条　内部审计机构的管理应达到以下目的：

（一）实现内部审计目标；

（二）使内部审计资源得到经济和有效的利用；

（三）提高内部审计质量，更好地履行监督与评价的职责；

（四）使内部审计活动符合内部审计准则的要求。

第五条　内部审计机构应当接受组织董事会或最高管理层的指导和监督，内部审计机构负责人对内部审计机构管理的适当性和有效性负完全责任。

第六条　内部审计机构应当制定内部审计章程。章程应当采用书面形式对内部审计活动的目标、权限和职责进行正式规范，并报经董事会或最高管理层批准。内部审计章程应包括以下主要内容：

（一）内部审计目标；

（二）内部审计机构在组织中的地位；

（三）内部审计机构的职责和权限范围；

（四）其他需要明确的事项。

第七条　内部审计机构应建立合理、有效的组织结构，多层级组织的内部审计机构可实行集中管理制或分级管理制：

（一）集中管理制下，可对下级组织实行内部审计派驻制或委派制；

（二）分级管理制下，上级内部审计机构应通过适当的组织形式和方式对下级内部审计机构进行指导和监督。

第八条　内部审计机构管理的内容主要包括以下方面：

（一）计划编制；

（二）人力资源管理；

（三）组织协调；

（四）领导与沟通；

（五）审计项目业务控制。

第九条　内部审计机构管理可以分为部门管理和项目管理两个层

次。部门管理是指内部审计机构运行过程中的一般性行政管理。项目管理是内部审计机构对审计项目业务工作的管理与控制。

第三章　部门管理的内容与方法

第十条　内部审计机构应当在考虑组织风险、管理需要和审计资源等因素的基础上，编制年度审计计划。

第十一条　内部审计机构应当根据内部审计目标和管理需要，加强人力资源管理，确保人力资源利用的充分性和有效性。该项管理包括：

（一）内部审计人员的聘用；

（二）内部审计人员的培训；

（三）内部审计人员的工作任务安排；

（四）内部审计人员知识结构及专业能力分析；

（五）内部审计人员的业绩考核与激励机制；

（六）其他有关事项。

第十二条　内部审计机构应当根据年度审计计划和人力资源计划编制财务预算。编制财务预算时应考虑以下因素：

（一）内部审计人员的数量；

（二）审计工作的安排；

（三）内部审计机构的行政管理活动；

（四）内部审计人员的教育及培训要求；

（五）审计工作的研究和发展；

（六）其他有关事项。

第十三条　内部审计机构应当根据组织的性质、规模和特点，编制审计工作手册，以指导内部审计人员的工作。审计工作手册应包括以下主要内容：

（一）内部审计机构的目标、权限和职责的说明；

（二）内部审计机构的组织、管理及工作说明；

（三）内部审计机构的岗位设置及岗位职责说明；

（四）主要审计工作流程；

（五）内部审计质量控制政策与程序；

（六）内部审计道德规范和奖惩措施；

（七）内部审计工作中应注意的事项。

第十四条 内部审计机构和人员，应在组织董事会或最高管理层的支持和监督下，做好与组织其他机构和外部审计的协调工作，以减少重复工作，提高审计效率。

第十五条 内部审计机构应当接受组织董事会或最高管理层的指导和监督，在日常工作中保持经常的沟通，定期向其提交工作报告。

第十六条 内部审计机构应制定内部审计质量控制政策与程序，通过实施持续、有效的督导，内部自我质量控制与外部评价，保证审计质量。

第四章 项目管理的内容与方法

第十七条 内部审计机构应根据年度审计计划确定的审计项目，编制项目审计计划并组织实施，在实施过程中做好审计项目业务管理与控制工作。

第十八条 在审计项目管理过程中，内部审计机构负责人与项目负责人应充分履行各自的职责，以确保审计质量，提高审计效率。

第十九条 内部审计机构负责人对审计项目的管理负领导责任，其职责范围主要包括：

（一）选派审计项目负责人并对其进行有效的授权；

（二）审批项目审计计划；

（三）对审计项目的实施进行总体督导；

（四）审定并签发审计报告；

（五）其他有关事项。

第二十条 审计项目负责人对审计项目的管理负直接责任。其职责范围主要包括：

（一）制定项目审计计划；

（二）制定审计方案；

（三）组织审计项目的实施；

（四）对项目审计工作进行现场督导；

（五）编制审计报告；

（六）组织后续审计的实施；

（七）其他有关事项。

第二十一条　内部审计机构应采取适当的管理辅助手段，完善和改进项目管理工作，保证审计项目管理与控制的有效性。这些管理辅助手段可以包括以下主要内容：

（一）审计工作授权表；

（二）审计任务清单；

（三）审计会议议程；

（四）审计工作底稿检查表；

（五）审计文书跟踪表；

（六）其他管理辅助手段。

第二十二条　内部审计机构应当建立审计档案管理制度，加强审计项目工作底稿的归档、保管、查询、复制、移交和销毁等环节的管理工作，妥善保存审计档案。

第五章　附　则

第二十三条　本准则由中国内部审计协会发布并负责解释。

第二十四条　本准则自 2006 年 7 月 1 日起施行。

内部审计具体准则第 25 号——经济性审计

第一章　总　则

第一条　为了规范内部审计机构和人员审查与评价组织经营活动的经济性，根据《内部审计基本准则》制定本准则。

第二条　本准则所称经济性是指组织经营活动过程中获得一定数量和质量的产品和服务及其他成果时所耗费的资源最少。经济性主要关注的是资源投入和使用过程中成本节约的水平和程度及资源使用的合理性。

本准则所称经济性审计是指内部审计机构和人员对组织经营活动的经济性进行审查与评价的活动。经济性审计是管理审计的重要组成部分。

第三条 本准则适用于各类组织的内部审计机构、内部审计人员及其从事的内部审计活动。

第二章 一般原则

第四条 经济性审计的目的是通过审查与评价组织经营活动中资源的取得、使用及管理是否节约及合理，协助管理层改善管理，节约资源，增加组织价值。

第五条 经济性审计既可以针对整个组织的经营活动，也可以针对特定项目、特定业务。

第六条 内部审计机构和人员应当具备必要的专业知识和技能，熟悉组织经营活动过程中投入的人力、财力、物力、信息、技术及时间等资源，掌握经营活动经济性的评价标准，运用恰当的审计方法以获取充分、相关、可靠的审计证据。

第七条 内部审计机构和人员可以根据需要，适当利用外部专家服务，并对利用外部专家服务所形成的审计结论负责。

第八条 内部审计人员在整个审计过程中应当保持高度的职业谨慎性，以识别在资源的取得、使用及管理过程中可能出现的舞弊行为。

第九条 内部审计人员在进行经济性审计时应当避免影响客观性的利益冲突。

第十条 经济性与效果性、效率性有密切关系，内部审计机构和人员根据实际情况，可以同时对组织经营活动的经济性、效果性和效率性进行审查评价，并出具管理审计报告；也可以只对经济性进行审查评价。如果只进行经济性审计，内部审计机构和人员应关注与其他两种审计之间的联系，以提高内部审计的有效性，并出具专项经济性审计报告。

第三章　经济性审计的内容与方法

第十一条　经济性审计审查评价的主要内容包括：

（一）资金的取得和使用是否节约；

（二）人力资源的取得及配置是否恰当；

（三）物资财产的取得及消耗是否节约；

（四）资源取得和配置在时间消耗上的适当性；

（五）资源取得的机会成本；

（六）资源的取得、使用和管理是否合理，是否遵循有关法律、法规；

（七）组织是否建立了健全的管理控制系统，以评价、报告和监督特定业务或项目的经济性；

（八）管理层提供的有关经济性方面的信息是否真实、可靠；

（九）其他有关事项。

第十二条　内部审计机构和人员在选择经济性审计方法时应当与审计对象、审计目标及经济性审计评价标准相适应。除了运用常规的审计方法以外，还可以运用数量分析法、比较分析法、标杆法等。

（一）数量分析法。数量分析法是对经营活动相关数据进行计算分析，并运用抽样技术，对抽样结果进行评价以获得充分、相关、可靠的审计证据的方法。数量分析法包括线性规划法、网络分析法、回归分析法、经济批量分析法等。

（二）比较分析法。比较分析法是通过分析、比较数据间的关系、趋势或比率来取得审计证据、完成审计目标的方法。

（三）标杆法。标杆法是内部审计人员对经营活动状况进行实际观察和检查，通过与组织内外部相同或相似经营活动的最佳实务进行比较而取得审计证据的方法。

第十三条　内部审计机构和人员应当关注资源投入和使用过程，进行事前、事中和事后审计，及时将组织经营活动过程中资源的损失、浪费等情况报告适当管理层，以便其采取纠正措施。

第四章　经济性审计评价标准

第十四条　内部审计机构和人员应当选择适当的经济性审计评价标准。

（一）内部审计人员首先应确定组织管理层已建立标准的适当性。如果此标准是适当的，内部审计人员在经营活动的经济性评价中就应使用这些标准。如果标准不适当，应该向适当管理层报告；

（二）如果管理层没有制定标准，内部审计人员应会同管理层选择适当的评价标准。

第十五条　内部审计机构和人员应当根据不同的审计对象及目标，选择定性或定量的经济性评价标准，或将二者适当结合。

（一）定量的评价标准主要包括计划、预算、定额、目标值、评价标准值等。

（二）定性的评价标准主要包括：国家法律、法规、方针和政策；主管部门的有关规定；组织的规章制度；职业组织推荐的最佳实务等。

第十六条　经济性审计评价标准应具备适当性、先进性和动态性。评价标准可以是组织内部的，也可以是组织外部的；可以是本年度的，也可以是以前年度的。

第五章　经济性审计报告

第十七条　内部审计机构和人员在经济性审计结束后，应当及时形成恰当的审计结论和建议，并出具审计报告。

（一）对组织特定业务或项目进行专门的经济性审计，应当出具专项经济性审计报告；

（二）对组织特定业务或项目同时进行经济性、效果性和效率性审计，可以根据实际情况，将两项或三项审计内容相结合出具管理审计报告；

（三）对组织经营活动和内部控制进行审计时涉及经济性审查和评价，可以一并纳入常规审计报告。

第十八条　内部审计机构和人员应当按照《内部审计具体准则第

7 号——审计报告》的要求出具经济性审计报告。经济性审计报告的正文应当主要包括以下内容：

（一）被审计单位经营活动的基本情况；

（二）开展经济性审计的立项依据；

（三）开展经济性审计的目的；

（四）经营活动经济性的评价标准及评价意见或结论；

（五）经济性审计中发现的主要问题，包括在资源的取得、使用和管理中的损失、浪费等事实，导致上述结果的原因及产生的影响；

（六）对进一步优化组织资源管理、节约资源使用所提出的建议。

第十九条　内部审计机构和人员应当及时将经济性审计报告提交给组织适当管理层，并在必要时实施后续审计，持续追踪问题是否得到解决，以促进组织经营活动投入资源的节约。

第六章　附　则

第二十条　本准则由中国内部审计协会发布并负责解释。

第二十一条　本准则自 2007 年 7 月 1 日起施行。

内部审计具体准则第 26 号——效果性审计

第一章　总　则

第一条　为了规范内部审计机构和人员审查与评价组织经营活动的效果性，根据《内部审计基本准则》制定本准则。

第二条　本准则所称效果性是指组织从事经营活动时实际取得成果与预期取得成果之间的对比关系。效果性主要关注的是既定目标的实现程度及经营活动产生的影响。本准则所称效果性审计是指内部审计机构和人员对组织经营活动的效果性进行审查与评价的活动。效果性审计是管理审计的重要组成部分。

第三条　本准则适用于各类组织的内部审计机构、内部审计人员及其从事的内部审计活动。

第二章　一般原则

第四条　效果性审计的主要目的是通过审查与评价组织经营活动既定目标实现的程度，以协助组织管理层改善经营水平，提高经营活动的效果。

第五条　效果性审计既可以针对整个组织的经营活动，也可以针对特定项目、特定业务。

第六条　组织经营活动特定项目或业务的效果既要考虑经济目标（例如产值、收入、利润），也要考虑社会目标（例如社会满意度、环保效应、社会责任）。

第七条　内部审计机构和人员应当具备必要的专业知识和技能，熟悉经营活动项目和业务，掌握经营活动效果的评价标准，运用恰当的审计方法以获取充分、相关、可靠的审计证据。

第八条　内部审计机构和人员可以根据需要，适当利用外部专家服务，并对利用外部专家服务所形成的审计结论负责。

第九条　效果性与经济性、效率性有密切关系，内部审计机构和人员根据实际情况，可以同时对组织经营活动的经济性、效果性和效率性进行审查评价，并出具管理审计报告；也可以只对效果性进行审查评价。如果只进行效果性审计，内部审计机构和人员应关注与其他两种审计之间的联系，以提高内部审计的有效性，并出具专项效果性审计报告。

第十条　内部审计机构和人员在对组织经营活动同时进行经济性、效果性和效率性的审查评价时，应当优先考虑效果性。

第三章　效果性审计的内容与方法

第十一条　效果性审计审查评价的主要内容包括：

（一）组织经营活动的目标是否适当、相关及可行；

（二）组织经营活动达到既定目标或实现预期经济和社会效果等情况；

（三）组织为实现既定目标所采取的程序和方法的合法、合理性，以及对有关政策、计划、预算、程序、合同等的遵循情况；

（四）分析组织经营活动未能及时达到既定目标的原因；

（五）分析组织无法按原定计划开展相应项目、业务或者中途停止项目、业务的原因；

（六）组织是否建立了健全的管理控制系统，以评价、报告和监督特定项目或业务的效果性；

（七）管理层提供的有关效果性方面的信息是否真实、可靠；

（八）其他有关事项。

第十二条　内部审计机构及人员在选择效果性审计方法时应当与审计对象、审计目标及效果性审计评价标准相适应。除了运用常规的审计方法外，还可以运用调查法、问题解析法、专题讨论会等方法。

（一）调查法。调查法是凭借一定的手段和方式（如访谈、问卷），对某种或某几种现象或事实进行考察，通过对搜集到的各种事实资料的分析处理，进而得出结论的一种研究方法；

（二）问题解析法。问题解析法是通过确定总括性问题、相关子问题以及用来解答这些问题的具体步骤来开展效果性审计工作的方法；

（三）专题讨论会。专题讨论会是指通过召集组织相关管理人员就经营活动特定项目或业务的具体问题进行讨论及评估的一种方法。

第十三条　内部审计机构和人员应当采取以结果为导向的审计方式，关注经营活动特定项目及业务的结果，确认项目或业务目标的实现程度及其产生的影响。

第四章　效果性审计评价标准

第十四条　内部审计机构和人员应当选择适当的效果性审计评价标准。

（一）内部审计人员首先应确定组织管理层已建立标准的适当性。如果此标准是适当的，内部审计人员在经营活动的效果性评价中就应使用这些标准。如果标准不适当，应该向适当管理层报告；

（二）如果管理层没有制定标准，内部审计人员应当会同管理层选择适当的评价标准。

第十五条 内部审计机构和人员在对经营活动特定项目或业务的效果性进行评价时，应当充分考虑国家宏观政策、经济环境及组织内部条件等的变化对既定目标造成的不同影响，注意社会效果与经济效果、长远效果与短期效果的结合，选择恰当的评价标准。

第十六条 内部审计机构和人员应当根据不同的审计对象及目标，选择定性或定量的效果性评价标准，或将二者适当结合。

第十七条 内部审计机构和人员对组织经营活动特定项目或业务的效果性进行评价时可参照选择以下标准：

（一）项目或业务的设计要求或计划应达到的水平；

（二）项目或业务对完成时间的要求；

（三）其他组织的相同或类似项目及业务已达到的最佳状态；

（四）国家已制定的最高标准或已达到的最佳水平；

（五）国际上已达到的最高水平；

（六）社会有关各方对该项目或业务的社会经济效果的满意程度。

第五章 效果性审计报告

第十八条 内部审计机构和人员在效果性审计结束后，应当形成恰当的审计结论和建议，并出具审计报告。

（一）对组织特定项目或业务进行专门的效果性审计，应当出具专项效果性审计报告；

（二）对组织特定项目或业务同时进行经济性、效果性和效率性审计，可以根据实际情况，将两项或三项审计内容相结合出具管理审计报告；

（三）对组织经营活动和内部控制进行审计时涉及效果性审查和评价，可以一并纳入常规审计报告。

第十九条 内部审计机构和人员应当按照《内部审计具体准则第7号——审计报告》的要求出具效果性审计报告。效果性审计报告的正文应当主要包括以下内容：

（一）被审计经营活动特定项目或业务的基本情况；

（二）开展效果性审计的立项依据；

（三）开展效果性审计的目的；

（四）经营活动效果性的评价标准及评价意见或结论；

（五）效果性审计中发现的主要问题，包括审计发现的事实、导致上述结果的原因及产生的影响；

（六）对特定项目或业务经营管理的改善和效果的提高所提出的建议。

第二十条　内部审计机构和人员应当及时将效果性审计报告提交给组织适当管理层，并在必要时实施后续审计，持续追踪问题是否得到解决，以促进管理层持续改善和提高经营活动的效果。

第六章　附　则

第二十一条　本准则由中国内部审计协会发布并负责解释。

第二十二条　本准则自 2007 年 7 月 1 日起施行。

内部审计具体准则第 27 号——效率性审计

第一章　总　则

第一条　为了规范内部审计机构和人员审查与评价组织经营活动的效率性，根据《内部审计基本准则》制定本准则。

第二条　本准则所称效率性是指组织经营活动过程中投入资源与产出成果之间的对比关系。

本准则所称效率性审计是指内部审计机构和人员对组织经营活动的效率性进行审查与评价的活动。效率性审计是管理审计的重要组成部分。

第三条　本准则适用于各类组织的内部审计机构、内部审计人员及其从事的内部审计活动。

第二章　一般原则

第四条　效率性审计的主要目的是通过审查和评价组织经营活

动的投入、产出关系，优化业务流程，提高经营活动效率。

第五条 效率性审计既可以针对整个组织的经营活动，也可以针对特定项目、特定业务。

第六条 内部审计机构和人员应当具备必要的专业知识和技能，熟悉经营活动特定业务或项目的流程，掌握国内外先进的生产工艺标准、流程设计方法和评价标准，熟悉计算机和网络技术等信息系统相关知识，运用恰当的审计方法以获取充分、相关、可靠的审计证据。

第七条 内部审计机构和人员可以根据需要，适当利用外部专家服务，并对利用外部专家服务所形成的审计结论负责。

第八条 效率性与经济性、效果性有密切关系，内部审计机构和人员根据实际情况，可以同时对组织经营活动的经济性、效果性和效率性进行审查评价，并出具管理审计报告；也可以只对效率性进行审查评价。如果只进行效率性审计，内部审计机构和人员应关注与其他两种审计之间的联系，以提高内部审计的有效性，并出具专项效率性审计报告。

第九条 在经营活动特定项目或业务有多种效果性目标时，效率性审计应当根据审计目标的要求对效率进行综合评价，这种评价可能因审计目标的不同，对审计内容有不同的关注程度。

第三章 效率性审计的内容与方法

第十条 效率性审计审查评价的主要内容包括：

（一）组织采购、销售等商业活动的效率；

（二）组织研发、生产等技术活动的效率；

（三）组织筹资、投资等财务活动的效率；

（四）组织为确保财产、信息及人员的安全以及对风险的管理所采取措施的效率；

（五）组织计划、控制等管理活动的效率；

（六）为提高上述经营活动效率所采取的措施是否遵循有关法律、法规；

（七）管理层提供的有关效率性方面的信息是否真实、可靠；

（八）其他有关事项。

第十一条　内部审计机构和人员在进行效率性审计时，可以从以下几个方面考虑：

（一）确认与评价经营活动的投入；

（二）确认与评价经营活动的产出；

（三）综合评价投入产出的效率。

第十二条　效率性审计要考虑经营活动中资源投入与成果产出之比。投入的资源主要包括人力、财力、物力、信息、技术、时间等方面的资源；产出则是投入资源后取得的实际效果。

第十三条　效率性审计的基本方法是在计算经营活动效率的基础上，与先进的、可比的效率评价标准进行对比，分析影响组织经营活动效率的主要因素，提出有针对性的、切实可行的改进建议。

第十四条　内部审计机构和人员在进行效率性审计时，除了运用常规的审计方法外，还可以运用比较分析法、因素分析法、量本利分析法等方法，在对影响组织经营效率的各种因素进行综合分析后，提出进一步提高经营活动效率的建议。

（一）比较分析法。比较分析法是通过分析、比较数据间的关系、趋势或比率来取得审计证据、完成审计目标的方法。

（二）因素分析法。因素分析法是查找产生影响的因素，并分析各个因素的影响方向和影响程度的方法。

（三）量本利分析法。量本利分析法是分析一定期间内的业务量、成本和利润三者之间变量关系的方法。

第十五条　效率性审计应当将事中审计和事后审计适当结合。内部审计机构和人员可以在经营活动进行过程中对业务流程的效率进行评价，及时将组织经营活动过程中无效率或低效率的情况报告组织适当管理层，以便采取纠正措施，提高效率。

第四章　效率性审计评价标准

第十六条　内部审计机构和人员应当选择适当的效率性审计评价标准。

（一）首先应确定组织管理层已建立标准的适当性。如果此标准是适当的，内部审计人员在经营活动的效率性评价中就应使用这些标准。如果标准不适当，应该向适当管理层报告；

（二）如果管理层没有制定标准，内部审计人员应当会同管理层选择适当的评价标准。

第十七条 内部审计人员选择的效率性评价标准应当符合以下要求：

（一）可获得性。是指内部审计人员在现有的工作条件下能够以合理成本取得该效率性评价标准。

（二）先进性。是指该效率性评价标准在被评价领域中代表了较优秀的水平。

（三）适用性。是指该效率性评价标准符合审计对象的特征要求，能够恰当地对被审计单位的效率性进行评价。

（四）关联性。是指该效率性评价标准在各个历史时期具有可比的特征。

（五）可验证性。是指效率性评价标准应当能够为组织管理层获取，以使组织管理层能够对效率性审计进行评价。

第十八条 内部审计机构和人员对组织经营活动效率性进行评价时可以参照选择以下标准：

（一）组织经营活动效率的设计水平或计划水平；

（二）组织经营活动效率的历史同期最高水平；

（三）职业组织推荐的最佳实务标准；

（四）组织经营活动效率的国家标准水平；

（五）组织经营活动效率的国际标准水平；

（六）某国家或地区各该项效率指标的先进水平；

（七）国内同行业同类组织各该项效率指标的先进水平。

第五章 效率性审计报告

第十九条 内部审计机构和人员在效率性审计结束后，应当形成恰当的审计结论和建议，并出具审计报告。

（一）对组织特定业务或项目进行专门的效率性审计，应当出具专项效率性审计报告；

（二）对组织特定业务或项目同时进行经济性、效果性和效率性审计，可以根据实际情况，将两项或三项审计内容相结合出具管理审计报告；

（三）对组织经营活动和内部控制进行审计时涉及效率性审查和评价，可以一并纳入常规审计报告。

第二十条　内部审计机构和人员应当按照《内部审计具体准则第7号——审计报告》的要求出具效率性审计报告。效率性审计报告的正文应当主要包括以下内容：

（一）组织经营活动与效率性审计有关的基本情况；

（二）开展效率性审计的立项依据；

（三）开展效率性审计的目的；

（四）经营活动效率性的评价标准及评价意见或结论；

（五）效率性审计中发现的经营活动无效率或低效率的问题，导致上述问题的原因及产生的影响；

（六）对优化业务流程、改进经营管理和提高效率所提出的建议。

第二十一条　内部审计机构和人员应当及时将效率性审计报告提交给组织适当管理层，并在必要时实施后续审计，持续追踪问题是否得到解决，以促进管理层改善业务流程和提高经营活动的效率。

第六章　附　则

第二十二条　本准则由中国内部审计协会发布并负责解释。

第二十三条　本准则自2007年7月1日起施行。

内部审计具体准则第28号——信息系统审计

第一章　总　则

第一条　为了规范组织内部审计机构及人员开展信息系统审计活动，保证审计质量，根据《内部审计基本准则》制定本准则。

第二条 本准则所称信息系统审计，是指由组织内部审计机构及人员对信息系统及其相关的信息技术内部控制和流程开展的一系列综合检查、评价与报告活动。

第三条 本准则适用于各类组织的内部审计机构、内部审计人员及其从事的信息系统审计活动。

第二章 一般原则

第四条 信息系统审计的目的是通过实施信息系统审计工作，对组织是否达成信息技术管理目标进行综合评价，并基于评价意见提出管理建议，协助组织信息技术管理人员有效地履行其受托责任以达成组织的信息技术管理目标。组织的信息技术管理目的是保证组织的信息技术战略充分反映该组织的业务战略目标，提高组织所依赖的信息系统的可靠性、稳定性、安全性及数据处理的完整性和准确性，提高信息系统运行的效果与效率，合理保证信息系统的运行符合法律法规及监管的相关要求。

第五条 组织中信息技术管理人员的责任是信息系统的开发、运行和维护以及信息技术相关的内部控制的设计、执行和监控；信息系统审计人员的责任是实施信息系统审计工作并出具审计报告。

第六条 从事信息系统审计人员的专业胜任能力是指在信息系统审计领域,胜任管理层与其他利益方的委托、履行其信息系统审计职能所应拥有的相关知识、技能和素质。信息系统审计人员应当熟悉内部审计业务并具备必要的信息技术及信息系统审计的专业知识。此外，审计项目负责人员应具有三年以上信息系统审计相关工作经验，或六年以上相关业务的从业经验。由于组织特殊性而产生的例外情况，应当获得组织管理层的特别授权。组织应当建立信息系统审计人员培训制度，鼓励审计人员取得注册信息系统审计师等执业资格，以保证审计人员的专业胜任能力。必要时，信息系统审计可利用外部专家的服务。

第七条 信息系统审计可作为独立的审计项目组织实施、或作为综合性内部审计项目的组成部分实施。

第八条　信息系统审计划分为以下阶段：审计计划阶段、审计实施阶段、审计报告与后续工作阶段。

第九条　审计人员应采用以风险为导向的审计方法进行信息系统审计，风险评估应贯穿审计的计划、实施、报告与后续工作各个阶段。

第三章　审计计划

第十条　内部审计人员在执行信息系统审计之前，需要确定审计目标并初步评估审计风险，估算完成信息系统审计或专项审计所需的资源，确定重点审计领域及审计活动的优先次序，明确审计组成员的职责，并以此制定信息系统审计计划。

第十一条　制定信息系统审计计划时，应遵循其他相关内部审计具体准则规定的因素，同时针对信息系统审计的特殊性，审计人员还应充分考虑以下因素：

（一）高度依赖信息技术、信息系统的关键业务流程及相关的组织战略目标；

（二）信息技术管理的组织架构；

（三）信息系统框架和信息系统的长期发展规划及近期发展计划；

（四）信息系统及其支持的业务流程的变更情况；

（五）信息系统的复杂程度；

（六）以前年度信息系统内、外部审计等相关的审计发现及后续审计情况。

第十二条　信息系统审计作为综合性内部审计项目的一部分时，审计人员在审计计划阶段还应综合考虑相关内部审计的审计目标及要求。

第四章　信息技术风险评估

第十三条　进行信息系统审计时，审计人员应当识别组织所面临的与信息技术相关的内、外部风险，并采用适当的风险评估技术与方法，分析及评价其发生的可能性及影响程度，为确定审计目标、范围和方法提供依据。

第十四条 信息技术风险是指组织在信息处理和信息技术运用过程中产生的、可能影响组织目标实现的各种不确定因素。信息技术风险包括组织层面的信息技术风险、一般性控制层面的信息技术风险及业务流程层面的信息技术风险等。

第十五条 审计人员在识别、评估组织层面、一般性控制层面的信息技术风险时需要关注以下几方面：

（一）业务关注度，即组织的信息技术战略与组织整体发展战略规划的契合度以及信息技术（包括硬件及软件环境）对业务和用户需求的支持度；

（二）信息资产的重要性；

（三）对信息技术的依赖程度；

（四）对信息技术部门人员的依赖程度；

（五）对外部信息技术服务的依赖程度；

（六）信息系统及其运行环境的安全性、可靠性；

（七）信息技术变更；

（八）法律规范环境；

（九）其他。

第十六条 业务流程层面的信息技术风险受行业背景、业务流程的复杂程度、上述组织层面及一般性控制层面的控制有效性等因素的影响而存在差异。一般而言，审计人员应了解业务流程并关注以下几方面信息技术风险：

（一）数据输入；

（二）数据处理；

（三）数据输出。

第十七条 审计人员应充分考虑风险评估的结果，以合理确定信息系统审计的内容及范围，并对组织的信息技术内部控制的设计有效性和执行有效性进行测试。

第五章 信息系统审计的内容

第十八条 信息系统审计通常包括对组织层面信息技术控制、信息技术一般性控制及业务流程层面相关应用控制的审计。

第十九条 信息技术内部控制的各个层面都包括人工控制、自动控制和人工、自动相结合的控制形式，审计人员应根据不同的控制形式采取恰当的审计程序。

第二十条 组织层面信息技术控制是指管理层及治理层对信息技术治理职能及内部控制的重要性的态度、认识和措施，审计人员应考虑以下控制要素中与信息技术相关的内容：

（一）控制环境

审计人员应关注该组织的信息技术战略规划对业务战略规划的契合度、信息技术治理制度体系的建设、信息技术部门的组织结构和关系、信息技术治理相关职权与责任的分配、信息技术人力资源管理、对用户的信息技术教育和培训等方面；

（二）风险评估

审计人员应关注组织的风险评估的总体架构中信息技术风险管理的框架、流程和执行情况、信息资产的分类以及信息资产所有者的职责等方面；

（三）信息与沟通

审计人员应关注组织的信息系统架构及其对财务、业务流程的支持度、管理层及治理层的信息沟通模式、信息技术政策/信息安全制度的传达与沟通等方面；

（四）监控

审计人员应关注组织的监控管理报告系统、监控反馈、跟踪处理程序以及组织对信息技术内部控制的自我评估机制等方面。

第二十一条 信息技术一般性控制是指与网络、操作系统、数据库、应用系统及其相关人员有关的信息技术政策和措施，以确保信息系统持续稳定的运行，支持应用控制的有效性。对信息技术一般性控制的审计应考虑以下控制活动：

（一）信息安全管理

审计人员应关注组织的信息安全管理政策，物理访问及针对网络、操作系统、数据库、应用系统的身份认证和逻辑访问管理机制，系统设置的职责分离控制等；

（二）系统变更管理

审计人员应关注组织的应用系统及相关系统基础架构的变更、参数设置变更的授权与审批，变更测试，变更移植到生产环境的流程控制等；

（三）系统开发和采购管理

审计人员应关注组织的应用系统及相关系统基础架构的开发和采购的授权审批，系统开发的方法论，开发环境、测试环境、生产环境严格分离情况，系统的测试、审核、移植到生产环境等环节；

（四）系统运行管理

审计人员应关注组织的信息技术资产管理、系统容量管理、系统物理环境控制，系统和数据备份及恢复管理，问题管理和系统的日常运行管理等。

第二十二条 业务流程层面应用控制是指在业务流程层面为了合理保证应用系统准确、完整、及时完成业务数据的生成、记录、处理、报告等功能而设计、执行的信息技术控制。对业务流程层面应用控制的审计应考虑以下与数据输入、数据处理以及数据输出环节相关的控制活动：

（一）授权与批准；

（二）系统配置控制；

（三）异常情况报告和差错报告；

（四）接口/转换控制；

（五）一致性核对；

（六）职责分离；

（七）系统访问权限；

（八）系统计算；

（九）其他。

第二十三条　信息系统审计除上述常规的审计内容外，审计人员还可以根据组织当前面临的特殊风险或需求，设计专项审计以满足审计战略，具体包括但不限于下列领域：

（一）信息系统开发实施项目的专项审计；

（二）信息系统安全专项审计；

（三）信息技术投资专项审计；

（四）业务连续性计划的专项审计；

（五）外包条件下的专项审计；

（六）法律法规、行业规范要求的内部控制的合规性的专项审计；

（七）其他专项审计。

第六章　信息系统审计的方法

第二十四条　审计人员在进行审计与信息技术相关内部控制及流程中可以单独或综合应用下列的审计方法来获取充分、适当的审计证据以评估信息技术内部控制的设计有效性和执行有效性：

（一）询问相关的控制人员；

（二）观察特定控制的运用；

（三）审阅文件和报告；

（四）根据信息系统的特性，进行穿行测试，追踪交易在信息系统中的处理过程；

（五）验证系统控制和计算逻辑；

（六）登录信息系统进行系统查询；

（七）利用计算机辅助审计工具和技术；

（八）保证独立性、客观性及职业技能的质量控制前提下，利用其他专业机构的审计结果或组织对信息技术内部控制的自我评估结果；

（九）其他

第二十五条　信息系统审计人员可以根据需要利用计算机辅助审计工具和技术进行数据的验证、关键系统控制/计算的逻辑的验证、审计样本选取等；审计人员在充分考虑安全的前提下，可以利用可靠的信息安全侦测工具进行渗透性测试等。

第二十六条 审计人员在对信息技术内部控制进行评估时，应获得充分、可靠及相关的审计证据以支持审计结论完成审计目标，并应充分考虑系统自动控制的控制效果的一致性及可靠性的特点，在选取审计样本时可根据情况适当减少样本量。在系统未发生变更的情况下，可考虑适当降低审计频率。

第二十七条 审计人员在审计过程中进行风险评估，并在此基础上依据信息技术内部控制评估的结果重新评估审计风险，并根据剩余风险来进一步设计审计程序。

第二十八条 审计工作底稿应以正式的书面或电子形式进行记录，其中应包含审计程序、审计发现和审计结论以及支持审计结论的审计工作细节及审计证据。审计过程中获取的电子数据应建立严格的电子数据归档措施，并对敏感数据进行严格的保密管理。

第七章 审计报告与后续工作

第二十九条 在审计实施结束后，审计人员应以充分、可靠及相关的审计证据为依据形成审计结论与建议，出具审计报告，形成审计结果，追踪审计建议的落实并执行相应后续审计程序。

第三十条 当信息系统审计作为综合性内部审计项目的一部分时，审计人员应及时与其他相关内部审计人员沟通信息系统内部审计的发现，并考虑依据审计结果调整其他相关审计的范围、时间及性质。

第八章 附 则

第三十一条 本准则由中国内部审计协会负责解释。

第三十二条 本准则自2009年1月1日起施行。

内部审计具体准则第29号——内部审计人员后续教育

第一章 总 则

第一条 为了规范内部审计人员后续教育，保持和提高内部审计人员的专业胜任能力，根据《内部审计基本准则》、《内部审计人员职业道德规范》制定本准则。

第二条　本准则所称的后续教育，是指内部审计人员为保持和提高其专业胜任能力，掌握和运用相关新知识、新技能和新法规所进行的学习与研究。

本准则所称的内部审计人员，是指取得内部审计人员岗位资格证书或国际注册内部审计师（CIA）资格证书的人员。

第三条　本准则积极引导其他从事内部审计活动的人员参加后续教育，以增强其专业知识和业务能力。

第四条　本准则适用于各级各类的内部审计（师）协会，各类组织的内部审计机构、内部审计人员进行的后续教育。

第二章　一般原则

第五条　内部审计人员应当根据职业发展需要，确定合理的后续教育内容，选择适当的后续教育形式。

第六条　中国内部审计协会、省级内部审计（师）协会应当明确划分其在后续教育中的职责与权限，合理组织并有效实施后续教育。

市、县级内部审计（师）协会，经中国内部审计协会或省级内部审计（师）协会授权，也可组织实施管辖范围内的后续教育。

内部审计机构应当为内部审计人员接受后续教育提供必要的保障。

第七条　中国内部审计协会、省级内部审计（师）协会应当定期检查与考核后续教育情况，确保后续教育质量。

第三章　内容与形式

第八条　后续教育应当讲求实效、学以致用。主要内容包括：

（一）国家颁布的有关法律法规；

（二）内部审计准则及内部审计人员职业道德规范；

（三）内部审计理论与实务；

（四）会计理论与方法；

（五）信息技术理论与应用技术；

（六）公司治理、内部控制和风险管理理论；

（七）其他相关专业知识与技能。

第九条 后续教育应当区分内部审计机构负责人、审计项目负责人和审计助理人员三个层次，突出重点、按需施教。具体内容包括：

（一）内部审计机构负责人应当学习和研究组织领导本单位（部门）内部审计工作方面的知识和技能，包括：相关法律法规、内部审计准则和会计准则及其最新变化，内部审计在公司治理、内部控制、风险管理和企业流程再造过程中的作用及其最新发展，内部审计章程拟订，审计关系处理与协调，审计管理案例，组织文化与政策，以及开展咨询服务业务的有关理论和实务等；

（二）审计项目负责人应当学习和研究独立完成一个审计项目方面的知识和技能，包括：内部审计准则和会计准则，财务管理理论与方法，经济管理理论，项目审计计划与审计方案制定，审计评价标准解读和选择，审计报告撰写与提出，审计案例分析，审计助理人员监督和指导，人际关系沟通等；

（三）审计助理人员应当学习和研究参与完成一个审计项目方面的知识和技能，包括：内部审计准则和会计准则，审计基本理论与技术方法，计算机基础知识，逻辑推理，相关人际关系沟通等。

第十条 内部审计人员接受培训是后续教育的主要方式。一般应当采取以下形式：

（一）参加国际内部审计师协会和亚洲内部审计联合会组织的专业会议及培训活动；

（二）参加中国内部审计协会和省级内部审计（师）协会举办的各种培训及考察活动；

（三）参加中国内部审计协会和省级内部审计（师）协会召开的专业会议及经验交流；

（四）参加中国内部审计协会和省级内部审计（师）协会认可的有关大专院校的专业课程进修；

（五）参加经中国内部审计协会或省级内部审计（师）协会授权

的市、县级内部审计（师）协会组织的专业培训及经验交流。

第十一条　内部审计人员自学是后续教育的重要补充方式。一般应当包括以下形式：

（一）参加中国内部审计协会和省级内部审计（师）协会开办的网络教育；

（二）参加由本单位（部门）内部审计机构开展的业务技术培训；

（三）主持或参与完成省级以上内部审计（师）协会发布的课题研究，并取得研究成果；

（四）公开出版专业著作或发表专业论文；

（五）个人专业学习和实务研究；

（六）其他形式。

第四章　组织与实施

第十二条　内部审计人员后续教育由中国内部审计协会和省级内部审计（师）协会负责组织、实施。行业审计协会实施的有关培训活动实行年度认证制，认证工作由中国内部审计协会实施。

第十三条　中国内部审计协会负责组织、实施全国内部审计人员的后续教育。主要职责是：

（一）制定全国后续教育规划；

（二）制定全国后续教育制度、规定、办法；

（三）制定全国后续教育年度培训计划，提出教学大纲；

（四）组织全国后续教育教材的开发、评估、推荐；

（五）组织全国后续教育活动；

（六）组织全国后续教育检查、考核；

（七）指导、督促省级内部审计（师）协会的后续教育工作。

第十四条　省级内部审计（师）协会负责组织、实施管辖范围内的内部审计人员后续教育。主要职责是：

（一）制定管辖范围内后续教育规划；

（二）制定管辖范围内后续教育制度、规定、办法；

（三）制定管辖范围内后续教育年度培训计划，设置教学内容；

（四）组织管辖范围内后续教育教材的评估、遴选；

（五）组织管辖范围内后续教育活动；

（六）组织管辖范围内后续教育检查、考核；

（七）指导、督促市、县级内部审计（师）协会的后续教育工作。

第十五条 市、县级内部审计（师）协会同时符合下列条件的，经中国内部审计协会或省级内部审计（师）协会授权，也可组织实施管辖范围内的后续教育：

（一）具有承担后续教育工作的教学场所和设施；

（二）拥有与承担后续教育工作相适应的师资队伍和管理力量；

（三）能够完成所承担的后续教育任务，保证后续教育质量。

被授权的市、县级内部审计（师）协会在组织后续教育前，应当将实施方案报送相应授权协会备案。实施方案内容包括：教学目的、教学内容、教学方式、教材遴选、教师情况、考核形式、质量控制办法等。

第十六条 内部审计机构应当支持、督促本单位（部门）内部审计人员参加后续教育，保证学习时间和学习费用，提供必要的学习条件。

内部审计机构开展的本单位（部门）业务技术培训，如需申请确认为内部审计人员后续教育学时的，应当提请中国内部审计协会或省级内部审计（师）协会进行评估。评估内容包括：培训条件、培训计划、培训内容、师资来源、教学水平、管理水平、学员满意度和质量监控措施等。

第五章 检查与考核

第十七条 中国内部审计协会负责检查、考核全国内部审计人员的后续教育情况；省级内部审计（师）协会负责检查、考核管辖范围内的内部审计人员后续教育情况；内部审计机构负责检查，并如实填报本单位（部门）的内部审计人员后续教育情况。

第十八条 检查与考核的标准，按内部审计人员接受学习的时间计算，每两年为一个周期，时间不得少于80学时，其中每年接受后续教育的时间不得少于30小时。后续教育的学时计算标准是：

（一）属本准则第十条第（二）项、第（三）项、第（四）项的，第十一条第（一）项的，按设定的学时计算已完成后续教育学时；

（二）属本准则第十条第（五）项的，由市、县级内部审计（师）协会与中国内部审计协会或省级内部审计（师）协会协商后，确定已完成后续教育学时；

（三）属本准则第十条第（一）项的，其设定的学时报中国内部审计协会认定；

（四）属本准则第十一条第（二）项的，由内部审计机构提出申请，经中国内部审计协会或省级内部审计（师）协会评估后，确认已完成后续教育学时；

（五）属本准则第十一条第（三）项、第（四）项的，按每千字2学时计算已完成后续教育学时，全年累计不得超过40学时；

（六）荣获省级以上学术成果奖励的，当年按20学时计算已完成后续教育学时，全年累计不得超过40学时；

（七）取得相关中级以上专业技术职称和国家级执业资格的，当年按2 0学时计算已完成后续教育学时，全年累计不得超过40学时。

第十九条　有下列情形之一的，内部审计人员后续教育时间可以顺延，在下一年度一并完成规定的后续教育时间：

（一）年度内在境外工作超过六个月的；

（二）年度内病假超过六个月的；

（三）休产假的；

（四）其他情况。

有上述情形的内部审计人员须由个人提出申请，所在单位（部门）人事部门证明，报经中国内部审计协会或省级内部审计（师）协会审核后确认。

第二十条　内部审计人员接受检查、考核时，应当提交记录其后续教育情况的《内部审计人员岗位资格证书》、《国际注册内部审计师资格证书》；其他从事内部审计活动的人员应当提交记录其后续教育情况的《内部审计人员后续教育证书》。

后续教育情况由中国内部审计协会或省级内部审计（师）协会负责记录，包括：培训内容、培训时间、培训地点，以及教师的姓名、职称（职务）和累计培训学时等。

第二十一条 除本准则第十九条列示的情形外，内部审计人员未能提供其后续教育有效记录或无故未达到后续教育要求的，考核时不予通过；考核未予通过的内部审计人员，其所在单位（部门）内部审计机构应当督促其接受后续教育。

（一）年度内未接受后续教育或未按有关规定完成后续教育学时的内部审计人员，由省级内部审计（师）协会予以警告；

（二）连续二年未接受后续教育或连续二年未按有关规定完成后续教育学时的内部审计人员，省级内部审计（师）协会不予办理内部审计人员岗位资格证书、国际注册内部审计师（CIA）资格证书年检；

（三）连续三年未接受后续教育或连续三年未按有关规定完成后续教育学时的内部审计人员，由省级内部审计（师）协会作出或建议作出吊消其内部审计人员岗位资格证书、国际注册内部审计师（CIA）资格证书。

第二十二条 被授权的市、县级内部审计（师）协会，丧失组织后续教育条件的，由相应授权协会收回其组织实施后续教育的权力。

第二十三条 内部审计机构无故未按规定提供后续教育机会和条件、未按规定如实填报本单位（部门）内部审计人员后续教育情况的，内部审计（师）协会不予受理其申请内部审计先进集体评比，严重的可以取消其会员资格。

第六章 附 则

第二十四条 本准则由中国内部审计协会发布并负责解释。

第二十五条 本准则自 2009 年 1 月 1 日起施行。

第三节　教育审计指南

内部审计实务指南第 1 号——建设项目内部审计

第一章　总　则

第一条　为了规范建设项目内部审计的内容、程序与方法，根据《内部审计基本准则》及内部审计具体准则制定本指南。

第二条　本指南所称建设项目内部审计，是指组织内部审计机构和人员对建设项目实施全过程的真实、合法、效益性所进行的独立监督和评价活动。

第三条　本指南适用于各类组织的内部审计机构、内部审计人员及其从事的内部审计活动。

第四条　建设项目内部审计的目的是为了促进建设项目实现“质量、速度、效益”三项目标。

（一）质量目标是指工程实体质量和工作质量达到要求；

（二）速度目标是指工程进度和工作效率达到要求；

（三）效益目标是指工程成本及项目效益达到要求。

第五条　建设项目内部审计是财务审计与管理审计的融合，应将风险管理、内部控制、效益的审查和评价贯穿于建设项目各个环节，并与项目法人制、招标投标制、合同制、监理制执行情况的检查相结合。

建设项目内部审计的内容包括对建设项目投资立项、设计（勘察）管理、招投标、合同管理、设备和材料采购、工程管理、工程造价、竣工验收、财务管理、后评价等过程的审查和评价。

第六条　在开展建设项目内部审计时，应考虑成本效益原则，结合本组织内部审计资源和实际情况，既可以进行项目全过程的审计，也可以进行项目部分环节的专项审计。

第七条　建设项目内部审计在工作中应遵循以下原则及方法：

（一）技术经济审查、项目过程管理审查与财务审计相结合；

（二）事前审计、事中审计和事后审计相结合；

（三）注意与项目各专业管理部门密切协调、合作参与。

（四）根据不同的审计对象、审计所需的证据和项目审计各环节的审计目标选择不同的方法，以保证审计工作质量和审计资源的有效配置。

第二章　投资立项审计

第八条　投资立项审计是指对已立项建设项目的决策程序和可行性研究报告的真实性、完整性和科学性进行的审查与评价。

第九条　在投资立项审计中，应主要依据行业主管部门发布的《投资项目可行性研究指南》及组织决策过程的有关资料。

第十条　投资立项审计主要包括以下内容：

（一）可行性研究前期工作审计。即检查项目是否具备经批准的项目建议书，项目调查报告是否经过充分论证；

（二）可行性研究报告真实性审计。即检查市场调查及市场预测中数据获取方式的适当性及合理性；检查财务估算中成本项目是否完整，对历史价格、实际价格、内部价格及成本水平的真实性进行测试。

（三）可行性研究报告内容完整性审计。该项审计包括以下主要内容：

1. 检查可行性研究报告是否具备行业主管部门发布的《投资项目可行性研究指南》规定的内容；

2. 检查可行性研究报告的内容主要包括：报告中是否说明建设项目的目的；是否说明建设项目在工艺技术可行性、经济合理性及决定项目规模、原材料供应、市场销售条件、技术装备水平、成本收益等方面的经济目标；是否说明建设地点及当地的自然条件和社会条件、环保约束条件，并进行选址比较；是否说明投资项目何时开始投资、何时建成投产、何时收回投资；是否说明项目建设的资金筹措方式等。

（四）可行性研究报告科学性审计。该项审计包括以下主要内容：

检查参与可行性研究机构资质及论证的专家的专业结构和资格；

检查投资方案、投资规模、生产规模、布局选址、技术、设备、环保等方面的资料来源；检查原材料、燃料、动力供应和交通及公用配套设施是否满足项目要求；检查是否在多方案比较选择的基础上进行决策；检查拟建项目与类似已建成项目的有关技术经济指标和投资预算的对比情况；检查工程设计是否符合国家环境保护的法律法规的有关政策，需要配套的环境治理项目是否编制并与建设项目同步进行等。

（五）可行性研究报告投资估算和资金筹措审计。即检查投资估算和资金筹措的安排是否合理；检查投资估算是否准确，并按现值法或终值法对估算进行测试。

（六）可行性研究报告财务评价审计。即检查项目投资、投产后的成本和利润、借款的偿还能力、投资回收期等的计算方法是否科学适当；检查计算结果是否正确、所用指标是否合理。

（七）决策程序的审计。该项审计包括以下主要内容：

检查决策程序的民主化、科学化，评价决策方案是否经过分析、选择、实施、控制等过程；检查决策是否符合国家宏观政策及组织的发展战略、是否以提高组织核心竞争能力为宗旨；检查对推荐方案是否进行了总体描述和优缺点描述；检查有无主要争论与分歧意见的说明；重点检查内容有无违反决策程序及决策失误的情况等。

第十一条　投资立项审计的主要方法包括审阅法、对比分析法等。

对比分析法是通过相关资料和技术经济指标的对比（拟建项目与国内同类项目对比）来确定差异，发现问题的方法。

第三章　设计（勘察）管理审计

第十二条　设计（勘察）管理审计是指对项目建设过程中勘察、设计环节各项管理工作质量及绩效进行的审查和评价。

设计（勘察）管理审计的目标主要是：审查和评价设计（勘察）环节的内部控制及风险管理的适当性、合法性和有效性；勘察、设计资料依据的充分性和可靠性；委托设计（勘察）、初步设计、施工图设计等各项管理活动的真实性、合法性和效益性。

第十三条 设计（勘察）管理审计应依据以下主要资料：

（一）委托设计（勘察）管理制度；

（二）经批准的可行性研究报告及估算；

（三）设计所需的气象资料、水文资料、地质资料、技术方案、建设条件批准文件、设计界面划分文件、能源介质管网资料、环保资料概预算编制原则、计价依据等基础资料；

（四）勘察和设计招标资料；

（五）勘察和设计合同；

（六）初步设计审查及批准制度；

（七）初步设计审查会议纪要等相关文件；

（八）组织管理部门与勘察、设计商往来函件；

（九）经批准的初步设计文件及概算；

（十）修正概算审批制度；

（十一）施工图设计管理制度；

（十二）施工图交底和会审会议纪要；

（十三）经会审的施工图设计文件及施工图预算；

（十四）设计变更管理制度及变更文件；

（十五）设计资料管理制度等。

第十四条 设计（勘察）管理审计主要包括以下内容：

（一）委托设计（勘察）管理的审计

1. 检查是否建立、健全委托设计（勘察）的内部控制，看其执行是否有效；

2. 检查委托设计（勘察）的范围是否符合已报经批准的可行性研究报告；

3. 检查是否采用招投标方式来选择设计（勘察）商及其有关单位的资质是否合法合规；招投标程序是否合法、公开，其结果是否真实、公正，有无因选择设计（勘察）商失误而导致的委托风险；

4. 检查组织管理部门是否及时组织技术交流，其所提供的基础资料是否准确、及时；

5. 检查设计（勘察）合同的内容是否合法、合规，其中是否明确规定双方权利和义务以及针对设计商的激励条款；

6. 检查设计（勘察）合同的履行情况，索赔和反索赔是否符合合同的有关规定。

（二）初步设计管理的审计

1. 检查是否建立、健全初步设计审查和批准的内部控制，看其执行是否有效；

2. 检查是否及时对国内外初步设计进行协调；

3. 检查初步设计完成的时间及其对建设进度的影响；

4. 检查是否及时对初步设计进行审查，并进行多种方案的比较和选择；

5. 检查报经批准的初步设计方案和概算是否符合经批准的可行性研究报告及估算；

6. 检查初步设计方案及概算的修改情况；

7. 检查初步设计深度是否符合规定，有无因设计深度不足而造成投资失控的风险；

8. 检查概算及修正概算的编制依据是否有效、内容是否完整、数据是否准确；

9. 检查修正概算审批制度的执行是否有效；

10. 检查是否采取限额设计、方案优化等控制工程造价的措施，限额设计是否与类似工程进行比较和优化论证，是否采用价值工程等分析方法；

11. 检查初步设计文件是否规范、完整。

（三）施工图设计管理的审计

1. 检查是否建立、健全施工图设计的内部控制，看其执行是否有效；

2. 检查施工图设计完成的时间及其对建设进度的影响，有无因设计图纸拖延交付而导致的进度风险；

3. 检查施工图设计深度是否符合规定，有无因设计深度不足而造成投资失控的风险；

4. 检查施工图交底、施工图会审的情况以及施工图会审后的修改情况；

5. 检查施工图设计的内容及施工图预算是否符合经批准的初步设计方案、概算及标准；

6. 检查施工图预算的编制依据是否有效、内容是否完整、数据是否准确；

7. 检查施工图设计文件是否规范、完整；

8. 检查设计商提供的现场服务是否全面、及时，是否存在影响工程进度和质量的风险。

（四）设计变更管理的审计

1. 检查是否建立、健全设计变更的内部控制，有无针对因过失而造成设计变更的责任追究制度以及该制度的执行是否有效；

2. 检查是否采取提高工作效率、加强设计接口部位的管理与协调措施；

3. 检查是否及时签发与审批设计变更通知单，是否存在影响建设进度的风险；

4. 检查设计变更的内容是否符合经批准的初步设计方案；

5. 检查设计变更对工程造价和建设进度的影响，是否存在工程量只增不减从而提高工程造价的风险；

6. 检查设计变更的文件是否规范、完整；

（五）设计资料管理的审计

1. 检查是否建立、健全设计资料的内部控制，看其执行是否有效；

2. 检查施工图、竣工图和其他设计资料的归档是否规范、完整；

第十五条　设计管理审计主要采用分析性复核法、复算法、文字描述法、现场核查法等方法。

第四章　招投标审计

第十六条　招投标审计是指对建设项目的勘察设计、施工等各方面的招标和工程承发包的质量及绩效进行的审查和评价。

招投标审计的目标主要包括：审查和评价招投标环节的内部控制及风险管理的适当性、合法性和有效性；招投标资料依据的充分性和可靠性；招投标程序及其结果的真实性、合法性和公正性，以及工程发包的合法性和有效性等。

第十七条　招投标审计应依据以下主要资料：

（一）招标管理制度；

（二）招标文件；

（三）招标答疑文件；

（四）标底文件；

（五）投标保函；

（六）投标人资质证明文件；

（七）投标文件；

（八）投标澄清文件；

（九）开标记录；

（十）开标鉴证文件；

（十一）评标记录；

（十二）定标记录；

（十三）中标通知书；

（十四）专项合同等。

第十八条　招投标审计主要包括以下内容：

（一）招投标前准备工作的审计

1. 检查是否建立、健全招投标的内部控制，看其执行是否有效；

2. 检查招标项目是否具备相关法规和制度中规定的必要条件；

3. 检查是否存在人为肢解工程项目、规避招投标等违规操作风险；

4. 检查招投标的程序和方式是否符合有关法规和制度的规定，采用邀请招投标方式时，是否有三个以上投标人参加投标；

5. 检查标段的划分是否适当，是否符合专业要求和施工界面衔接需要，是否存在标段划分过细，增加工程成本和管理成本的问题；

6. 检查是否公开发布招标公告、招标公告中的信息是否全面、准确；

7. 检查是否存在因有意违反招投标程序的时间规定而导致的串

标风险。

（二）招投标文件及标底文件的审计

1. 检查招标文件的内容是否合法、合规，是否全面、准确地表述招标项目的实际状况；

2. 检查招标文件是否全面、准确的表述招标人的实质性要求；

3. 检查采取工程量清单报价方式招标时，其标底是否按《建设工程工程量清单计价规范》的规定填制；

4. 检查施工现场的实际状况是否符合招标文件的规定；

5. 检查投标保函的额度和送达时间是否符合招标文件的规定；

6. 检查投标文件的送达时间是否符合招标文件的规定、法人代表签章是否齐全，有无存在将废标作为有效标的问题。

（三）开标、评标、定标的审计

1. 检查是否建立、健全违规行为处罚制度，是否按制度对违规行为进行处罚；

2. 检查开标的程序是否符合相关法规的规定；

3. 检查评标标准是否公正，是否存在对某一投标人有利而对其他投标人不利的条款；

4. 检查是否对投标策略进行评估，是否考虑投标人在类似项目及其他项目上的投标报价水平；

5. 检查各投标人的投标文件，对低于标底的报价的合理性进行评价；

6. 检查中标人承诺采用的新材料、新技术、新工艺是否先进，是否有利于保证质量、加快速度和降低投资水平；

7. 检查对于投标价低于标底的标书是否进行答辩和澄清，以及答辩和澄清的内容是否真实、合理；

8. 检查定标的程序及结果是否符合规定；

9. 检查中标价是否异常接近标底，是否有可能发生泄漏标底的情况；

10. 检查与中标人签订的合同是否有悖于招标文件的实质性内容。

第十九条 招投标审计主要采用观察法、询问法、分析性复核法、文字描述法、现场核查法等方法。

第五章 合同管理审计

第二十条 合同管理审计是指对项目建设过程中各专项合同内容及各项管理工作质量及绩效进行的审查和评价。

合同管理审计的目标主要包括：审查和评价合同管理环节的内部控制及风险管理的适当性、合法性和有效性；合同管理资料依据的充分性和可靠性；合同的签订、履行、变更、终止的真实性、合法性以及合同对整个项目投资的效益性。

第二十一条 合同管理审计应依据以下主要资料：

（一）合同当事人的法人资质资料；

（二）合同管理的内部控制；

（三）专项合同书；

（四）专项合同的各项支撑材料等。

第二十二条 合同管理审计主要包括以下内容：

（一）合同管理制度的审计

1. 检查组织是否设置专门的合同管理机构以及专职或兼职合同管理人员是否具备合同管理资格；

2. 检查组织是否建立了适当的合同管理制度；

3. 检查合同管理机构是否建立健全防范重大设计变更、不可抗力、政策变动等的风险管理体系。

（二）专项合同通用内容的审计

1. 检查合同当事人的法人资质、合同内容是否符合相关法律和法规的要求；

2. 检查合同双方是否具有资金、技术及管理等方面履行合同的能力；

3. 检查合同的内容是否与招标文件的要求相符合；

4. 检查合同条款是否全面、合理，有无遗漏关键性内容，有无不合理的限制性条件，法律手续是否完备；

5. 检查合同是否明确规定甲乙双方的权利和义务；

6. 检查合同是否存在损害国家、集体或第三者利益等导致合同无效的风险；

7. 检查合同是否有过错方承担缔约过失责任的规定；

8. 检查合同是否有按优先解释顺序执行合同的规定。

（三）各类专项合同的审计

1. 勘察设计合同的审计

勘察设计合同审计应检查合同是否明确规定建设项目的名称、规模、投资额、建设地点，具体包括以下内容：

（1）检查合同是否明确规定勘察设计的基础资料、设计文件及其提供期限；

（2）检查合同是否明确规定勘察设计的工作范围、进度、质量和勘察设计文件份数；

（3）检查勘察设计费的计费依据、收费标准及支付方式是否符合有关规定；

（4）检查合同是否明确规定双方的权利和义务；

（5）检查合同是否明确规定协作条款和违约责任条款。

2. 施工合同的审计

（1）检查合同是否明确规定工程范围，工程范围是否包括工程地址、建筑物数量、结构、建筑面积、工程批准文号等；

（2）检查合同是否明确规定工期，以及总工期及各单项工程的工期能否保证项目工期目标的实现；

（3）检查合同的工程质量标准是否符合有关规定；

（4）检查合同工程造价计算原则、计费标准及其确定办法是否合理；

（5）检查合同是否明确规定设备和材料供应的责任及其质量标准、检验方法；

（6）检查所规定的付款和结算方式是否合适；

（7）检查隐蔽工程的工程量的确认程序及有关内部控制是否健全，有无防范价格风险的措施；

（8）检查中间验收的内部控制是否健全，交工验收是否以有关规定、施工图纸、施工说明和施工技术文件为依据；

（9）检查质量保证期是否符合有关建设工程质量管理的规定，是否有履约保函；

（10）检查合同所规定的双方权利和义务是否对等，有无明确的协作条款和违约责任；

（11）检查采用工程量清单计价的合同，是否符合《建设工程工程量清单计价规范》的有关规定。

3. 委托监理合同的审计

（1）检查监理公司的监理资质与建设项目的建设规模是否相符；

（2）检查合同是否明确所监理的建设项目的名称、规模、投资额、建设地点；

（3）检查监理的业务范围和责任是否明确；

（4）检查所提供的工程资料及时间要求是否明确；

（5）检查监理报酬的计算方法和支付方式是否符合有关规定；

（6）检查合同有无规定对违约责任的追究条款。

4. 合同变更的审计

（1）检查合同变更的原因，以及是否存在合同变更的相关内部控制；

（2）检查合同变更程序执行的有效性及索赔处理的真实性、合理性；

（3）检查合同变更的原因以及变更对成本、工期及其他合同条款的影响的处理是否合理；

（4）检查合同变更后的文件处理工作，有无影响合同继续生效的漏洞。

5. 合同履行的审计

（1）检查是否全面、真实地履行合同；

（2）检查合同履行中的差异及产生差异的原因；

（3）检查有无违约行为及其处理结果是否符合有关规定；

6. 终止合同的审计

（1）检查终止合同的报收和验收情况；

（2）检查最终合同费用及其支付情况；

（3）检查索赔与反索赔的合规性和合理性；

（4）严格检查合同资料的归档和保管，包括在合同签订、履行分析、跟踪监督以及合同变更、索赔等一系列资料的收集和保管是否完整。

第二十三条 合同管理审计主要采用审阅法、核对法、重点追踪审计法等方法。

第六章 设备和材料采购审计

第二十四条 设备和材料采购审计是指对项目建设过程中设备和材料采购环节各项管理工作质量及绩效进行的审查和评价。

设备和材料采购审计的目标主要包括：审查和评价采购环节的内部控制及风险管理的适当性、合法性和有效性；采购资料依据的充分性与可靠性；采购环节各项经营管理活动的真实性、合法性和有效性等。

第二十五条 设备和材料采购审计应依据以下主要资料：

（一）采购计划；

（二）采购计划批准书；

（三）采购招投标文件；

（四）中标通知书；

（五）专项合同书；

（六）采购、收发和保管等的内部控制制度；

（七）相关会计凭证和会计账簿等。

第二十六条 设备和材料采购审计主要包括以下内容：

（一）设备和材料采购环节的审计

1. 设备和材料采购计划的审计

（1）检查建设单位采购计划所订购的各种设备、材料是否符合已报经批准的设计文件和基本建设计划；

（2）检查所拟定的采购地点是否合理；

（3）检查采购程序是否规范；

（4）检查采购的批准权与采购权等不相容职务分离及相关内部控制是否健全、有效。

2. 设备和材料采购合同的审计

（1）检查采购是否按照公平竞争、择优择廉的原则来确定供应方；

（2）检查设备和材料的规格、品种、质量、数量、单价、包装方式、结算方式、运输方式、交货地点、期限、总价和违约责任等条款规定是否齐全；

（3）检查对新型设备、新材料的采购是否进行实地考察、资质审查、价格合理性分析及专利权真实性审查；

（4）检查采购合同与财务结算、计划、设计、施工、工程造价等各个环节衔接部位的管理情况，是否存在因脱节而造成的资产流失问题。

3. 设备和材料验收、入库、保管及维护制度的审计

（1）检查购进设备和材料是否按合同签订的质量进行验收，是否有健全的验收、入库和保管制度，检查验收记录的真实性、完整性和有效性；

（2）检查验收合格的设备和材料是否全部入库，有无少收、漏收、错收以及涂改凭证等问题；

（3）检查设备和材料的存放、保管工作是否规范，安全保卫工作是否得力，保管措施是否有效；

4. 各项采购费用及会计核算的审计

（1）检查货款的支付是否按照合同的有关条款执行；

（2）检查代理采购中代理费用的计算和提取方法是否合理；

（3）检查有无任意提高采购费用和开支标准的问题；

（4）检查会计核算资料是否真实可靠；

（5）检查会计科目设置是否合规及其是否满足管理需要；

（6）检查采购成本计算是否准确、合理。

（二）设备和材料领用的审计

1. 检查设备和材料领用的内部控制是否健全，领用手续是否完

备；

2. 检查设备和材料的质量、数量、规格型号是否正确，有无擅自挪用、以次充好等问题。

（三）其他相关业务的审计

1. 设备和材料出售的审计。即检查建设项目剩余或不适用的设备和材料以及废料的销售情况。

2. 盘盈盘亏的审计。即检查盘点制度及其执行情况、盈亏状况以及对盘点结果的处理措施。

第二十七条 设备、材料采购审计主要采用审阅法、网上比价审计法、跟踪审计法、分析性复核法、现场观察法、实地清查法等方法。

第七章 工程管理审计

第二十八条 工程管理审计是指对建设项目实施过程中的工作进度、施工质量、工程监理和投资控制所进行的审查和评价。

工程管理审计的目标主要包括：审查和评价建设项目工程管理环节内部控制及风险管理的适当性、合法性和有效性；工程管理资料依据的充分性和可靠性；建设项目工程进度、质量和投资控制的真实性、合法性和有效性等。

第二十九条 工程管理审计应依据以下主要资料：

（一）施工图纸；

（二）与工程相关的专项合同；

（三）网络图；

（四）业主指令；

（五）设计变更通知单；

（六）相关会议纪要等。

第三十条 工程管理审计主要包括以下内容：

（一）工程进度控制的审计

1. 检查施工许可证、建设及临时占用许可证的办理是否及时，是否影响工程按时开工；

2. 检查现场的原建筑物拆除、场地平整、文物保护、相邻建筑物保护、降水措施及道路疏通是否影响工程的正常开工；

3. 检查是否有对设计变更、材料和设备等因素影响施工进度采取控制措施；

4. 检查进度计划（网络计划）的制定、批准和执行情况，网络动态管理的批准是否及时、适当，网络计划是否能保证工程总进度；

5. 检查是否建立了进度拖延的原因分析和处理程序，对进度拖延的责任划分是否明确、合理（是否符合合同约定），处理措施是否适当；

6. 检查有无因不当管理造成的返工、窝工情况；

7. 检查对索赔的确认是否依据网络图排除了对非关键线路延迟时间的索赔。

（二）工程质量控制的审计

1. 检查有无工程质量保证体系；

2. 检查是否组织设计交底和图纸会审工作，对会审所提出的问题是否严格进行落实；

3. 检查是否按规范组织了隐蔽工程的验收，对不合格项的处理是否适当；

4. 检查是否对进入现场的成品、半成品进行验收，对不合格品的控制是否有效，对不合格工程和工程质量事故的原因是否进行分析，其责任划分是否明确、适当，是否进行返工或加固修补。

5. 检查工程资料是否与工程同步，资料的管理是否规范；

6. 检查评定的优良品、合格品是否符合施工验收规范，有无不实情况；

7. 检查中标人的往来帐目或通过核实现场施工人员的身份，分析、判断中标人是否存在转包、分包及再分包的行为；

8. 检查工程监理执行情况是否受项目法人委托对施工承包合同的执行、工程质量、进度费用等方面进行监督与管理，是否按照有关法律、法规、规章、技术规范设计文件的要求进行工程监理。

（三）工程投资控制的审计

1. 检查是否建立健全设计变更管理程序、工程计量程序、资金计划及支付程序、索赔管理程序和合同管理程序，看其执行是否有效；

2. 检查支付预付备料款、进度款是否符合施工合同的规定，金额是否准确，手续是否齐全；

3. 检查设计变更对投资的影响；

4. 检查是否建立现场签证和隐蔽工程管理制度，看其执行是否有效。

第三十一条 合同管理审计主要采用关键线路跟踪审计法、技术经济分析法、质量鉴定法、现场核定法等方法。

第八章 工程造价审计

第三十二条 工程造价审计是指对建设项目全部成本的真实性、合法性进行的审查和评价。

工程造价审计的目标主要包括：检查工程价格结算与实际完成的投资额的真实性、合法性；检查是否存在虚列工程、套取资金、弄虚作假、高估冒算的行为等。

第三十三条 工程造价审计应依据以下主要资料：

（一）经工程造价管理部门（或咨询部门）审核过的概算（含修正概算）和预算；

（二）有关设计图纸和设备清单；

（三）工程招投标文件；

（四）合同文本；

（五）工程价款支付文件；

（六）工作变更文件；

（七）工程索赔文件等。

第三十四条 工程造价审计主要包括以下内容：

（一）设计概算的审计

1. 检查工程造价管理部门向设计单位提供的计价依据的合规性；

2. 检查建设项目管理部门组织的初步设计及概算审查情况，包括概算文件、概算的项目与初步设计方案的一致性、项目总概算与单项工程综合概算的费用构成的正确性；

3. 检查概算编制依据的合法性等；

4. 检查概算具体内容。包括设计单位向工程造价管理部门提供的总概算表、综合概算表、单位工程概算表和有关初步设计图纸的完整性；组织概算会审的情况，重点检查总概算中各项综合指标和单项指标与同类工程技术经济指标对比是否合理。

（二）施工图预算的审计

施工图预算审计主要检查施工图预算的量、价、费计算是否正确，计算依据是否合理。施工图预算审计包括直接费用审计、间接费用审计、计划利润和税金审计等内容。

1. 直接费用审计包括工程量计算、单价套用的正确性等方面的审查和评价。

（1）工程量计算审计。采用工程量清单报价的，要检查其符合性。在设计变更，发生新增工程量时，应检查工程造价管理部门与工程管理部门的确认情况。

（2）单价套用审计。检查是否套用规定的预算定额、有无高套和重套现象；检查定额换算的合法性和准确性；检查新技术、新材料、新工艺出现后的材料和设备价格的调整情况，检查市场价的采用情况。

2. 其他直接费用审计包括检查预算定额、取费基数、费率计取是否正确。

3. 间接费用审计包括检查各项取费基数、取费标准的计取套用的正确性。

4. 计划利润和税金计取的合理性的审计。

（三）合同价的审计。即检查合同价的合法性与合理性，包括固定总价合同的审计、可调合同价的审计、成本加酬金合同的审计。检查合同价的开口范围是否合适，若实际发生开口部分，应检查其真实性和计取的正确性。

（四）工程量清单计价的审计

1. 检查实行清单计价工程的合规性；

2. 检查招标过程中，对招标人或其委托的中介机构编制的工程实体消耗和措施消耗的工程量清单的准确性、完整性；

3. 检查工程量清单计价是否符合国家清单计价规范要求的“四统

一”，即统一项目编码、统一项目名称、统一计量单位和统一工程量计算规则；

4. 检查由投标人编制的工程量清单报价目文件是否响应招标文件；

5. 检查标底的编制是否符合国家清单计价规范。

（五）工程结算的审计

1. 检查与合同价不同的部分，其工程量、单价、取费标准是否与现场、施工图和合同相符；

2. 检查工程量清单项目中的清单费用与清单外费用是否合理；

3. 检查前期、中期、后期结算的方式是否能合理地控制工程造价。

第三十五条 工程造价审计主要采用重点审计法、现场检查法、对比审计法等方法。

重点审计法即选择建设项目中工程量大、单价高，对造价有较大影响的单位工程、分部工程进行重点审查的方法。该方法主要用于审查材料用量、单价是否正确、工资单价、机械台班是否合理。

现场检查法是指对施工现场直接考察的方法，以观察现场工作人员及管理活动，检查工程量、工程进度，所用材料质量是否与设计相符。

第九章 竣工验收审计

第三十六条 竣工验收审计是指对已完工建设项目的验收情况、试运行情况及合同履行情况进行的检查和评价活动。

第三十七条 竣工验收审计应依据以下主要资料：

（一）经批准的可行性研究报告；

（二）竣工图；

（三）施工图设计及变更洽谈记录；

（四）国家颁发的各种标准和现行的施工验收规范；

（五）有关管理部门审批、修改、调整的文件；

（六）施工合同；

（七）技术资料和技术设备说明书；

（八）竣工决算财务资料；

（九）现场签证；

（十）隐蔽工程记录；

（十一）设计变更通知单；

（十二）会议纪要；

（十三）工程档案结算资料清单等。

第三十八条 竣工验收审计主要包括以下内容：

（一）验收审计

1. 检查竣工验收小组的人员组成、专业结构和分工；

2. 检查建设项目验收过程是否符合现行规范，包括环境验收规范、防火验收规范等；

3. 对于委托工程监理的建设项目，应检查监理机构对工程质量进行监理的有关资料；

4. 检查承包商是否按照规定提供齐全有效的施工技术资料；

5. 检查对隐蔽工程和特殊环节的验收是否按规定作了严格的检验；

6. 检查建设项目验收的手续和资料是否齐全有效；

7. 检查保修费用是否按合同和有关规定合理确定和控制；

8. 检查验收过程有无弄虚作假行为。

（二）试运行情况的审计

1. 检查建设项目完工后所进行的试运行情况，对运行中暴露出的问题是否采取了补救措施；

2. 检查试生产产品收入是否冲减了建设成本。

（三）合同履行结果的审计。即检查业主、承包商因对方未履行合同条款或建设期间发生意外而产生的索赔与反索赔问题，核查其是否合法、合理，是否存在串通作弊现象，赔偿的法律依据是否充分。

第三十九条 竣工验收审计主要采用现场检查法、设计图与竣工图循环审查法等方法。

设计图与竣工图循环审查法是指通过分析设计图与竣工图之间的差异来分析评价相关变更、签证等的真实性与合理性的方法。

第十章 财务管理审计

第四十条 财务管理审计是指对建设项目资金筹措、资金使用及其账务处理的真实性、合规性进行的监督和评价。

第四十一条 财务管理审计应依据以下主要资料：

（一）筹资论证材料及审批文件；

（二）财务预算；

（三）相关会计凭证、账簿、报表；

（四）设计概算；

（五）竣工决算资料；

（六）资产交付资料等。

第四十二条 财务管理审计主要包括以下内容：

（一）建设资金筹措的审计

1. 检查筹资备选方案论证的充分性，决策方案选择的可靠性、合理性及审批程序的合法性、合规性；

2. 检查筹资方式的合法性、合理性、效益性；

3. 检查筹资数额的合理性，分析所筹资金的偿还能力；

4. 评价筹资环节的内部控制。

（二）资金支付及账务处理的审计

1. 检查、评价建设项目会计核算制度的健全性、有效性及其执行情况；

2. 检查建设项目税收优惠政策是否充分运用；

3. 检查“工程物资”科目，主要包括以下内容：

（1）检查“专用材料”、“专用设备”明细科目中的材料和设备是否与设计文件相符，有无盲目采购的情况；

（2）检查“预付大型设备款”明细科目所预付的款项是否按照合同支付，有无违规多付的情况；

（3）检查据以付款的原始凭证是否按规定进行了审批，是否合法、齐全；

（4）检查支付物资结算款时是否按合同规定扣除了质量保证期间

的保证金；

（5）检查工程完工后剩余工程物资的盘盈、盘亏、报废、毁损等是否做出了正确的账务处理。

4. 检查“在建工程”科目，主要包括以下内容：

（1）检查“在建工程一建筑安装工程”科目累计发生额的真实性。包括是否存在设计概算外其他工程项目的支出；是否将生产领用的备件、材料列入建设成本；据以付款的原始凭证是否按规定进行了审批，是否合法、齐全；是否按合同规定支付预付工程款、备料款、进度款；支付工程结算款时，是否按合同规定扣除了预付工程款、备料款和质量保证期间的保证金。

（2）检查“在建工程—在安装设备”科目累计发生额的真实性。主要包括以下内容：是否将设计概算外的其他工程或生产领用的仪器、仪表等列入本科目；是否在本科目中列入了不需要安装的设备、为生产准备的工具器具、购入的无形资产及其他不属于本科目工程支出的费用。

（3）检查“在建工程—其他支出”科目累计发生额的真实性、合法性、合理性。主要包括以下内容：工程管理费、征地费、可行性研究费、临时设施费、公证费、监理费等各项费用支出是否存在扩大开支范围、提高开支标准以及将建设资金用于集资或提供赞助而列入其他支出的问题；是否存在以试生产为由，有意拖延不办固定资产交付手续，从而增大负荷联合试车费用的问题；是否存在截留负荷联合试车期间发生的收入，不将其冲减试车费用的问题；试生产产品出售价格是否合理；是否存在将应由生产承担的递延费用列入本科目的问题；投资借款利息资本化计算的正确性，有无将应由生产承担的财务费用列入本科目的问题；本科目累计发生额摊销标准与摊销比例是否适当、正确；是否设置了“在建工程其他支出备查簿”，登记按照建设项目概算内容购置的不需要安装设备、现成房屋、无形资产以及发生的递延费用等，登记内容是否完整、准确，有无弄虚作假、随意扩大开支范围及舞弊迹象。

（三）竣工决算的审计

1. 检查所编制的竣工决算是否符合建设项目实施程序，有无将未经审批立项、可行性研究、初步设计等环节而自行建设的项目编制竣工工程决算的问题；

2. 检查竣工决算编制方法的可靠性。有无造成交付使用的固定资产价值不实的问题；

3. 检查有无将不具备竣工决算编制条件的建设项目提前或强行编制竣工决算的情况；

4. 检查“竣工工程概况表”中的各项投资支出，并分别与设计概算数相比较，分析节约或超支情况；

5. 检查“交付使用资产明细表”，将各项资产的实际支出与设计概算数进行比较，以确定各项资产的节约或超支数额；

6. 分析投资支出偏离设计概算的主要原因；

7. 检查建设项目结余资金及剩余设备材料等物资的真实性和处置情况，包括：检查建设项目“工程物资盘存表”，核实库存设备、专用材料帐实是否相符；检查建设项目现金结余的真实性；检查应收、应付款项的真实性，关注是否按合同规定预留了承包商在工程质量保证期间的保证金。

第四十三条 财务管理审计主要采用调查法、分析性复核法、抽查法等方法。

第十一章 后评价审计

第四十四条 后评价审计是指对建设项目交付使用经过试运行后有关经济指标和技术指标是否达到预期目标的审查和评价。

后评价审计的目标是：对后评价工作的全面性、可靠性和有效性进行审查。

第四十五条 后评价审计应依据以下主要资料：

（一）后评价人员的简历、学历、专业、职务、技术职称等基本情况表；

（二）建设项目概算、竣工资料；

（三）后评价所采用的经济技术指标；

（四）相关的统计、会计报表；

（五）后评价所采用的方法；

（六）后评价结论性资料。

第四十六条 后评价审计主要包括以下内容：

（一）检查后评价组成人员的专业结构、技术素质和业务水平的合理性；

（二）检查所评估的经济技术指标的全面性和适当性；

（三）检查产品主要指标完成情况的真实性、效益性；

（四）检查建设项目法人履行经济责任后评价的真实性；

（五）检查所使用后评价方法的适当性和先进性；

（六）检查后评价结果的全面性、可靠性和有效性。

第四十七条 后评价审计主要采用文字描述法、对比分析法、现场核查法等方法。

第十二章 附 则

第四十八条 本指南由中国内部审计协会发布并负责解释。

第四十九条 本指南自2005年1月1日起施行。

内部审计实务指南第2号——物资采购审计

第一章 总 则

第一条 为了规范物资采购审计的内容、程序与方法，根据《内部审计基本准则》及内部审计具体准则制定本指南。

第二条 本指南所称物资采购审计是指组织内部审计机构及人员依据有关法律、法规、政策及相关标准，按照一定的程序和方法，对物资采购各部门和环节的经营活动和内部控制等所进行的独立监督和评价活动。本指南所称“物资”是指组织在产品生产、基本建设和专项工程中所使用的主要原材料、辅助材料、燃料、动力、工具、配件和设备等。

第三条 本指南适用于各类组织的内部审计机构、内部审计人员及其从事的内部审计活动。

第四条 物资采购审计的目的是改善物资采购质量，降低采购费用，维护组织的合法权益，促进组织价值的增加及目标的实现。

第五条 物资采购审计是对物资采购全过程实施的监督和评价，是财务审计与管理审计的融合。物资采购审计的主要内容包括审计物资采购内部控制、采购计划、采购合同、采购招标、供货商选择、采购数量、采购价格、采购质量、物资保管、结算付款以及物资采购期后事项等。

第六条 根据组织的管理模式和要求、物资采购业务量的大小、内部审计机构资源等的不同，物资采购审计可以采取项目管理式审计和过程参与式审计两种模式。

（一）项目管理式审计是有重点、有目的地将某物资采购部门、环节或物资品种纳入年度审计计划，形成为特定审计项目，并实施相应审计程序的审计模式。大、中型规模的组织适合采用该模式。

（二）过程参与式审计是由专职内部审计人员参与监督物资采购的全过程或者部分重要过程，实现物资采购审计的日常化。小规模组织可以采用该模式。

第七条 内部审计人员有责任警示被审计单位关注物资采购的现有和潜在风险。

第八条 内部审计人员应具有物资采购管理的相关专业知识，熟悉相关法律、法规、政策和组织内部有关规定，掌握物资采购内部控制原理，了解组织物资采购现状和外部环境的变化。开展专业技术性较强的物资采购审计，内部审计机构可聘请外部专家参与。

第二章 物资采购前期审计

第九条 物资采购前期审计是从制定年度审计计划开始到具体实施物资采购审计程序之前对各项审计工作作出的安排。其基本过程包括：

（一）编制年度审计计划，确定审计对象。内部审计人员应综合考虑以下各种因素：

1．重要性。选择采购数量较大、采购次数频繁、采购价格较高、采购价格变化频繁、质量问题突出、长期积压或短缺、在 ABC 分类管理法下的 A 类和 B 类物资、群众反映普遍、领导关注、内部控制薄弱和出现错弊概率较高的部门、环节或物资类别等。

2．物资采购方案、内部控制的重大变化。内部审计应根据外部环境和内部条件的变化，适时审查新的物资采购方案和内部控制的适当性、合法性和有效性，将其列入审计计划。

3．改进空间。根据成本效益原则，内部审计人员应将工作改进空间较大、在增值性方面有潜力的物资采购部门、环节或物资类别确定为审计项目。

4．审计资源。

5．风险因素。风险因素可能来自组织内部或外部。组织规模、经济业务性质、账户余额大小、出现错弊概率、物价变动幅度、技术变化速度、管理人员素质和能力、业务量大小等都是潜在的风险因素。一般而言，风险大的项目应优先作出审计安排。

（二）获取与研究相关资料，制定项目审计计划和审计方案。相关资料包括：

1. 物资采购目标和计划；

2. 前期物资采购审计工作底稿；

3. 组织资料，例如组织结构图和工作说明、政策和程序手册以及重大的组织系统变化等；

4. 财务会计资料；

5. 相关制度规定，例如采购政策、采购程序制度、授权审批制度、供货商管理制度、财产接触制度、合同或协议签定制度、凭证管理制度和定价策略等；

6. 外部信息资料，例如同行业相关资料、物价水平和变化幅度、技术变化程度和供货商资料等；

7. 法律性文件。

内部审计人员应通过审阅资料、咨询技术专家、进行分析性复核、现场观察物资采购流程、询问等方法，研究相关背景资料，初步评价重要性和审计风险，进而制定适合本组织实际情况的物资采购项目审计计划及审计方案。经适当管理层批准后，向被审计单位发出物资采购审计通知书。

（三）审查、评价内部控制。物资采购内部控制包括控制环境、风险管理、控制活动、信息与沟通以及监督五个要素。

1. 采购控制环境。采购控制环境包括以下内容：董事会成员的知识和经验丰富程度、独立性地位、独立董事所占比例、审计委员会的设置情况；管理者对待物资采购内部控制的重视程度、采取的经营理念和管理模式；企业文化所塑造的员工基本信念、价值观念、思维和行为方式；组织结构的适当性、权责划分的明确性、奖惩的分明性、岗位设置的合理性、人员素质的适当性；组织人力资源政策的适当性等。

2. 采购风险管理。采购风险管理包括物资采购风险识别、风险评估和风险应对策略。风险识别包括检查外部因素（如竞争、技术和经济变化等）和内部因素（如员工素质、组织活动性质、信息系统处理特点等）；风险评估包括估计风险的严重程度、评价风险发生的可能性；风险应对策略包括根据风险评估结果作出的回避、接受、降低或分担等风险应对措施等。

3. 采购控制活动。物资采购控制活动包括以下内容：业务授权、职责分离、质量验收控制、物资采购招标控制、凭证和记录控制、资产接触和记录使用控制、独立检查、物价信息控制。

4. 采购信息与沟通。物资采购相关信息除了涉及财务信息外，还涉及非财务信息，如物价变动信息、市场需求信息、经济政策信息、技术信息、供应渠道变化信息、业务流程再造信息等。信息沟通方式包括政策手册、财务报告手册、备查簿、口头交流、例外情况报告和管理事例等。

5. 采购监督。采取的方式包括物资采购内部控制自我评估、内部审计报告、内部控制例外情况报告、操作人员反馈以及顾客投诉等。

物资采购内部控制审计可通过设置采购内部控制调查表等方式进行深入调查、了解和测试，并形成审计工作底稿。物资采购内部控制调查表格式如表 2-1 所示。

表 2-1 物资采购内部控制调查表

被审计单位名称	XX 部门	日 期		索引号	
审计项目名称	物资采购内部控制调查	编制人	XX		
会计期间或截止日	200x 年度	复核人	XX	页 次	

问题	是			否	不适用	备注
	强	弱	一般			
（一）物资采购控制环境问题调查						
1. 管理部门是否认为健全的内部控制能促成物资采购目标的实现？						
2. 组织结构的设置是否有利于物资采购各部门职责的明确划分和协调运行？						
3. 有无物资采购程序、手册和详细的岗位说明书？						
4. 物资采购涉及到的所有员工是否清楚自己所要履行的岗位职责和必须遵循的政策与程序？						
5. 物资采购政策及其变化是否及时向相关员工进行了传达？						
6. 管理部门是否定期向员工说明道德行为的重要性？						
7. 是否制定了书面的道德政策并使员工了解了这些政策？						
8. 有无制定不合理的采购目标与高业绩挂钩的奖励诱使员工舞弊？						
9. 员工的素质与其从事的物资采购业务是否相称？						
10. 有无对员工进行定期专业培训？						

续表

被审计单位名称	XX 部门	日　期			索引号	
审计项目名称	物资采购内部控制调查	编制人	XX			
会计期间或截止日	200x 年度	复核人	XX		页　次	
问题	是			否	不适用	备注
	强	弱	一般			
（二）物资采购风险管理问题调查						
1. 是否有适当层次的管理部门参与了对物资采购风险的评估？						
2. 有无识别物资采购风险的适当办法？						
3. 物资采购风险的识别是否全面？						
4. 是否对物资采购风险进行了评估？						
5. 是否有物资采购风险的防范和化解措施？						
6. 是否有识别人事、控制程序变化并作出相应反应的机制？						
7. 有无防止物资积压或短缺的有效办法？						
8. 物资安全库存量的确定是否合理？有无进一步降低的可能？						
（三）物资采购控制活动问题调查						
1. 所有物资采购是否以合法经营需求或目的为依据？						
2. 物资采购是否经过适当的授权批准？						
3. 是否以最具成本效益的方式取得物资？						
4. 是否对物资采购实施合同控制？						
5. 是否对物资采购不相容职务执行了分离？						
6. 是否对承担采购职责的员工进行定期轮岗？						
7. 大宗物资采购是否实行招标控制？						
8. 供货商选择是否做了充分的调查并持续监督供货商业绩？						

续表

被审计单位名称	XX 部门	日　期		索引号		
审计项目名称	物资采购内部控制调查	编制人	XX			
会计期间或截止日	200x 年度	复核人	XX	页　次		
问题	是			否	不适用	备注
	强	弱	一般			
9. 采购物资的价格确定是否合理？						
10. 有无健全的物资价格信息控制措施，包括物价信息收集、分类、加工、比较的程序控制，信息的质量要求，信息资料的归档保管等？						
11. 是否对到货物资由独立部门组织认真验收？						
12. 对验收不合格的采购物资是否及时查明原因落实责任？						
13. 是否对物资采购进行了永续盘存记录？						
14. 在缺乏永续盘存记录时，是否存在补偿控制措施？						
15. 物资采购是否实施了 ABC 分类管理法？						
16. 是否对物资进行定期盘点？						
17. 是否在有关物资采购票证审核一致、无误的基础上确认应付账款负债？						
18. 是否定期发送供货商对账单？						
19. 有无物资接触和记录使用控制措施？						
20. 对物资采购是否采取了健全的凭证和记录控制？						
21. 是否有针对计算机环境下物资采购信息处理的安全控制标准和措施？						
（四）物资采购信息与沟通问题调查						

续表

被审计单位名称	XX 部门	日 期			索引号		
审计项目名称	物资采购内部控制调查	编制人		XX			
会计期间或截止日	200x 年度	复核人		XX	页 次		
问题	是			否	不适用	备注	
	强	弱	一般				
1. 管理部门是否鼓励涉及物资采购的所有各方交流信息？组织内部信息渠道是否通畅？ 2. 信息沟通是否能使员工有效履行职责？ 3. 与组织外部是否有信息沟通？ 4. 是否存在根据截止期信息对物资采购明细账和总账进行控制和调节？ 5. 是否对重大物资采购差异进行了及时调查和处理，是否将调查结果向管理层提交？ 6. 管理部门是否投入充分的资源来支持对信息系统的开发和修改？ 7. 是否保持最新的物资采购会计文件？ 8. 收集的外部信息是否全面，包括物价变动信息、市场需求信息、经济政策信息、技术信息、供应渠道变化信息、业务流程再造信息等？ 9. 有无通畅的例外情况报告渠道？ 10. 员工的反馈以及供货商的投诉渠道是否畅通？ 11. 是否采取措施保证网络环境下信息处理和传递的安全完整和对计算机病毒的防范？ （五）物资采购监督问题调查 1. 是否建立适当管理程序来保证物资采购控制的运行并对运行的效果进行评估？							

续表

<table>
<tr><td>被审计单位名称</td><td>XX 部门</td><td colspan="2">日　期</td><td></td><td colspan="2">索引号</td><td></td></tr>
<tr><td>审计项目名称</td><td>物资采购内部控制调查</td><td colspan="2">编制人</td><td colspan="4">XX</td></tr>
<tr><td>会计期间或截止日</td><td>200x 年度</td><td colspan="2">复核人</td><td>XX</td><td colspan="2">页　次</td><td></td></tr>
<tr><td colspan="2" rowspan="2">问题</td><td colspan="3">是</td><td rowspan="2">否</td><td rowspan="2">不适用</td><td rowspan="2">备注</td></tr>
<tr><td>强</td><td>弱</td><td>一般</td></tr>
<tr><td colspan="2">2. 是否存在适当的程序对物资采购活动进行持续的日常监督？
3. 监督活动中发现的控制薄弱环节是否向适当管理层汇报？是否根据需要对政策和程序进行修改？
4. 是否设立独立稽核员对物资采购实施独立监督？
5. 审计活动范围是否能够足以证明物资采购内部控制的有效性？</td><td></td><td></td><td></td><td></td><td></td><td></td></tr>
<tr><td colspan="2">审计结论：</td><td></td><td></td><td></td><td></td><td></td><td></td></tr>
</table>

第三章　物资采购过程审计

第十条　物资采购过程审计是根据采购内部控制评审结果，确定采购计划、价格、合同、执行等方面的测试范围、重点和方法，以收集审计证据。

第十一条　采购计划审计。采购计划审计是对采购计划中所列物资价格、数量、质量、采购方式和供货商选择等的真实性、合理性和有效性等进行的审计。

（一）应获取的相关资料。包括采购政策、采购计划、物资储备定额补库计划、销售计划、产品产量计划、技术措施计划、生产作业计划、在制品期初存量和期末预计存量、新产品试制计划、物资工艺消耗定额、生产设备大中小修理计划、技术改造计划和物资价格供应状况等。

（二）应关注的风险领域。包括采购计划程序失控、采购计划依据不当、采购计划分解不到位、采购计划执行不彻底、采购计划与其他计划不协调等。

（三）审计内容

1．采购计划编制依据的可靠性。内部审计人员应审查采购计划的编制是否依据经过批准的物资采购申请单，在 MRP 环境下，采购计划的编制是否依据主生产计划、主产品结构文件、库存文件和各种零部件的生产时间或订货时间精确计算；采购计划是否与生产计划、销售计划、物资库存控制计划和资金供应计划等相协调；是否符合组织的存货政策、采购政策和资金管理政策。

2．采购计划审批程序的合规性。审查各物资使用部门是否根据本期生产计划和物资消耗定额确定物资实际需要量，据以填具物资采购申请单；物资管理部门是否每月根据物资实际库存和储备需要填具物资储备定额补库计划表，提交补库申请单；各部门负责人是否按职责分工和授权范围对提交的采购申请单进行分类初审、对口把关；计划部门有无会同物资管理部门核实物资库存；最终下达的《月份物资采购计划》有无报经组织分管领导审批；对不符合规定的采购申请，有无要求请购部门或人员调整采购内容或拒绝批准；重要的和技术性较强的物资采购，是否执行特别授权审批程序，是否组织专家进行论证，实行集体决策和审批；对生产急需和突发性的紧急物资采购，是否以适当形式事先通知价格信息部门，并于规定时日内补齐办妥有关手续。在过程参与式物资采购审计模式下，采购计划在报经组织分管领导审批前，可首先提交内部审计人员审核。

3．采购计划所列价格的合理性。对于重复购置的物资，如价格未发生变化，则以上次成交价格为依据，将高出确定标准的计划价作为重点审计对象；如价格已发生变化，应掌握最新市场公允价作为审计标准。审计物资采购计划价格时，应将新购物资作为审计的重点。当产品降价时，基于价值链管理的思想，应考虑供货商有无对供应物资协同降价的可能。在过程参与式物资采购审计模式下，经内部审计人员审核后的物资采购计划价格的处理有两种方式，一种是只作为编制采购计划和内部经济核算的价格依据，而不作为实际采购时的价格控制标准，实际采购之前采购部门需重新报送《价格申报单》；另一种是在编制采购计划之前，采购部门需事先提报《价格申报单》，经审查后作为编制采购计划的依据，并同时作为实际采购时的价格控制标准。

4．采购计划所列物资数量的合理性。审查计划部门对申请单是否做了最有效的归类；物资采购数量是否考虑了经济批量；是否与生产计划和物资库存相适应。

5．采购方式选择的合理性。物资的取得方式有定点进货和非定点进货，具体包括市场选购、电子商务采购、招标采购、委托加工、互惠购买、融资租赁和企业自制等方式。内部审计人员应审查采购方式的确定是否综合考虑了下列因素：现有资源的充分利用、物资的重要性程度、资金的贴现幅度、供货商的信誉和各种价格构成要素等。采用招标方式，应具体审查如下内容：

（1）监督招标过程和招标标准是否符合“公开选购、公平竞争、公正交易”的原则，确定在招标、开标、评标和定标过程中有无违反规定程序、私自与供货商串通、泄露招标信息等情况。

（2）审查有关招标文书的内容是否完整、严密，有关条款规定是否得到切实遵守。

（3）监督招标方式的选择是否合理。采用公开招标方式的，审查对外发布的招标信息是否全面、准确，发布范围是否具有广泛性，参与招标的投标人是否合格；采用邀请招标的，审查接受邀请的投标单位是否具有良好信誉、资质和财务状况，是否邀请至少三个以上投标人参加；采用议标采购方式的，审查所采购的物资是否确实没有供方投标、没有合格投标者、因技术复杂或性质特殊不能详细确定规格或具体要求、采用招标所需时间不能满足各组织紧急需要、不能预先计算出价格等，参加议标的单位是否在两家以上。

（4）审查招标采购的价格是否合理。复验标底价格，对编制标底的工作底稿所载明的物资数量、价格、人工耗费、各项其他费用及税金等进行复核、验算；审查最高采购限价的合理性和公允性；对于不能编制标底的招标物资或采用议标方式招标的，可根据市场行情对标的进行合理的价位判断。

6．供货商选择的合理性

根据供货商与组织的业务稳定性，供货商区分为定点供货商和非定点供货商。内部审计人员应重点审查组织对定点供货商选择的合理性，包括供货商选择评价程序是否规范；有无明确的供货商选择目标和评价标准；有无建立供货商评价小组，小组人员组成是否合理；有无完整、真实的供货商资料；供货商资料筛选、排序和审批是否流于形式；是否经集体决策进行供货商优选并形成供货商名单；是否根据供货商和本组织的实际情况采用实地考察、书面调查、样品检验或试用的方式确定供货商；有无过度依赖特定供货商，是否设立了备选供货商团队；有无对供货商档案进行规范管理，建立《合格供货方目录》，定期组织对供货商调查和复审；修改供货商档案是否经过特定授权并进行有效信息沟通等。

（四）审计方法。采购计划审计主要采用分析法、复算法、复核法、检查法、源头审计法、全面审计法、简单审计法和重点审计法等方法。

源头审计法是始终把握问题的根源而不被表象所左右。如一般物资采购的公允价格信息源是市场，在招标采购审计中，内部审计人员不仅要审查是否履行了规范的招标程序，还应关注招标与市场价的差异，关注结算价与中标价之间的差异，关注中标人的实质性运作。

全面审计法是对物资采购涉及到的每一个环节、每一项资料和资料的每一个方面进行全面审计的一种方法。优点是细致、审核质量高，缺点是效率低、成本高。

简单审计法是在审计力量不足或者有特殊要求时，仅针对物资采购价格或者物资采购的其他某一方面实施审计的方法。

重点审计法是针对重点物资（如采购数量大、单价高）、敏感性物资、问题较多物资的采购进行重点审查。

第十二条 采购申报价格审计。采购申报价格审计是对采购价格申报内容的完整性、价格标准确定的合理性和申报程序的规范性等方面所进行的审计。

（一）应获取的相关资料。包括组织的物资价格制定政策、物资采购价格申报单、价格标准、物价变动信息、市场需求信息、经济政策信息、技术信息、供应渠道变化信息和业务流程再造信息等。

（二）应关注的风险领域。包括价格标准失控、价格信息系统无效和低效、采购效率降低、价格审查形式化、价格组成内容单一化和串通作弊风险等。

（三）审计内容

1.《价格申报单》填列的完整性。采购部门应在比质比价的基础上，初步确定物资采购意向，填制《价格申报单》，经采购部门负责人签章后，送交价格信息部门进行价格核定。内部审计人员应审查《价格申报单》是否包括物资品名、规格、型号、数量、单价、金额、使用部门、技术要求、供货单位、货比三家情况等栏目。

2．价格标准确定的合理性。主要内容包括：

（1）审查价格信息收集渠道的广泛性和使用的有效性。可供采用的价格收集渠道有网络、报刊、杂志、电视、广播、行业公报、供货商提供和竞争对手披露等。内部审计人员应审查采购部门和价格信息部门是否充分利用了各种价格来源渠道，建立起容量丰富的价格信息资料库；对于获取的各种信息源，是否按照本组织的物资种类进行了适当分类以提高检索能力，发挥信息使用效率；是否在各部门之间进行了信息共享。

（2）审查价格信息资料收集的准确性和及时性。审查价格来源渠道是否正规，是否根据环境的变化适时地更换价格信息，能否综合各种信息源较准确地预测未来的价格变化趋势，为组织实施战略物资管理提供价格导向。

（3）审查价格标准确定方法的适当性和计算结果的正确性。物资采购价格标准的确定方法有：分别询价法、交叉询价法、调查法、信息资料查询法、历史资料评价法、测算法、专家评估辅助法、集中询价法、公开招标法、提供佐证法、限价法。

（4）审查价格标准构成内容的全面性。物资采购价格包括采购物资的买价、运杂费、保险费、途中损耗、入库前的整理挑选费用、大宗材料的市内运输费、采购资金利息和其他相关费用。其中买价和运费是物资采购价格的主要影响因素。

3．采购申报价的合理性。主要内容包括：

（1）审查是否根据不同的物资采购方式确定申报价；

（2）审查申报单中所列物资品种是否在采购计划范围内，是否列入采购预算；

（3）审查采购申报价有无高估虚报问题；

（4）审查采购申报价的构成是否齐全，是否进行了综合比价；

（5）审查采购部门有无随意压价而忽视物资质量的现象；

（6）对于重复购置的物资，审查申报价是否超过最高限价，最高限价有无根据市场价格变动及时进行相应调整；

（7）审查采购部门是否进行比质比价。

4．申报价格核定程序的规范性。审查价格信息部门是否根据确定的价格标准，在测算评估、对比分析的基础上，确定采购部门报价和相关费用的合理性和公允性，并提出核定意见。对违反规定或报价不合理的，价格信息部门具有否决权，提出重新询价的建议或者核定一个最高控制价格。采购部门应参照核定意见，在核定的价格控制标准范围内进行采购。

（四）审计方法。采购申报价格审计主要采用价格比较法、复算法、复核法、检查法、源头审计法、重点审计法和简单审计法等方法。

第十三条　采购合同审计。采购合同审计是对采购合同的合法性、完整性和有效性等所进行的审计。

（一）应获取的相关资料。包括合同法、组织内部有关合同制度、合同正文和副本以及供货商资料等。

（二）应关注的风险领域。包括盲目签定采购合同风险、合同无效风险、合同条款不利风险、合同违约风险和合同档案管理混乱风险等。

（三）审计内容

1．采购合同签订的合规合法性。主要内容包括：

（1）审查供货商是否具有签约资格。

（2）审查合同的签定程序是否合规。合同的签定需经市场调查、业务洽谈、合同起草、合同评审、合同执行以及合同变更、解除或终止等过程。内部审计人员应审查在市场调查阶段是否按“货比三家”的原则进行市场调查，是否取得了供货商完整的档案资料以确认供货商的信誉和履约能力，必要时是否对供货商进行现场考察；参与业务洽谈的代表的业务能力和技术水平是否具备，是否由两人以上参与谈判；合同起草是否使用了正规的合同版本；草签的合同是否经过组织法律部门、财会部门评审；是否根据组织授权要求报经有关领导审批，有无履行分级授权审批手续；是否办理了必要的公证手续；合同变更、解除或终止的理由是否充分，是否签署了书面变更协议并履行了审批手续，对于发现的将严重损害组织利益的已签署合同，是否及时采取了纠正措施。

2．采购合同条款的完备性和合同内容的合法性。采购合同应包含如下基本内容：合同标的；数量和质量；价格和结算方式；运输方式；履约期限、地点和方式；违约责任等。内部审计人员首先应审查合同中是否包含上述内容，有关规定是否明确、具体。其次，应审查签约双方的权利和义务是否明确并具有对等性。再次，应审查确定有无利用合同从事非法行为的可能性。最后，应审查合同条款规定是否为组织争取到最大的财务利益，如充分考虑付款条件和资金优势，选择合理的货款支付方式等。

3．采购合同的执行结果。审查合同内容是否得到全面、严格地履行；审查有无合同违约、违约的原因及违约处理结果，如对方违约，是否及时组织索赔。如本方违约，责任人是否向分管领导提交书面报告，经审批后办理赔偿手续，并追究相关责任；协商不成的合同纠纷是否及时上报上级领导和法律部门，通过申请仲裁或向人民法院起诉解决合同纠纷。

4．审查合同的管理是否规范。主要内容包括：

（1）审查组织有无设置专门的合同管理机构，合同管理人员是否具备相应资格，合同管理制度是否完善，有无重大合同变更的应对防范措施。

（2）审查合同的归档和保管是否完整。审查合同是否按序编号；台帐登记是否清晰完整；支持性文件是否齐全，是否包括采购合同正本、合同补充协议、技术协议、采购订单、合同评审表及其他合同附件。

（四）审计方法。采购合同审计主要采用检查法、函证法、询问法和重点审计法等方法。

第十四条 物资采购计划执行情况审计。物资采购计划执行情况审计是指在采购物资运达组织后，对物资验收、入库、计量、价格和货款支付等业务执行的适当性、合法性和有效性等所进行的审查和评价。

（一）应获取的相关资料。包括物资采购申请单、采购计划、采购合同、价格申报单、采购发票、运费单、检验报告单、入库单、退货单、付款凭单、转账凭证、应付账款明细账、材料采购明细账和对账单等。

（二）应关注的风险领域。包括采购方式和供货商改变、价格失控、质量检验失控、计量不实、保管低效、票据失真、付款提前或滞后、付款不实和违规结算风险等。

（三）审计内容

1. 采购方式执行情况审计。审查采购部门是否按照采购计划、采购申报单确定的采购方式和供货商进行采购。如物资采购执行的是定点供货制度，内部审计人员应取得《物资定点供货目录》作为审计标准，据以确定采购部门是否在合格供货商目录中选择供货商，如有改变，其改变的原因和批准手续是否合理。对于发现的供货商供货问题，采购人员是否及时填写《供货商供货问题信息反馈单》交价格信息部门，价格信息部门是否及时发出《纠正/预防措施通知单》，限期整改并追踪整改结果；整改无效者，是否暂停其供货或取消合格供货商资格。

2. 质量控制执行情况审计。主要内容包括：

（1）审查是否设置独立的质量检验部门组织物资验收，有无采取适当措施防止采购人员、质检人员与保管人员串通舞弊；

（2）审查物资验收是否根据货运单、发票和经过批准的采购合同副本、采购价格申报单、采购计划进行；

（3）审查物资验收是否签署顺序编号的验收报告；

（4）审查超过采购合同的进货数量和提前到货的采购是否经过适当批准；

（5）审查短缺物资和不符合质量要求的物资是否查明了原因，有无根据不同情况及时组织索赔，是否每月编制退货报告，以供采购和质检部门进行审查、分析和考核供货商表现等；

（6）审查对逾期未交货者，有无按合同规定给予罚款或没收违约金；

（7）审查对大型或数额较大的物资采购，有无取得供货商合格的检验证明，合同中是否规定了必要的质保内容；物资验收是否严格，有无存在由于验收不严造成以次充好、以劣充优、不合格物资入库等问题。

3．计量执行情况审计。主要内容包括：

（1）审查计量器具。包括：计量器具是否经过国家法定检验机构的检验并出具了书面证明；内部计量部门是否定期检查和校对计量器具；计量器具的操作是否正确合规；抽查计量记录并核对实物数量，验证计量的准确性。

（2）审查采购物资途中损耗。包括：是否制订了合理的路耗标准；实际损耗是否控制在标准范围之内；损耗的处理是否合理。

（3）审查质量检验对计量结果的影响。对于化工、石油、煤炭、矿山等行业的物资采购，应注意审查是否运用质量检验结果对采购物资的数量进行适当的调整。

4．价格执行情况审计。主要内容包括：

（1）审查物资采购是否按批准价格执行。审查发票、货运单、验收单等原始资料上载明的价格是否与价格申报单、采购计划、采购合同一致，价格的变动是否经过核准。

（2）审查运费的组成和数额是否合理。应根据确定的运费价格标准审查物资采购运费，保证实际运费控制在标准范围之内。包括：运输方式的选择、运输里程的确定、运输商的选择、运价组成等。

5．仓储保管情况审计。主要内容包括：

（1）审查仓库的位置与内部空间的布置。审查仓库位置的设置是否有利于组织内物资流动的经济性、合理性；仓库内部空间的布置是否有利于利用仓库的有效面积和提高仓库的作业效率。

（2）审查仓库面积利用率。通过计算和比较“仓库面积利用率”指标，确定仓库利用效率高低和利用潜力的大小。

（3）审查仓库存放保管工作。物资是否按分区及编号有序排放；物资包装、标示是否符合规范；易燃、易爆、剧毒等危险物资是否隔离存放；库房防火、防盗、防潮等措施是否到位。

（4）审查物资保管账卡档案是否建立健全并定期与相关资料、账簿核对。

（5）审查物资分类保管情况。审查物资保管是否按照物资的重要程度、消耗数量、价值大小等区别对待，实施 ABC 分类管理法。

（6）审查物资储备定额制定是否合理。审查物资最高储备、经常储备、保险储备和季节性储备等定额是否经济合理，是否做到既满足生产需要，又最大限度地压缩库存。

6．采购票据审计。主要内容包括：

（1）审查物资采购的票据是否齐全，是否按照采购业务发生的先后顺序编号。

（2）审查各种票据载明的采购数量、单价、金额、品种、规格、产地、型号等是否真实，数量、单价、金额等计算是否正确，各种票据相关内容是否一致。

（3）审查票据的填写是否合规，手续是否齐全，来源渠道是否正规，保管、领用和注销措施是否完善，传递程序是否合规等。

7．采购负债确认及付款执行情况审计。主要内容包括：

（1）审查负债的确认是否正确。审查采购部门是否在物资采购申请单、验收单、供货商发票等核对无误的基础上出具付款申请单，并及时通知财会部门；财会部门是否在进一步审核的基础上，编制记账凭证，登记付款凭单登记簿或应付账款明细账，确认负债。

（2）审查应付账款的登记是否正确。审查应付账款登记和管理是否由独立于请购、采购、验收、付款以外的职员执行；是否根据不同供货商设置明细账进行明细分类核算；是否根据审核无误的原始凭证和记账凭证及时登记账簿记录，有无遗漏、隐瞒负债情况；是否定期将应付账款明细账余额与供货商寄回的对账单相核对，与应付账款总账相核对，与采购部门台账相核对，对存在的差异是否及时妥善处理；对享有折扣的交易，是否以扣除折扣后的货款净额登记应付账款，以防止在付款时贪污折扣。

（3）审查付款处理是否合规。审查付款是否符合资金结算制度的要求；付款是否在会计人员审核的基础上，经过授权人审批；是否按确定的付款方式付给指定的收款人；核实付款金额和收款人是否正确；有无使用空白支票；已付货款是否在发票上加盖“付讫”戳记等。

（4）审查预付账款处理是否合规。审查预付账款是否经过申请、审批；收到采购物资后，是否根据供应商发票及时冲减预付账款；是否与供货商定期对账。

（5）审查应付账款余额的整体合理性。审查财会部门是否定期编制应付账款账龄分析表、物资已收发票未到情况汇总表；是否每月计算主要业绩指标据以监控应付账款状况；采用分析性复核方法，通过比较本期与上期各应付账款明细账户余额、相关比率和相关费用账户金额，确定应付账款有无异常变动。

（四）审计方法。物资采购计划执行情况审计可以采用检查法、复核法、分析法、复算法、盘点法、鉴证法、抽样法、观察法、函询法和询问法等方法。

第四章　物资采购后续审计

第十五条　物资采购后续审计是内部审计人员在提交了物资采购审计报告后，针对报告中所涉及的审计发现和审计建议所进行的跟踪审计，目的是确定被审计单位对于审计报告中所揭示的问题和偏差的纠正和改进情况以及产生的实际效果。

第十六条 物资采购后续审计应关注的风险领域。包括物资超储积压或储备不足风险、物资使用质量低劣风险、物资价格失控风险、资信低的供货商定点供货风险和审计建议无效风险等。

第十七条 物资采购后续审计的基本过程。

（一）应获取的相关资料。包括审计报告、审计回复、定点供货目录、价格申报单、采购计划和物资质量标准等。

（二）取得被审计单位的反馈意见并进行合理分析

内部审计人员应关注如下事项：被审计单位不做反馈和反馈不充分的事项；被审计单位有异议或误解的事项；反馈意见中说明不采取纠正措施的事项等。内部审计人员应逐项分析上述事项的具体原因，并且特别注意反馈意见中对于问题原因的分析是否具有针对性，拟采取的措施是否具体。

（三）实施适当的审计程序。对重大的审计发现和建议通过现场访问、直接观察、测试和检查文件等方式，编制“后续审计面谈结果小结”和“后续审计跟踪记录表”等工作底稿。

（四）评估采纳审计建议所达到的效果。

（五）提交后续审计报告。

第十八条 审计方法。物资采购后续审计主要采用审计分析方法、详查法、抽查法、终点审计法、重点审计法、函证法和查询法等方法。

终点审计法是通过某一环节的重点审计，反馈前续环节中存在的问题。例如通过物资采购后续审计，验证供货商选择、物资验收、价格执行等方面存在的问题，反馈物资采购审计工作中存在的不足。

第五章 附 则

第十九条 本指南由中国内部审计协会发布并负责解释。

第二十条 本指南自 2005 年 1 月 1 日起施行。

内部审计实务指南第 3 号——审计报告

第一章　总　则

第一条　为了指导内部审计人员编制和出具审计报告，规范内部审计报告及相关活动，根据《内部审计基本准则》和《内部审计具体准则第 7 号—审计报告》制定本指南。

第二条　本指南所称审计报告是指内部审计人员根据审计计划对被审计单位实施必要的审计程序后，就被审计单位经营活动和内部控制的适当性、合法性和有效性出具的书面文件。

第三条　本指南适用于各类企业的内部审计机构、内部审计人员及其从事的内部审计活动。政府及非营利组织的内部审计活动，可结合行政管理程度的要求，参照执行。

第四条　内部审计报告应当体现内部审计项目目标的要求，并有助于组织增加价值。内部审计项目目标的要求主要包括但不限于对以下方面的评价：

（一）经营活动合法性；

（二）经营活动的经济性、效果性和效率性；

（三）组织内部控制的健全性和有效性；

（四）组织负责人的经济责任履行状况；

（五）组织财务状况与会计核算状况；

（六）组织的风险管理状况。

第五条　正式立项的审计项目应当在终结审计后编制审计报告；如果存在下述情况之一时，应当根据组织适当管理层的要求和内部审计工作的需要编制并报送中期审计报告：

（一）审计周期过长；

（二）被审计项目内容特别庞杂；

（三）被审计期间比较长；

（四）突发事件引起特殊要求；

（五）组织适当管理层需要审计项目进展情况的信息；

（六）其他需要提供中期审计报告的情况。

中期审计报告不能取代终结审计报告，但中期审计报告能够作为终结审计报告的编制依据。中期审计报告不具有终结审计报告的效力。

第六条 编制审计报告应当遵循以下原则：

（一）客观性。审计报告应以可靠的证据为依据，实事求是地反映审计事项，做出客观、公正的审计结论。

（二）完整性。审计报告应当做到要素齐全，内容完整，不遗漏审计发现的重大事项。

（三）清晰性。审计报告应当做到逻辑性强、突出重点，简明扼要地阐明事实和结论。避免使用不必要的过于专业性和技术性的复杂语言。文字应当通顺流畅，用词准确，避免使用“几个、少数、大量”等模糊字眼说明情况。

（四）及时性。审计报告应当及时编制，以便组织适当管理层适时采取有效纠正措施。在保证审计报告质量的前提下，审计报告应当在完成现场审计后尽快编制，经过征求意见和补充修改后分别送达各有关方面。

（五）实用性。审计报告所提供的信息，应当有利于解决经营管理中存在的重要问题，并有助于组织实现预定的目标。

（六）建设性。审计报告不仅应当发现问题和评价过去，而且还应能解决问题和指导未来，应当针对被审计单位经营活动和内部控制的缺陷提出适当的改进建议。

（七）重要性。在形成审计结论与建议时，应充分考虑审计项目相关的风险水平和重要性，对于被审计单位经营活动和内部控制中存在的严重差异和漏洞以及审计风险高的领域应当在审计报告中有重点的详细说明。同时，内部审计人员还要考虑被审单位接受审计建议、采取相应措施的成本与效益关系。

第七条 内部审计机构应该建立健全审计报告分级复核制度，明确规定各级复核岗位的要求和责任。复核层次级别的具体设置应当视审计项目的复杂程度和内部审计机构的规模、人员配置等各种因素而定。

第八条 审计报告可以手工编制，也可以使用计算机软件自动编制。

第九条　内部审计人员需用联系及综合性的思维方式、以高超的沟通与合作技能来组织和编写审计报告。

第二章　审计报告的构成要素

第十条　内部审计报告因审计项目预定目的的不同而存在差异，一般的内部审计报告应包括以下基本要素：

（一）标题；

（二）收件人；

（三）正文；

（四）附件；

（五）签章；

（六）报告日期；

（七）其他。

第十一条　内部审计报告的标题应能反映审计的性质，力求言简意赅并有利于归档和索引。一般应当主要包括以下内容：

（一）被审计单位名称；

（二）审计事项（类别）；

（三）审计期间；

（四）其他。

第十二条　内部审计报告的收件人应当是与审计项目有管理和监督责任的机构或个人。一般应当包括：

（一）被审计单位适当管理层；

（二）董事会或其下设的审计委员会或者组织中的主要负责人；

（三）组织最高管理当局；

（四）上级主管部门的机构或人员；

（五）其他相关人员。

考虑到各个组织的法人治理结构、管理方式差异，审计报告的送达单位或个人应当根据具体情况确定。

第十三条　内部审计报告的正文是审计报告的核心内容。一般应当包括以下项目：

（一）审计概况；

（二）审计依据；

（三）审计发现；

（四）审计结论；

（五）审计建议；

（六）其他方面。

第十四条 内部审计报告的附件是对审计报告正文进行补充说明的文字和数字材料。一般应当包括：

（一）相关问题的计算及分析性复核审计过程；

（二）审计发现问题的详细说明；

（三）被审计单位及被审计责任人的反馈意见；

（四）记录审计人员修改意见、明确审计责任、体现审计报告版本的审计清单；

（五）需要提供解释和说明的其他内容。

第十五条 内部审计报告应当由主管的内部审计机构盖章，并由以下人员签字：

（一）审计机构负责人；

（二）审计项目负责人；

（三）其他经授权的人员。

第十六条 审计报告日期一般采用内部审计机构负责人批准送出日作为报告日期。以下情况下使用相关的日期：

（一）因采纳组织主管负责人的某些修改意见时；

（二）内部审计人员在本机构负责人审批之后又发现被审计单位存在新的重大问题时；

（三）内部审计报告存在重要疏忽时；

（四）其他情况。

第三章 审计报告的主要内容

第十七条 审计概况是对审计项目的总体情况的介绍和说明。一般主要包括：

（一）立项依据。在审计报告中应当根据实际情况说明审计项目的来源：

1. 审计计划安排的项目；

2. 有关机构（外部审计机构、组织有关部门）委托的项目；

3. 根据工作需要临时安排的项目；

4. 其他项目。

（二）背景介绍。在审计报告中，应当对有助于理解审计项目立项以及审计评价的以下情况进行简要描述：

1. 选择审计项目的目的和理由；

2. 被审计单位的规模、业务性质与特点、组织机构、管理方式、员工数量、主要管理人员等；

3. 上次同类审计的评价情况；

4. 与审计项目相关的环境情况；

5. 与被审计事项有关的技术性文件；

6. 其他情况。

（三）整改情况。如有必要，应当将上次审计后的整改情况在审计报告中加以说明。

（四）审计目标与范围。审计报告中应当明确地陈述本次审计的目标，并应与审计计划中提出的目标相一致；还应当指出本次审计的活动内容和所包含的期间。如果存在未进行审计的领域，应当在报告中指出，特别是某些受到限制无法进行检查的项目，应说明受限制无法审查的原因。

（五）审计重点。审计报告应当对本次审计项目的重点、难点进行详细说明，并指出针对这些方面采取了何种措施及其所产生的效果，也可以对审计中所发现的重点问题做出简短的叙述及评论。

（六）审计标准。财务审计的标准主要是国家有关部门所颁布的会计准则、会计制度以及其他相关规范制度。管理审计的标准主要是组织管理层已制定或已认可的各项标准。

第十八条　审计依据是审计报告应声明内部审计程序是按照内

部审计准则的规定实施审计的。当确实无法按照审计准则要求执行必要的审计程序时，应在审计报告中陈述理由，并对由此可能导致的对审计结论和整个审计项目质量的影响做出必要的说明。

第十九条 审计发现是内部审计人员在对被审计单位的经营活动与内部控制的检查和测试过程中所得到的积极或消极的事实，一般应包括以下内容：

（一）所发现事实的现状，即审计发现的具体情况；

（二）所发现事实应遵照的标准，如政策、程序和相关法律法规；

（三）所发现事实与预定标准的差异；

（四）所发现事实已经或可能造成的影响；

（五）所发现事实在目前现状下产生的原因（包括内在原因与环境原因）。

第二十条 审计结论是内部审计人员对审计发现所做出的职业判断和评价结果，表明内部审计人员对被审计单位的经营活动和内部控制所持有的态度和看法。

在做出审计结论时，内部审计人员应针对本次审计的目的和要求，根据已掌握的证据和已查明的事实，对被审计单位的经营活动和内部控制做出评价。内部审计人员提出的结论可以是对经营活动或内部控制的全面评价，也可仅限于对部分经营活动和内部控制进行评价。如果必要，审计结论还应包括对出色业绩的肯定。

第二十一条 审计建议是内部审计人员针对审计发现提出的方案、措施和办法。审计建议可以是对被审计单位经营活动和内部控制存在的缺陷和问题提出的改善和纠正的建议；也可以是对显著经济效益和有效内部控制提出的表彰和奖励的建议。

内部审计人员应该依据审计发现和审计证据，结合组织的实际情况和审计结论的性质，提出审计建议。审计建议可分为以下几种类型：

（一）现有系统运行良好，无需改变；

（二）现有系统需要全部或局部改变：

1. 改进的方案设计；

2. 方案实施的要求；

3. 方案实施效果的预计；

4. 未实施此方案的后果分析。

第四章　审计报告的基本格式

第二十二条　内部审计人员在确认有较大必要性的条件下编制规范的中期审计报告。一般中期审计报告篇幅较短，应当清楚地说明审计发现的事实、不良状况的影响，并提出审计建议。中期审计报告的格式可以根据实际需要选择以下所列格式之一：

（一）中期审计报告的基本格式包括：（1）标题，可由审计项目和“中期审计报告”两部分组成；（2）收件人；（3）审计发现；（4）审计建议；（5）附件；（6）签章；（7）报告日期。

中期审计报告一般格式参考范例如下：

关于“出纳付款程序”的中期审计报告（标题）

公司总经理：（收件人）

从正在进行的公司××年度财务收支审计中，我们发现公司财务部付款内部控制程序存在严重缺陷。出纳员××保管着公司财务专用章及财务经理私章，可随时支取公司款项，在我们的初步审核中，已经发现未经审批的付款××笔，共计××万元，如果不采取紧急措施，将可能导致更大的舞弊风险。（审计发现）

根据上述情况，我们建议财务经理收回相关印鉴，对每一笔公司款项的支付严格审核后才能签发，同时责成出纳员说清××万元款项的去向，采取各种手段追回款项，并建议临时停止出纳员的职务工作。（审计建议）

附件：1.　××

2.　××

3.　××（附件）

审计项目负责人：××

审计小组成员：××、××

××审计机构（签章）

××年××月××日（报告日期）

（二）中期审计报告的备忘格式包括：（1）标题，只简单列示审计项目即可；（2）收件人；（3）审计发现；（4）审计建议；（5）审计人员签章；（6）报告日期。

中期审计报告备忘格式参考范例如下：

资本性支出授权的中期报告（标题）

供销部经理：（收件人）

在审计贵单位资本性项目的过程中，我们发现目前所发生的资本性支出没有取得相应的批准文件。在××个资本性项目中，我们抽取了××个进行检查。累计支出××万元人民币。在档案资料中，均没有发现取得相应的批准文件。（审计发现的事件）

造成这种结果的原因是：最近改组重建的会计部门还没有在项目建设之前授权专门的人员负责批准；另外，采购订单的复核、批准还没有建立相应的程序。（审计发现的原因）

为了确保按照企业管理当局的意图对资本性支出业务进行有效的控制，我们建议贵单位应该授权专门人员负责采购业务的批准；另外，在实施采购之前，采购订单应该与经过批准的文件进行核对验证。（审计建议）

审计员：×××

×××（签章）

××年××月××日（报告日期）

第二十三条 内部审计人员应当编制终结审计报告。终结审计报告的基本格式包括：（1）标题；（2）收件人；（3）审计概况（立项依据及背景介绍，上次审计后的整改情况说明，审计目的和范围，审计重点等）；（4）审计依据；（5）审计发现；（6）审计结论；（7）审计建议；（8）附件；（9）签章；（10）报告日期。

终结审计报告基本格式参考范例如下：

关于××公司内部会计控制的审计报告（标题）

××公司总经理：（收件人）

为了配合今年年底公司组织的行业检查活动，我们临时调整了审计计划，组成了以王××为项目负责人的5人审计小组，对公司内部会计控制制度进行了局部审计，旨在自我评价，消除内部控制的弱点，改善公司管理水平，争取在行业评比中获得优异成绩。我们的审计目标是测试内部会计控制方面是否存在漏洞，寻找与同行业其他企业的差距。审计涉及的期间是20××年1月1日至20××年12月31日。审核的范围包括会计制度设计、会计核算程序、会计工作机构和人员职责，财务管理制度等方面。（审计概况）

我们按照内部审计准则的规定计划和实施本项内部审计工作，并采用了我们认为应当采用的必要的审计程序，根据抽查结果，我们认为，下列情况应当予以关注：

1、没有定期进行银行对账单调节。截至我们进行审计时，银行对账单的调节工作已延误了四个月，严重削弱了公司对资金安全性的控制。（见附件第××页）

2、由于没有防止投资收益账户上舞弊行为的控制程序，导致超过100,000元的股利被非法挪用。（见附件第××页）

3、……（审计发现）

除上述问题外，我们认为，组织管理层对内部会计控制的设计在整体上是符合公司的实际情况的，其运行取得了预期的效果。（审计结论）

我们认为，上述问题的发生，主要原因是相关职位人员配备不足，不相容职务未予以分离。建议财务部门健全资金控制制度，并招聘一名有经验的会计人员充实相关职位。（审计建议）

附件：1.　××

　　　2.　××

3. ××（附件）

审计项目负责人：×××

审计小组成员：×××

×××

××审计机构（签章）

××年××月××日（报告日期）

第五章　审计报告编制的程序和方法

第二十四条　内部审计报告的编制应当在结束现场审计工作之后进行。内部审计人员应当按照以下程序编制审计报告：

（一）做好相关准备工作；

（二）编制审计报告初稿；

（三）征求被审计单位意见；

（四）复核、修订审计报告并最后定稿。

第二十五条　内部审计人员在进行审计报告的准备工作时，应重点关注以下事项：

（一）报告的整体或具体格式；

（二）可能的发送对象，以及报告收件人的姓名和职位；

（三）审计目的、范围等的表述；

（四）审计计划或审计委托书；

（五）审计发现的描述；

（六）用以支持审计发现和建议的各种信息，包括：附录、说明和图表；

（七）特别敏感的内容，包括：在报告中对于机密内容的披露程度；被审计单位对审计发现的可能性反应，以及内部政策等；

（八）其他需要考虑的重要报告事项。

第二十六条　审计报告初稿由审计项目负责人或者由其授权的审计项目小组其他成员起草。如由其他人员起草时，应当由审计项目负责人进行复核。审计报告初稿应当在审计项目小组进行讨论，并根据讨论结果进行适当的修订。编制审计报告充分应当体现审计报告的质量要求。

第二十七条　在审计报告正式提交之前，审计项目小组应与被审计单位及其相关人员进行及时、充分的沟通。

审计项目小组与被审计单位的沟通，应当根据沟通内容的要求，选择会议形式或个人交谈形式。内部审计机构和人员在与被审计单位进行沟通时，应注意沟通技巧，进行平等、诚恳、恰当、充分的交流。

审计项目小组应当根据沟通结果对审计报告适当进行处理。

第二十八条　审计报告应当由被授权的审计项目小组成员以及审计项目负责人、审计机构负责人等相关人员进行严格的复核和适当的修订。审计报告复核、修改后，再经与组织适当管理层充分沟通后，由经授权人员签章，提交给审计项目有责任的机构或个人。

第二十九条　内部审计人员应当在实施必要的审计程序后，采用以下方法编制审计报告：

（一）考虑审计报告使用者的各种合理需求。有些事项或后续审计结果与本次审计结论没有直接关系或关系不重要，但需审计人员向报告收件人如组织管理当局反映提请关注，此类事项和情况应适当写入审计报告。

（二）反映被审计对象的相关成绩。对被审计单位的突出业绩应当在审计报告中予以适当说明。

（三）反映改进的计划和行动。由于受到审计目标和准备工作的制约，或受到审计过程中新发生情况的影响，审计范围可能与年度审计计划或最初拟定的范围不一致，必要时可在审计报告中指出所改进的计划与所采取的行动。

（四）揭示导致问题产生的外部不利因素的影响。

（五）采用正面的、积极的语言。对审计过程中揭示的消极的审计发现，在不损害内部审计独立性和声誉的前提下，应当充分考虑被审计单位的意见及可能对其造成的不利影响，客观准确地以被审计单位可接受的语言写入审计报告。

（六）运用恰当的图表和脚注。审计报告可以运用适当的图表和脚注，以增强灵活性，快速准确直观地揭示和传递提供审计信息。

第六章 审计报告的复核、发送和保存

第三十条 内部审计机构应当建立审计报告的三级复核制度。由审计项目负责人主持现场全面复核；由内部审计机构的业务主管主持非现场重点复核；由内部审计机构负责人主持非现场总体复核。三级复核的分工，可由组织的内部审计机构自行决定。各级复核的主持人在必要时可以授权他人行使权力，但责任仍由主持人承担。

第三十一条 审计报告复核主要包括形式复核和内容复核。

（一）形式复核。一般包括：

1. 审计项目名称是否准确，描述是否恰当；

2. 被审计单位的名称和地址是否可靠；

3. 审计日期是否准确，审计报告格式是否规范；

4. 审计报告收件人是否为适当的发送对象，职位、名称、地址是否正确；

5. 审计报告是否表示希望获得被审计单位的回应；

6. 审计报告是否需要目录页，目录页的位置是否恰当，页码索引是否前后一致；

7. 审计报告中的附件序号与附件的实际编号是否对应；

8. 审计报告是否征求被审计单位意见；

9. 审计报告的复核手续是否完整。

（二）内容复核。一般包括：

1. 背景情况的介绍是否真实，语气是否适当；

2. 审计范围和目标是否明确，审计范围是否受限；

3. 审计发现的描述是否真实，证据是否充分；

4. 签发人是否恰当，签发人与收件人的级别是否相称

5. 参与审计人员的名单是否列示完整，排名是否正确；

6. 报告收件人是否恰当，有无遗漏，姓名与职位是否正确；

7. 标题的使用是否适当；

8. 审计结论的表述是否准确；

9. 审计评价的依据的引用是否适当；

10. 审计建议是否可行。

第三十二条　审计报告的发送范围一般限于组织内部，通常可根据组织的一般要求和审计活动本身的性质来确定发送对象。

第三十三条　内部审计机构应根据具体情况，决定是否将内部审计报告送交组织外部的相关部门和人员，或者是将审计报告的部分内容呈送组织外部的相关部门和人员。在决定对外报送内部审计报告时，应当经过内部审计机构负责人或组织适当管理层的批准程序。

第三十四条　内部审计人员应当根据审计报告的保密性要求，充分考虑审计报告传递方式的恰当性。一般应当采取派专人直接传递、特快专递、邮政服务和办公室当面传递等方式进行报告传递。

第三十五条　组织应当制定制度性文件，对审计报告的发送对象和各种传递方式做出规定，防止报告在传递过程中被延误、丢失或误投。

第三十六条　部审计机构应当保留审计报告副本。审计报告以及其他业务文档应当按照内部审计机构或组织管理层制定的审计档案管理制度纳入档案管理，加以分类并且妥善保存。

第三十七条　部审计报告应在适当的范围予以公开。

第七章　附　则

第三十八条　本指南由中国内部审计协会发布并负责解释。

第三十九条　本指南自 2009 年 1 月 1 日起施行。

内部审计实务指南第 4 号——高校内部审计

第一章　总　则

第一条　为了规范高校内部审计的内容、程序与方法，根据内部审计基本准则与具体准则制定本指南。

第二条　本指南所称高校内部审计，是指高校内部审计机构和人员通过对学校与资源利用有关的业务活动及其内部控制的适当性、合法性和有效性的审查，并进行确认、评价、咨询，旨在促进完善管理控制、防范风险、创造效益，从而促进学校事业目标的实现。

第三条 高校应设置内部审计机构，规模较大的高校（年收入 5 亿元以上或教职工人数在 3000 人以上）应设置独立的内部审计机构。

第四条 高校内部审计机构应配备足够的内部审计人员，内部审计人员数量应不低于教职工总数的 2‰。内部审计队伍应由具备经济、管理、法律、建设工程、信息系统等方面专业素质的人员组成，并具备必要的职业资格。

第五条 高校内部审计应遵循以下原则：

（一）高校内部审计应关注学校资源，对本单位利用资源、开展业务、取得绩效的过程和结果进行审计。

（二）高校内部审计应坚持业务活动审查与财务活动审查相结合，运用业务入手审计方法，开展财务审计与业务审计相结合的综合管理审计。

（三）高校内部审计应坚持审计控制与审计评价相结合，根据业务特点，采取事前审计、事中审计、事后审计等方式组织审计业务。

（四）高校内部审计应根据学校治理结构、管理体制等有关内部环境和内部审计资源状况，把握总体、突出重点，科学合理地确定内部审计业务战略。

（五）高校内部审计应着眼于促进问题解决，立足于促进机制建设，通过与相关部门合作促进学校事业发展。

第六条 高校内部审计机构应加强审计质量控制，定期接受各级教育行政主管部门内部审计机构对所属高校内部审计工作进行的质量评估。

第七条 本指南适用于高校的内部审计机构、内部审计人员及其从事的内部审计活动，其他教育部门和单位可以参照执行。

第二章 内部控制审计

第一节 一般原则

第八条 本指南所称内部控制是指为了实现教育事业发展目标，

保证资金、资产、资源安全、完整，并得到合理有效利用；保证会计信息真实、准确，保证有关法律、法规、规章的贯彻实施而制定与实施的一系列控制方法、保证措施和业务程序。

第九条　本指南所称内部控制审计是指内部审计机构为了促进完善内部控制，保证其有效执行而对本单位内部控制体系的健全性、有效性所进行的了解、测试和评价活动。

第十条　本指南所称内部控制审计的内容主要包括对教学管理、科研管理、财务管理、资产管理、采购管理等活动中内部控制体系的健全性、有效性进行的审查和评价。

第十一条　被审计单位的各项业务的内部控制体系主要由控制环境、风险管理、控制活动、信息与沟通、监督等要素组成，对高等学校各项业务的内容控制审计主要围绕这些要素来进行。

第十二条　在开展内部控制审计时，要考虑成本效益原则，结合本单位内部审计资源和实际情况，既可以对单位内部控制进行全面审计与评价，也可以对单位内部控制的组成部分进行审计与评价。

第十三条　开展内部控制审计工作时应遵循以下原则与方法。

（一）内部控制审查与业务活动、财务活动审查相结合；

（二）内部控制审查与风险管理审查相结合；

（三）内部控制审查与促进推动内部控制自我评估相结合；

（四）根据不同的审计对象，审计目标和审计所需的证据选择不同的方法，以保证审计工作的质量和审计资源的有效配置。

第十四条　内部控制自我评估是高校完善内部控制体系的有效方式之一。开展内部控制审计应充分关注这一有效方式，利用、指导、推动内部控制自我评估的开展，促进完善内部控制体系建设。

第二节　控制自我评估的应用

第十五条　控制自我评估，是指由对内部控制的制定与执行负有责任的组织相关管理人员对内部控制进行评价的过程。内部审计人员可以应用控制自我评估法来协助内部控制的审查和评价。

第十六条　内部审计人员在实施内部控制审查与评价之前应适当应用控制自我评估法，根据控制自我评估报告考虑审计重点，以提高审计效率，促进内部控制审计目的的实现。

第十七条 内部审计人员应当制定控制自我评估计划，召集组织相关管理人员对内部控制进行自我评估，并做好组织、协调与记录工作。

第十八条 内部审计人员可以根据内部控制审计的目的与范围，确定控制自我评估的内容。控制自我评估主要包括以下内容：

（一）确定组织整体或职能部门的目标，识别其主要风险；

（二）评估组织内部控制的适当性、合法性及有效性；

（三）确认内部控制重大缺陷或存在严重风险的业务环节；

（四）评估组织非正式的控制及其有效性；

（五）评估组织的业务流程及其运作效率；

（六）对控制自我评估中发现的问题提出改进建议。

第十九条 内部审计人员在应用控制自我评估法时，一般包括以下主要程序：

（一）制订控制自我评估的计划；

（二）与组织相关管理人员就控制自我评估的目的、内容及程序进行事先沟通和交流；

（三）确定控制自我评估的时间与方法；

（四）召集组织相关管理人员开展控制自我评估；

（五）在控制自我评估过程中做好协调与记录工作；

（六）在控制自我评估过程结束后，及时反馈并提交控制自我评估报告。

第二十条 内部审计人员应用控制自我评估法时，应当根据部门或单位特点、组织文化、管理风格、员工素质等灵活选用适当的方法。控制自我评估的主要方法包括：专题讨论会、问卷调查法和管理分析法。

（一）专题讨论会是指内部审计人员召集组织相关管理人员就内部控制的特定方面或过程进行讨论及评估的一种方法。

（二）问卷调查法是指内部审计人员就内部控制的特定方面或过程以书面问卷的形式向组织相关管理人员收集意见的一种方法。

（三）管理分析法是指内部审计人员就内部控制的特定方面或过程向相关管理人员收集信息，并将之与其他来源的信息一起进行综合分析的一种方法。

第二十一条　内部审计人员应当将控制自我评估过程中相关管理人员对内部控制的意见、建议以及评估结论等记录于工作底稿中，并据此提出改进内部控制的建议，编制控制自我评估报告。

第二十二条　内部审计人员应当将控制自我评估报告及时反馈给参与内部控制评估的相关管理人员。必要时，也可提交给学校领导，以便其及时采取有效措施改善有关业务活动及其内部控制。

第三节　教学管理内部控制审计

第二十三条　教学管理内部控制审计是指内部审计机构为保证本单位教学（包括本科生、研究生和继续教育教学等）资金的安全完整、教学资源得到合理有效配置、降低单位教学风险、保证单位遵守教学活动相关法律法规，而对单位教学管理内部控制体系的健全性和有效性进行的分析、测试和评价活动。

第二十四条　教学管理内部控制审计应获取的资料主要有：

（一）学校教务部门、招生部门及学生管理部门的组织结构图，部门职责，岗位职责及工作手册；

（二）各类教学管理规章制度，包括招生、教学实验基地、教学中心、函授站、校际交流、合作办学、助学、助教、助研管理、教学经费管理等方面规章制度；

（三）收费许可证，涉及教学活动及学生管理的各项收费项目、收费标准及审批文件；

（四）各类学生招生计划，招生广告，自主招生方案，自主招生标准，委托招生协议，招生总结报告；

（五）教学实验基地及教学中心可行性论证，建设标准，合作建设协议，资产移交清单，资产管理办法，建设成果报告；

（六）校际交流协议、合作办学协议、合作办学审批表、校际交流及合作办学结算报告；

（七）学生管理信息数据库设计文档，升级文档、数据结构、业务流程；

（八）在校生名单、毕业生名单、结业生名单；

（九）助学金、助研费、助教费发放名册及审批文件；

（十）教学管理经费收支报表、会计账簿及会计凭证等会计资料；

（十一）其他有关资料。

第二十五条 教学管理内部控制审计的内容主要有：

（一）教学管理的控制环境

1. 是否建立“三重一大”事项集体决策机制并形成相关记录；

2. 管理层的分工是否明确，是否严格在授权范围内处理相关事项，分管领导不能处理相关事项时，是否授权其他领导进行处理，授权范围及期限是否明确；

3. 是否贯彻教学廉政责任制，是否在教学管理过程中贯彻遵纪守法思想，并制订了惩防措施；

4. 教学管理内部组织机构的设置是否合理，部门职责及岗位职责是否明确，不相容的职责是否进行了分离，相关业务是否由相关的部门进行处理，处理流程是否清晰；

5. 各项教学管理规章制度是否健全，奖惩措施是否得当；

6. 是否依照有关程序对员工进行招聘和培训；

7. 考核激励机制是否切实可行，是否严格执行此考核激励机制；

8. 是否制订了从业人员职业道德规范，职业道德规范的内容是否明确、切实可行，并得到有效执行。

（二）教学管理的风险管理

1. 是否对不同的教学管理业务建立了不同的风险管理目标，风险管理目标是否明确并切实可行；

2. 是否采取措施加强对乱办班、乱收费、乱发证进行管理；

3. 是否建立定期或不定期的风险评估机制，对风险的考虑是否全面；

4. 是否建立风险预警机制或风险预案，对风险的管理是否灵活有效。

（三）教学管理的控制活动

1. 招生

（1）是否采用各种媒体发布招生广告，是否签订发布协议，是否按发布协议指定的时间和方式发布招生广告；

（2）发布的招生广告是否学校主管部门审批，内容是否清楚，有无存在误导性语言和虚假陈述；

（3）是否采用委托招生方式，是否签订委托招生协议，委托招生协议是否报学校主管部门审批，双方的权利义务规定是否明确；

（4）委托招生协议中是否有最低人数限制条款，是否规定了招生达不到最低人数时的处理措施；

（5）是否按委托招生协议结算相关费用，费用的调整是否补充签订相关协议；

（6）是否存在自主招生模式，是否有自主招生方案，自主招生计划是否符合规定，是否制订明确的自主招生标准，是否严格按自主招生标准执行；

（7）是否组织招生入学考试，是否收取报名费、考务费，是否按规定的标准收取，是否纳入学校统一核算、统一管理；

（8）是否将捐资办学与招生名额相挂钩，是否存在点招现象；

（9）招生过程中是否收费相关费用，收费标准是否按有关规定执行，是否纳入学校统一核算，统一管理。

2. 教学实验基地建设

（1）对教学实验基地建设是否进行可行性研究；

（2）教学实验基地建设目标是否明确，是否存在重复建设情况，是否符合学校的总体战略；

（3）设立教学实验基地是否经学校主管部门批准；

（4）是否签订教学实验基地合作建设协议，协议中双方的责权利是否明确；

（5）协议的签订是否经过授权审批，到期的合同是否及时进行续订，对变化了的情况是否及时对协议进行修改；

（6）是否建立了教学实验基地考核指标，是否对教学实验基地进行定期考核，对考核不合格的实验基地是否有相应的处理措施；

（7）实验基地的资产调拨是否履行相关手续；

（8）是否按协议的约定足额从实验基地收取相关费用。

3. 校际交流

（1）校际交流单位的确定是否符合学校总体目标，目的是否明确；

（2）是否制订了校际交流协议，交流活动是否有专门部门归口管理，交流协议的签订是否得到授权；

（3）交流单位与交流内容是否存在重复建设问题；

（4）交流协议内容是否明确，是否有明确的交流项目及实施措施，交流项目是否有资金及资产的保障并且不违反国家政策；

（5）交流协议是否得到有效执行，执行中是否存在争议，争议是否得到妥善解决；

（6）交流是否收取相关费用，费用的收取是否按协议执行，是否纳入统一核算、统一管理。

4. 合作办学

（1）是否设立专门的合作办学主管机构，合作办学业务是否纳入到该部门统一管理；

（2）是否签订合作办学协议，协议的签订是否经过审批，合作双方的责权利是否明确；

（3）合作办学的主体资格是否明确，是否存在不具备办学主体资格的单位开展合作办学业务，业务主管部门审批时是否严格按标准审批；

（4）合作办学的收费标准是否经过相关部门审批，是否存在低价竞争现象，是否规定了最低收费标准；

（5）合作办学的学生缴费收入是否全额上交学校，并开具正式票据；

（6）合作办学的收入分配比例是否符合学校相关规定，是否按规定的比例与合作单位结算合作办学价款；

（7）合作办学双方费用的分摊是否明确，是否存在合作方用票据套取资金现象；

（8）是否存在未缴学费学生，免缴学费是否经过适当的审批，是否制订了适当的措施收缴欠缴学生学费；

（9）是否存在合作办学纠纷，合作纠纷是否得到有效处理；

（10）合作办学结束后，是否采取措施限制合作方以学校的名义开展其他业务；

（11）合作办学结束后，是否及时对相关档案进行整理，是否对盈亏状况进行分析。

5. 证书管理

（1）证书的发放是否实行归口管理，不具备发放证书的部门是否发放证书；

（2）空白证书是否连续编号，是否由专人进行管理，是否设置了空白证书收发存明细账；

（3）证书发放是否由专人进行审核，审核流程是否清晰，审核重点内容是否明确，已发放证书是否登记备查；

（4）证书发放时是否核对收费情况，欠缴费用的学生是否落实了还款措施，免缴费用的学生是否履行了必要的审批手续；

（5）证书发放前是否审核学生的学习任务完成情况，是否将证书发放给未完成学习任务的学生；

（6）证书发放过程中是否收取相关费用，收费标准是否经过审批，所收取的费用是否全部已纳入单位统一核算、统一管理。

6. 助学、助教、助研管理

（1）是否制订了助学、助教、助研相关实施办法，国家的相关政策是否得到有效落实；

（2）是否制订助学、助教、助研年度总体规划，是否制订资助对象分配方案；

（3）助学、助教、助研学生的申请标准是否明确，是否按此标准执行；

（4）是否有专门的部门对助学、助教、助研学生的申请进行审核，审核的标准与程序是否明确；

（5）受资助学生名单是否在一定范围内经过公示，是否指定部门对公示期内的异议进行处理，公示后的名单是否经相关部门批准；

（6）资助的资金是否落实到位，是否足额及时发放到受资助学生；

（7）是否建立受资助学生档案，档案内容是否得到及时更新；

（8）是否对受资助学生定期不定期进行评估，对不具备资助标准的学生是否按规定程序取消资助；

（9）资助过程中是否收取相关费用，收费标准是否得到批准，收取的费用是否纳入学校统一核算、统一管理。

7. 教学经费管理

（1）是否有收费许可证，是否将收费许可证进行公示，并严格按照收费许可证上列明的收费范围和标准收取相关费用；

（2）是否违反规定向全日制学生跨学年收费，收取重修费、专升本费、转专业费及旁听费，辅修费等费用；

（3）是否收取学生的讲义复印费、上机费及教材代办费，收取代办费的过程中是否有佣金及回扣收入，收取的各项代办费用和佣金、回扣收入是否纳入到单位统一核算与管理；

（4）是否以进价向学生销售教材，在销售教材的过程中是否存在差价；

（5）部分特殊类学生国家相关部门是否定向下拨专款，是否对以定向下拨专款的学生重复收取培养费；

（6）教学经费是否实行预算管理，是否严格执行预算，对预算的调整是否经过审批；

（7）教学管理过程中收取的各项收入是否在校系二级进行分配，分配标准是否明确；

（8）在教学活动中是否存在教室出租、实验室设备出租等情况，是否签订了出租协议，协议的签订是否得到审批，出租收入是否纳入到单位统一核算与管理；

（9）是否取得教学捐赠钱物，有无捐赠协议，专项捐赠的使用是否按协议执行，收取的资金是否纳入到单位统一核算，收取的实物是否已办理过户手续，并纳入到单位统一管理；

（10）教学支出中有无专项支出，支出范围及标准是否明确，单位是否严格按规定的范围与标准执行，教学支出项目核算是否准确，教学活动支出与其他支出是否有明确划分，如果不能明确划分，是否与其他支出进行了合理分摊；

（11）学生管理数据库是否与财务部门数据库共享，财务部门是否根据共享数据库对学费收缴情况进行核对与分析，并通知教学管理部门对欠缴学费及时进行追缴，确保学生收费收入的真实与完整。

（四）教学管理的信息与沟通

1. 重大决策是否形成会议记录，会议记录是否完整；

2. 各项制度及签订的各项协议是否装订成册，是否根据情况变化及时进行修订；

3. 学生管理信息系统与财务信息系统是否完善，是否安全可靠，两个信息系统是否进行数据共享；

4. 各项信息录入流程是否清晰，修改是否得到授权，对有关信息的接触是否制订了限制规定；

5. 学生管理信息系统与财务信息系统是否定期形成一定的报表，报表内容的设计是否合理，是否将上述报表报送相关人员；

6. 是否依据相关规定将有关信息在一定范围内进行公告。

（五）教学管理的监督

1. 是否定期不定期的对教学管理中的控制环境、风险管理、控制活动、信息与沟通中的相关内容进行评估；

2. 评估的内容是否全面、充分并突出重点，评估的目标是否着眼于内容控制体系的健全、有效；

3. 是否根据评估结果对教学管理中的相关内容加以改进，并对改进的内容进一步评估，在评估的基础上进一步改进，形成一种良性循环机制；

4. 是否将财务部门、资产管理部门等相关部门的检查处理意见落实到位。

第二十六条 教学管理内部控制审计主要采用观察作业现场、询问相关人员、审阅学生管理数据库、审查教学经费收支会计资料、研究分析教学管理制度、对教学管理流程进行穿行测试等方法对内部控制进行了解和测试。

第二十七条 通过对教学管理内部控制的了解、记录和对教学管理内部控制的多项测试后，审计人员在审计报告中要对教学管理内部控制设计的健全性和是否有效运行做出评价，说明内部控制薄弱环节及风险因素，并提出改进措施。

第四节 科研管理内部控制审计

第二十八条 科研管理内部控制审计是指内部审计机构为保证学校科研资金（包括横向科研和纵向科研）和知识产权的安全完整、降低学校科研风险、保证学校遵守科研管理法规制度和提高学校科研资金、资产、资源使用效益，而对学校科研管理内部控制体系的健全性和有效性进行的分析、测试和评价活动。

第二十九条 科研管理内部控制审计应获取的资料主要有：

（一）科研管理机构及科研相关单位的岗位职责、工作手册；

（二）科研申报、立项、实施、结题等制度或程序性文件；

（三）各类科研经费管理制度；

（四）科技合同管理制度；

（五）科技成果鉴定、验收（评审）、奖励制度；

（六）知识产权管理制度；

（七）科研经费收支报表、账簿、凭证等会计资料；

（八）各类科研项目档案，包括申报文件、合同书（任务书）、实施过程记录、科研成果文件等等；

（九）其他有关资料。

第三十条 科研管理内部控制审计的内容主要有：

（一）科研管理的控制环境

1. 学校是否有明确的中长期科研发展规划或目标，并有具体可行的操作计划；

2. 管理层的分工是否明确，是否严格在授权范围内处理相关事项，分管领导不能处理相关事项时，是否授权其他领导进行处理，授权范围及期限是否明确；

3. 是否贯彻科研廉政责任制，是否在科研管理过程中贯彻遵纪守法思想，并制订了惩防措施；

4. 科研管理机构职责是否明确，与校内相关部门、院系等单位之间的科研管理职责划分是否合理；

5. 科研管理机构和校内相关部门、院系等单位的科研管理岗位设置是否合理，各岗位工作人员是否明确自身职责，是否胜任；

6. 科研管理机构是否针对各类科研管理业务制定了完整的业务流程，并能让校内相关部门、单位和人员知悉；

7. 是否依照有关程序对员工进行招聘和培训；

8. 各项科研管理规章制度是否健全，奖惩措施是否得当；

9. 学校是否定期组织人员对校内相关部门、院系等单位的科研管理情况进行检查评估，成效如何；

10. 学校是否有科研人员科研业绩考核评价制度或措施，执行情况如何；是否有完善的考核评价信息系统；

11. 是否制订了从业人员职业道德规范，职业道德规范的内容是否明确、切实可行，并得到有效执行。

（二）科研管理的风险管理

1. 是否对不同的科研管理业务建立了不同的风险管理目标，风险管理目标是否明确并切实可行；

2. 是否采取措施加强对随意编报科研预算、挤占挪用科研经费进行管理；

3. 是否建立定期或不定期的风险评估机制，对风险的考虑是否全面；

4. 是否建立风险预警机制或风险预案，对风险的管理是否灵活有效。

（三）科研管理的控制活动

1. 合作

（1）对横向科研合作与纵向科研合作是否制订了不同的管理措施；

（2）科研合作是否都签订了相关协议，责权利是否明确；

（3）重大的科研合作合同是否经过审批；

（4）是否建立科研合作协调机制，是否对科研合作各方的科研进度进行协调；

（5）对外科研合作拨款是否严格按合同执行，并取得合作单位收款收据；

（6）是否收取科研合作费用，科研费用的收取是否按相关合同执行；

（7）科研合作经费支出是否按预算或科研合作合同执行，科研经费支出是否与其他支出相区别。

2. 项目调整

（1）是否制订项目调整审批流程，该流程是否切实可行；

（2）项目的调整是否有充足的理由，是否得到原审批机关的批准；

（3）项目调整方案是否与原审批文件一起归档保存；

（4）项目调整方案涉及到科研资金追加的，追加资金是否得到落实；

（5）项目调整方案涉及到减少科研资金的，节省的科研资金是否按有关规定进行了处理。

3. 基地建设

（1）学校成立科研机构，是否有制度规定，明确指导方针、成立条件和审批程序；执行情况如何；

（2）学校是否有与科研发展规划或目标相适应的实验室重点建设计划；是否制定重点建设实验室的申请、遴选、审批制度，是否有建设经费的使用和管理办法、建设验收的管理办法或措施，执行情况如何；

（3）拟进行的实验室重点建设项目是否经过可行性论证，相关的科研人员、建设经费、房屋及水电等资源保障是否充分；

（4）学校是否有检查和评估实验室等各类科研机构的制度或措施，明确评估标准、办法和程序；执行情况如何；

（5）学校是否有实验室设备管理制度，执行情况如何；各类实验室是否有适当的实验技术人员管理仪器设备，各类仪器设备的管理责任是否落实到人；学校是否有仪器设备使用效益的管理评价办法，执行情况如何；是否有机构负责仪器设备的调配，调配效果如何；

（6）国家、部级重点实验室是否有相对独立的人事权和财务权，制定了完善的资产、经费、课题等建设和管理制度；是否按规定成立了建设管理委员会、学术委员会等机构，形成了完善的学校领导下的主任负责制，并按规定配备专职副主任和专职秘书；

（7）学校是否按建设项目任务书的要求安排国家、部级重点实验室的建设配套资金和必要的运行费用；其建设经费是否按规定主要用于先进仪器设备的购置，仪器设备的更新是否纳入学校的重点建设范畴；是否按规定设立主任基金和开放课题研究基金，并按规定使用；财务管理制度是否健全，财务机构的核算和管理是否规范。

4. 验收

（1）学校是否有科研成果鉴定、项目验收（评审）和结题的管理办法，具体规定科研成果鉴定、项目验收（评审）和结题的工作程序和要求，是否严格按程序和要求执行；

（2）按照制度规定需要进行成果鉴定或验收（评审）的科研项目，科研管理机构是否按规定组织鉴定或验收（评审）；

（3）项目结束后，项目负责人是否及时向科研管理机构提交结题申请和最终成果；经过鉴定或验收（评审）的，是否提交鉴定文件或验收报告（评审文件）；

（4）所有结题的横向课题是否都有结题报告，并报科研管理机构备案；结题报告是否经所在校内单位、科研管理机构审查，并加盖所在校内单位、科研管理机构和学校法人印章；

（5）学校是否有完善的科研档案管理制度；所有结题的科研项目，科研管理机构能否及时归档；应由校内相关部门、院系等单位提供的科研档案，提供单位是否对档案材料进行了认真审查、核实；项目所有的实验报告、记录、图纸、手稿等原始资料是否齐备；

（6）验收结束后的科研项目资金是否按规定进行处理，是否按规定进行上缴，是否作为发展基金补充事业发展基金的不足，有无将结余资金发放奖金津贴现象。

5. 成果管理

（1）学校是否有科研成果审核登记制度，明确科研成果审核登记的程序和要求，执行情况如何；

（2）科研管理机构是否有统一的申报和登记文件，统一登记管理学校取得的科研成果；学校工作人员和学生取得的科研成果，以及校外人员以学校名义取得的科研成果，报送前是否都经所在部门、院系等单位审核批准；

（3）学校是否有完善的科研成果奖励制度，详细规定申报条件、申报程序和评审办法，执行情况如何；

（4）学校是否制定知识产权管理制度，明确相关人员在各种条件下取得的知识产权的产权归属，执行情况如何；制度制订是否符合国家相关法规、制度的规定；

（5）项目负责人在科研管理中所作的职务发明创造和形成的职务技术成果，是否及时向科研管理机构提出申请专利的书面文件；科研管理机构是否对其提供的材料进行严格审查，可申请专利的及时申请专利，不宜申请专利的采取措施保护；

（6）学校下属单位对外进行知识产权转让或许可使用，相关协议是否经科研管理机构审查，并报学校批准；校内单位与外单位或个人开展合作科研，涉及知识产权转让或许可使用的，合作双方是否依法签订合同，知识产权的权属及双方权利义务是否规定明确；学校取得的知识产权转让或许可使用收入是否纳入学校财务统一核算与管理；

（7）学校教职工或学生申请非职务专利，登记非职务计算机软件，进行非职务知识产权转让或许可使用的，是否都向科研管理机构申报，科研管理机构是否予以认真审查；

（8）学校是否有促进科技成果转化的制度或措施，执行情况如何；

（9）学校是否有畅通的沟通渠道，及时获得申报科技成果奖励的信息，并及时使校内相关单位和个人知悉；

（10）申报奖励的成果是否已经鉴定或验收，是否已在科研管理机构登记；奖励申请是否经所在单位审核并签署意见，经科研管理机构审批，由科研管理机构代表学校统一申报；

（11）学校所属单位或个人以剽窃、篡改、非法占有等方式侵害他人科研成果，私自转让或许可使用学校知识产权，泄露学校技术秘密，学校是否制定处罚措施，执行情况如何；

（12）学校是否设置有专门用途的专利基金，用途是否明确，是否按规定的用途进行使用。

6. 科研经费管理

（1）所有科研项目经费是否都统一在财务机构管理，且按项目设立专门账号或明细科目进行收支核算；

（2）学校是否有合理的经费到账通知凭证，在科研管理机构、财务机构、项目所在单位及项目负责人之间流转，确认、证明和记录已进账的科研经费；流转程序是否合理，流转凭证是否统一编号；

（3）科研经费不按规定及时到账的，科研管理机构是否积极组织项目负责人进行协调；需要学校配套资金的项目，学校是否按规定拨付配套资金；

（4）财务机构能否提供各项目经费具体收支情况的查询服务，能否定期向科研管理机构、项目所在单位提供科研项目经费收支情况的报告；

（5）科研经费支出是否经项目负责人和所在单位授权的人员签字批准；重大、特殊科研经费支出或向外单位转出科研经费是否按规定经项目所在单位、科研管理机构和财务机构授权的人员签字批准；向外单位转出科研经费是否有合理理由，并有合同等有效财务凭据；

（6）学校是否建立和完善全额成本核算制度，并制定了科研经费管理办法，对从各类科研经费中提取管理费、条件占用费，支出固定资产购置费、人员费等进行具体规定，执行情况如何；学校从科研经费中提取管理费、条件占用费的办法是否符合国家的规定；

（7）科研经费是否按照法规、制度或合同规定使用，纵向科研经费未用于罚款、捐款、赞助、投资、福利等国家规定禁止列支的支出；

（8）用科研经费购置的固定资产是否纳入学校资产进行管理，或按合同规定处理；按合同规定处理的，是否取得合同对方的确认，无损害学校利益的行为；

（9）学校是否设置控制措施，保证科研经费不超预算；

（10）学校是否经常委托社会审计或内部审计对各类科研经费进

行专门审计；

（11）学校是否有科研经费结账管理办法，明确项目结账时间和剩余经费的用途，执行情况如何；

（12）所有结题项目的经费决算报表是否都经学校财务机构的审核并签章，按规定需内部审计机构审签的，是否都经内部审计机构审签；

（13）科研项目结题后，是否有书面文件通知财务机构办理结账手续；学校财务是否按规定及时办理结账手续。

（四）科研管理的信息与沟通

1. 重大决策是否形成会议记录，会议记录是否完整；

2. 各项制度及签订的各项协议是否装订成册，是否根据情况变化及时进行修订；

3. 是否有科研管理信息系统，科研管理信息系统与财务信息系统是否完善，是否安全可靠，两个信息系统是否进行数据共享；

4. 各项信息录入流程是否清晰，修改是否得到授权，对有关信息的接触是否制订了限制规定；

5. 科研管理信息系统与财务信息系统是否定期形成一定的报表，报表内容的设计是否合理，是否将上述报表报送相关人员；

6. 是否依据相关规定和程序进行信息公开。

（五）科研管理的监督

1. 是否定期不定期的对科研管理中的控制环境、风险管理、控制活动、信息与沟通中的相关内容进行评估；

2. 评估的内容是否全面、充分并突出重点，评估的目标是否着眼于内容控制体系的健全、有效；

3. 是否根据评估结果对科研管理中的相关内容加以改进，并对改进的内容进一步评估，在评估的基础上进一步改进，形成一种良性循环机制；

4. 是否将财务部门、资产管理部门等相关部门的检查处理意见及时落实到位。

第三十一条　科研管理内部控制审计主要采用观察作业现场、询问相关人员、审阅科研档案、审查科研经费收支会计资料、研究分析科研管理制度、对科研管理流程进行穿行测试等方法对内部控制进行了解和测试。

第三十二条　通过对科研管理内部控制的了解、记录和对科研管理内部控制的多项测试后，审计人员应在审计报告中对科研管理内部控制设计的健全性和是否有效运行做出评价，说明内部控制薄弱环节及风险因素，并提出改进措施。

第五节　财务管理内部控制审计

第三十三条　财务管理内部控制审计是内部审计机构为保证学校财务信息的真实可靠、资产资金安全完整、财务资源得到合理配置、提高资金使用效率效果、降低财务风险、保证学校遵守有关财经法规制度，而对学校财务管理内部控制系统的健全性和有效性进行分析、测试和评价的活动。本指南所述财务管理活动包括货币资金、预算、收入、支出、分配、投资、筹资。

第三十四条　财务管理内部控制审计应获取的资料主要有：

（一）学校制定的财务管理制度；

（二）学校各类财经业务的流程设计；

（三）学校的财务管理相关岗位设置、岗位职责及人员配备文件；

（四）学校制定的与财经业务相关的授权审批制度；

（五）学校预算资料及相关会计凭证、账簿、报表等；

（六）会计核算信息系统的相关资料；

（七）与经济决策有关的会议记录、纪要、形成的文件等；

（八）学校签订的与财经业务相关的经济合同；

（九）学校制定的财务风险控制措施、办法等；

（十）学校制定的与财经业务相关的内部报告制度；

（十一）其他有关资料。

第三十五条　财务管理内部控制审计的内容主要有：

（一）财务管理的控制环境

1. 学校是否有与学校发展规划相适应的中长期财务计划；

2. 学校是否设立了财经领导小组、预算管理委员会、收费立项审核委员会、收费标准审批领导小组、分配审查委员会等经济决策机构，是否有完善的议事和决策制度，各决策机构权限是否合理分散；

3. 学校是否设立健全的财务管理内部控制制度，制度运行是否有效；

4. 学校是否建立管理层约束监督机制，各部门财务负责人是否在其权限范围内执行职责；

5. 学校是否针对各类经济业务制定了完整的财务处理流程，并能让校内相关单位和人员知悉；

6. 学校所采用的会计电算化软件是否经过国家权威部门的认证，各类财务数据的安全能否得到保障，是否配备了一定资质的管理和维护人员；

7. 财务机构各类人员招聘是否履行相关程序，各财务人员是否具备规定的上岗资格，是否定期进行业务培训或后续教育；

8. 财务机构是否制定合理的业绩考核与激励机制；

9. 是否制定从业人员的职业道德规范，职业道德规范内容是否明确、切实可行，并是否得到有效执行。

（二）财务管理的风险管理

1. 风险管理目标是否明确并切实可行 ；

2. 是否建立识别财务管理风险的适当机制；有无识别财务管理风险的适当办法；

3. 是否有适当层次的管理部门建立财务管理风险的评估机制；对财务管理风险的评估是否全面；是否对人事、控制程序等变化设立反应机制；

4. 是否及时进行风险管理；是否建立财务管理风险的控制机制，包括风险管理的预警机制、监控机制、应急措施等；各项风险管理机制是否有效执行。

（三）财务管理的控制活动

1. 货币资金

（1）学校是否建立货币资金业务的岗位责任制；是否制定了货币业务的不相容岗位相互分离、制约和监督的制度；是否对货币资金业务配备了合适的人员，并根据具体要求进行岗位轮换；

（2）是否建立货币资金收支控制制度，该制度是否得到严格执行；

（3）现金日记账是否如实序时逐笔登记，是否做到日清月结，现金日记账与总账余额是否相符，账实是否相符；

（4）现金结算额度是否符合现金结算规定的标准；是否严格执行现金库存限额管理制度，将超过库存限额现金及时存入银行；现金收入是否及时入账，有无私设“小金库”；

（5）库存现金保管地是否安全，是否仅由指定人员接触，是否进行定期或不定期清点，是否保存盘点记录；

（6）银行存款日记账是否序时如实逐笔登记；银行存款日记账是否与总账余额相符；银行存款日记账与银行对账单是否定期及时核对，是否由出纳员以外的人员来执行；

（7）学校是否严格遵守国家及相关部门关于银行账户管理制度；是否定期检查、清理银行账户的开立与使用情况；是否存在违规开立和使用银行账户的现象；是否存在出租、出借或转让银行账号的现象；是否存在以个人名义存放单位资金或为个人或其他单位提供信用的现象；

（8）是否对银行对账单实行“双签”制度，即每月的银行对账单是否由财务处长审核签字后，再由审计机构负责人复核签字，并报经主管财务的校长或总会计师审签后与当月的会计凭证一同保存；

（9）二级核算单位在银行或非金融机构开立的账户、账号以及有关会计资料，是否主动上交财务及审计部门备案；是否存在挪用公款、公款私存现象；

（10）是否严格遵守银行结算纪律，学校签发支票的人员是否经过授权；学校是否存在签发无资金保障票据的现象；是否存在无真实交易票据；非金融机构签发的外来票据是否经仔细的审核验证后才接收；

（11）学校是否集中统一管理全校的行政事业性收费票据和其他合法票据；是否建立明确的票据的购领、使用登记、背书转让、检查和核销等管理制度和程序；

（12）行政事业性收费是否按规使用收费票据，是否与其他票据互相串用；对收费票据存根是否妥善保管；

（13）票据的销毁是否经过校财务部门或其委托的票据管理机构核准；收费单位是否存在私自转让、转借或销毁收费票据现象；

（14）学校是否设置票据登记簿正确登记票据，空白收据、发票是否有专人保管和登记，作废的收据和发票是否加盖“作废”戳记，并连同存根一并保存；收付款后，是否在收付款凭证及其所附原始凭证上加盖“收讫”、“付讫”戳记；每张付款凭证的制单、复核、审批、付款是否经有关人员盖章；

（15）财务专用章、法人章是否由经授权的专人分开保管，个人名章是否授权他人保管；支付款项的全部印章是否分开保管。

2. 预算

（1）预算编制、审批、执行、复核等岗位是否分离，各岗位之间职责、权限是否明确；

（2）学校是否制定了预算授权批准制度，是否明确审批人、经办人的职责，审批人、经办人是否在授权范围内履行职责；

（3）学校是否制定预算编制手册，预算编制是否符合学校发展战略、经营目标、投筹资计划和其他重大决议；预算编制是否坚持“量入为出，收支平衡”的原则；

（4）学校是否建立了预算编报质询制度，即由预算编制单位向预算委员会、预算领导小组等专门机构就编报理由进行解释和答辩；

（5）预算管理部门是否对各预算执行单位的预算方案进行严格审查，并将审核意见反馈给有关单位予以修正；

（6）学校是否建立预算调整批准程序，是否按照所制定程序进行预算调整；即学校预算调整是否先由预算执行单位递交调整申请，再由学校预算管理部门对其进行审核，审核通过后，集中编制学校年度预算调整方案，提交学校预算决策机构审议批准执行；

（7）学校预算管理部门是否根据预算编制单位调修正后的预算，编制出学校年度预算方案；学校年度预算是否及时提交学校预算审批领导小组等专门机构进行审批；预算经批准后，是否及时下达各预算执行单位执行；

（8）学校是否建立预算执行责任制度，相关部门及人员的责权是否明确；

（9）学校是否将各项收入纳入了学校预算管理，对补助收入、事业收入、经营收入、附属单位上缴款和其他收入等均纳入学校预算，实行统一管理、统一核算；是否建立相关措施和办法保证各项收入及时足够到位；

（10）纳入学校预算的资金拨付，是否按照授权审批程序拨付；各预算支出项目是否按预算标准执行，是否存在擅自调整预算项目额度的现象；是否存在列支未纳入单位预算的支出项目或虽已纳入单位预算，但支付手续不健全、凭证不合规的支出项目；是否存在无预算、超预算的支出；

（11）是否建立预算执行情况报告制度，及时掌握预算执行动态；即预算管理部门是否定期或不定期对预算执行单位的预算执行情况进行监控和分析，并将预算执行进度、执行差异及其对单位预算目标的影响、存在的问题和改进措施等报告给学校决策机构，并反馈给各预算执行单位；

（12）是否建立预算执行结果质询制度，对预算执行结果和实际结果之间的重大差异进行解释和答辩；

（13）学校是否建立预算执行情况分析考核制度，是否落实预算责任制，奖惩措施；预算管理部门是否在年度终了后，对预算执行单位进行考核；考核是否坚持了公开、公平、公正的原则，是否有完整的考核记录，考核结果是否是下年度预算的确定依据之一。

3. 收入

（1）学校各项收费是否获得收费许可证，是否存在乱收费现象；各项收费是否“统一管理、统一核算”，是否严格执行相关收费标准；是否存在擅自扩大收费征收范围、提高征收标准的现象；特殊的收费项目是否经收费标准审批领导小组批准，并按标准收取；收费时是否出具由学校财务机构管理的合法收据；

（2）集中收费项目是否集中办理；退费时审批、复核等手续是否齐全，收据是否收回；学校收费是否实行公示制度，建立收费透明制度，即将学校的收费项目、收费标准、收费资金的使用情况和投诉电话等向社会公示，主动接受学生、家长和社会的监督；

（3）学生学费、宿费收入是否按照国家规定的收费项目和收费标准收费；收费收入是否按规定上缴财政专户或国库，实行“收支两条线”管理；对特殊学生的收费减免是否由指定部门审核，报学校审批后交财务管理部门备案；是否向学生收取各种押金；代收性收费项目是否实行专项管理；

（4）学校是否制定科研经费分配管理制度，以实现科研经费在学校、项目人工费支出和其他支出之间合理分配；分配管理制度是否经过合理程序，决策机构集体决定；分配时是否通过审批，审批是否在授权范围内；科研项目是否按规进行验收或考核，结题后剩余经费是否在有效期限办理财务结题，是否按规定进行再次分配，如不进行分配，是否及时结转为事业发展经费或按项目合并；

（5）对学校承接科技项目、开展科研协作、转让科技成果、进行科技咨询等收入是否建立相应管理制度，以控制收入进款额是否与服务合同金额相一致；

（6）学校其他教学服务收费是否按照合规程序办理收费立项申请，是否经物价部门批准或备案，是否按照收费标准进行收费；

（7）学校取得的捐赠收入、利息收入、固定资产出租转让收入及其他零星收入等是否合理、合法，是否符合国家相关规定；是否存在损害国家及学校利益的行为；

（8）基层收款单位的收入款项是否及时足额按规定比例上缴学校统一管理，各单位是否存在截流、谎报收入、拖欠、以收抵支、公款私存、私设“账外账”、“小金库”等现象；收入分配制度是否合理；是否经学校相关决策机构审议通过；是否进行定期修正，以保证收入分配的合理、合规；

（9）学校是否经常组织人员清查各基层单位的收入管理情况，并分析清查结果，编制清查报告；

（10）学校是否建立了签署附属单位缴款任务书管理制度，以确定附属单位当年应缴款额或计提的比例；是否有专职人员负责对附属单位缴款情况进行监督检查和催缴；是否有职能部门对附属单位缴款情况进行监控，并于年末向学校最高决策层报告；

（11）校办企业是否及时、足额按规定比例上缴利润；

（12）学校签订的与取得收入有关的经济合同是否符合相关法规和学校有关规定；是否经单位负责人、学校主管部门及学校领导审批；签订的合同是否有专人登记、保管、归档；

（13）收入科目设置是否合理，核算是否准确；收入的款项是否及时入账；“应缴财政专户”核算的款项，其上缴与返还是否履行完备手续；应收未收的款项是否设置了登记簿进行记录。

4. 支出

（1）学校是否建立了资金支付的分层授权审批制度；各项支出是否由指定人员审批；审批人是否在授权范围审批，经办人是否在职责范围内办理业务；对于超出会计人员审核权限范围的，是否报经授权的人员审批；货币资金支付业务是否经过申请、审批、复核程序，支付业务的全过程是否进行恰当分工，是否存在一个人办理支付业务全过程的现象；

（2）对于大额资金的流动，以及非常规资金支付业务（如借出款、为外单位垫款、超预算付款等），是否建立集体讨论决策制度；即先由学校财务机构对其真实性、合理性、合法性进行审查，并根据校内用款部门的书面申请提出初步意见，报校财经领导小组等决策机构审查、讨论和决策；财务机构是否依据决策办理；是否建立责任追究制度；

（3）是否根据实有人数和规定标准发放工资、津贴、补贴和抚恤救济费等；是否取得由本人签字或有法律效力的证明凭证；是否存在擅自增加人数和任意改变标准的现象；

（4）学校每月是否按规定标准和实有人数计提社会保障费、职工福利费和工会经费等；

（5）学校是否建立了报销审核制度；各项费用是否都取得了合法的原始凭证，手续是否完备；是否按照审核报销制度和相应的支出标准列支；费用报销时是否有相关的审批人签字；超过支出标准的，是否经相应主管部门审批；是否存在以领代报、以拨代支等现象；

（6）专项资金（如“985工程”、“211工程”、高校修购等）是否严格按照专项资金有关管理办法和教育部、财政部批准的预算和项目执行，是否实行专款专用、按项核算；是否存在违规挤占、挪用等现象，其中必须实行政府采购或公开招投标的项目或内容，是否按有关规定和程序执行；管理层是否对资金使用的合法性、合理性和有效性实施全面监督，是否及时、准确地反映项目执行情况；

（7）学校有关部门是否对重大支出项目的支出效果进行效益评价，并向学校决策层提交评价报告；

（8）暂付款是否由专人进行管理；是否建立暂付款卡片；是否正确记录暂付款的单位、日期、借款期限、借款用途及借款人；是否定期、及时对暂付款进行催收、处理；

（9）支出科目设置是否合理；是否准确划分各项支出的界限；是否按规定填写年度决算报表各支出项目，是否存在人员支出占用公用支出等违规现象。

5. 分配

（1）是否按照规定的程序、方法对学校结余合理进行结转、分配；事业结余是否全额转入事业基金；经营结余是否单独反映，经营结余是否按照规定弥补以前年度亏损、提取有关专用基金后，将结余转入事业基金；专项基金是否如实结转；

（2）是否制定各项基金提取比例标准；是否按照规定比例提取各项基金；

（3）是否制定各项基金管理制度；是否存在收入、支出直接增加、减少事业基金的现象；是否存在将专用基金占用、挪用等违规现象。

6. 投资

（1）学校对外投资业务岗位设置是否科学、合理，是否存在不相容职务混岗现象，人员配备是否合理；

（2）学校是否建立对外投资业务授权批准制度，是否存在越权行为；是否建立责任追究制度；

（3）学校对外投资（包括对校办产业投资）是否经过严格、科学的可行性论证和专家评议，经学校财经领导小组等决策机构集体讨论决策，并指定责任部门和责任人对投资项目进行管理；

（4）学校是否建立对外投资执行控制制度，实际投资内容与发生额是否与批准文件、投资协议等相吻合；是否对投资项目进行跟踪管理，是否定期或不定期与被投资单位核对投资项目，进行对外投资质量分析；对外投资实施方案变更时，是否经学校财经领导小组等决策机构审查批准；

（5）学校是否存在进行股票和风险性债券投资的违规行为；

（6）是否存在将国家拨款、上级补助或者维持事业正常发展、保证完成事业任务的资产转作投资使用的违规行为；是否按照国家有关规定的程序对非经营性资产转经营性资产进行报批；

（7）对校办产业的投资手续是否齐全，是否制定了投资项目管理制度和办法，是否定期对校办产业的经营状况、运营风险、管理情况等进行评价；

（8）投资是否按形式分类列示，是否同时反映了因发生投资活动而导致的资产用途的改变；

（9）学校是否有专门的组织或人员负责对其他对外投资收益核算及监控；年末是否有对各项其他对外投资项目收益情况的监控报告；是否定期清查各项对外投资，是否建立及时有效的控制措施处理经营不善、管理混乱、出现亏损等情况的投资项目；是否及时将投资收益纳入单位统一管理与核算；

（10）对外投资的处置（收获、转让、核销等）是否经过集体决策，是否符合授权批准程序，投资资产的处置是否真实、合法，完整，对外转让时资产是否经过有关机构和专家合理确认价格。

7. 筹资

（1）学校是否建立筹资业务的岗位责任制，明确相关部门和岗位的职责与权限，是否存在由同一部门或个人办理筹资业务全过程的现象；办理筹资业务的人员是否胜任合格；

（2）筹资方案是否符合筹资预算的要求；筹资业务是否建立授权批准制度，明确授权批准方式、程序和相关控制措施；是否存在越权审批现象；

（3）筹资业务是否经过财经领导小组等机构集体决策；是否建立筹资决策责任追究制度，并定期或不定期进行检查。

（4）筹资合同是否按照规定程序签订；重大筹资合同的订立是否征询了法律顾问和专家的意见，筹资合同的变更是否按照原授权审批程序进行；单位是否对筹资合同的合法、合规、完整性进行审核；

（5）是否按照批准的筹资方案办理筹资业务；单位是否及时取得筹资资产，对取得的非货币资产是否合理确认价格；是否合规支付筹资费用；

（6）学校贷款是否有可行性研究报告和明确的使用方向；是否有明确的贷款额和贷款期限；是否制订了举借计划，是否签订了借款合同；

（7）学校是否建立了贷款还款计划和偿债应急计划；是否按合同规定还本付息；

（8）贷款资金是否按计划或方案使用，是否做到专款专用；是否存在超标准，超计划使用资金的现象；是否存在将贷款资金用于对外投资（含对校办产业投资）、科技开发、捐赠、支付罚没款项及平衡预算抵补日常经费开支不足等违反高等学校贷款资金使用方向相关规定的行为；

（9）大额贷款项目是否报主管部门备案，即将所有贷款余额达到本校近三年平均总收入10%的贷款项目的可行性研究报告、分年度贷款额度方案、具体还贷计划和措施等相关材料报送主管部门备案；

（10）学校是否存在为其他单位（包括校办企业）或个人的经济活动提供担保的违法行为。

（四）财务管理的信息与沟通

1. 重大决策是否形成会议记录，会议记录是否完整；

2. 各项制度及签订的各项协议是否装订成册，是否根据情况变化及时进行修订；

3. 财务信息的获取是否及时、完整，财务信息的编制是否规范、恰当、真实；

4. 是否建立信息数据库，信息录入流程是否清晰，修改是否得到授权，对有关信息的接触是否制订了限制规定；是否按照有关规定和程序进行信息公开；

5. 信息系统是否定期形成一定的报表，报表内容的设计是否合理，是否将上述报表报送相关人员，是否对反馈意见及时妥善处理。

（五）财务管理的监督

1. 是否对各财务管理情况定期进行自我评估、自我调整；评估的内容是否全面、充分并突出重点，评估的目标是否着眼于内容控制体系的健全、有效；

2. 是否根据评估结果对相关内容加以改进，并对改进的内容进一步评估，在评估的基础上进一步改进，形成一种良性循环机制；

3. 是否对相关部门的检查处理意见及时落实到位；

4. 财务机构管理层对资金管理的关键岗位和薄弱环节是否实施稽核，并组织定期、不定期或突击式的抽查、检查。

第三十六条　财务管理内部控制审计主要采用观察作业现场、询问相关财务人员、审查会计资料、查阅决策文件、研究分析财务管理制度、对财务管理流程进行穿行测试等方法对财务管理内部控制进行了解和测试。

第三十七条　通过对财务管理内部控制的了解、记录和对财务管理内部控制的多项测试后，审计人员应在审计报告中对财务管理内部控制设计的健全性和是否有效运行作出评价，说明内部控制薄弱环节及风险因素，并提出改进措施。

第六节　房产管理内部控制审计

第三十八条　房产管理内部控制审计是指内部审计机构为保证学校房产资产信息的真实可靠、资产安全完整、房产资源得到合理有效配置、降低单位房产管理风险、保证学校遵守房产管理活动相关法律法规，而对单位房产管理内部控制体系的健全性和有效性进行的分析、测试和评价活动。本指南所指的房产指对单位有实际控制权的所有房产以及管理的房产。

第三十九条　房产管理内部控制审计应获取的资料主要有：

（一）房产建设发展规划；

（二）房产管理机构及相关单位的部门职责、岗位职责及工作手册；

（三）各类房产管理法律法规及相关制度文件；

（四）房产管理数据库资料；

（五）房产经费收支报表、会计账簿及会计凭证等会计资料；

（六）房产出租协议及修缮合同；

（七）其他有关资料。

第四十条 房产管理内部控制审计的内容主要有：

（一）房产管理的控制环境

1. 单位是否有明确的房产建设发展规划或目标，并有具体可行的操作计划；

2. 房产管理制度建设是否健全，是否根据情况变化及时进行修改；

3. 房产管理部门职责是否明确，与单位其他部门之间的职责划分是否合理；

4. 房产管理内部岗位设置是否合理，岗位职责是否明确；

5. 是否针对不同的房产管理业务活动制定了完整的业务流程，并为各部门及其员工所熟知；

6. 人员招聘是否履行相关程序，对员工是否定期进行培训，及时更新和拓展知识结构，提高其房产管理能力；是否建立明确的奖罚激励机制；

7. 是否制定从业人员的职业道德规范，职业道德规范内容是否明确、切实可行，并是否得到有效执行。

（二）房产管理的风险管理

1. 风险管理目标是否明确并切实可行；

2. 是否建立识别房产管理风险的适当机制；

3. 是否有适当层次的管理部门建立房产管理风险的评估机制；对房产管理风险的评估是否全面；是否对人事、控制程序等变化设立反应机制；

4. 是否及时进行风险管理；是否建立房产管理风险的控制机制，包括风险管理的预警机制、监控机制、应急措施等，比如是否有应对房产紧张的有效办法、是否有房产安全管理措施、是否对特殊房产进行投保等；各项风险管理机制是否有效。

（三）房产管理的控制活动

1. 取得与验收

（1）学校是否设立专门的房产管理部门进行房产管理，是否建立岗位责任制，明确各部门和岗位的职责与权限，是否存在不相容职务混岗的现象；

（2）是否建立授权批准制度，在办理房产资产取得、验收、日常管理和处置的程序中是否严格遵守审批程序和相关规章制度，是否存在越权审批行为；

（3）是否根据学校总体规划要求取得房产，取得房产程序是否合规；

（4）自建房产在征地过程中是否符合相关规定，是否经过相关决策机构集体决策；土地开发费用等支出是否经过规定程序批准支付；自建房产过程中资金、质量等控制是否符合工程项目全过程审计的有关规定；

（5）购置房产是否经决策机构集体决策，购置房产是否通过合规程序；是否及时办理产权证；是否经过相关机构进行价格评估；是否进行风险评估；

（6）是否存在擅自修建、改造房产现象；

（7）房产是否及时验收，填制交接单，验收时是否成立验收小组，小组的组成人员是否合理，是否根据工程设计施工图纸进行验收；

（8）验收中存在的问题是否明确责任并得到及时处理；

（9）验收结束后是否有验收结果报告，结果报告上的签名是否完备，结果报告是否作来房产管理档案进行保存；

（10）验收结束后是否及时办理房产产权和土地使用权证；产权证和土地使用权证是否作为房产管理档案进行保存；是否及时将验收资料交房产数据管理人员，是否将及时进行更新和维护；是否根据有关规定按照不同使用用途建立房产固定资产卡片。

2. 日常管理

（1）是否设立专门部门或人员负责房产的记录、分配使用、保管、维修、处置；房产管理部门是否有明确的职责范围及批准程序；是否存在越权行为；

（2）是否制定了各类房产的使用分配标准及程序，如有量化的使用分配指标是否严格按量化的指标进行分配；

（3）是否制订房产调配使用制度，调配使用是否经专门的部门或机构审批，调配使用程序是否得到有效执行；

（4）是否制订完善的各类房产管理细则，制度是否有效执行；

（5）学校是否定期检查分配给各单位房产的使用情况，并进行不定期抽查；其他单位是否擅自进行房屋调配，是否擅自改变公房结构和使用性质，是否转让或出租，是否将公房作为资产进行投资、入股、抵押；

（6）房产管理部门是否对分配出去而闲置的房产规定处理方法；是否制定违规占房的处理条款；

（7）是否制订房产出租、出借制度及审批程序；出租、出借房产，是否经授权部门或人员按审批程序办理，是否签订出租、出借合同；合同是否明确资产出租、出借期间的修缮保养、税赋缴纳、租金及运杂费的收付、归还期限等事项；特殊情况是否经专门部门或机构审批，如有授权内容，是否在授权范围内进行处理；

（8）是否制订了房产盘点制度，是否定期或不定期的对单位房产进行清理、盘点，了解房产资产的变动情况；盘点小组的组成人员是否合理，是否有明确的盘点计划和盘点程序，盘点结束是否提供盘点报告，盘点报告是否送达给适当的管理层，对盘盈盘亏是否分清责任并及时进行处理；

（9）是否制订房产管理责任追究制度，责任界定内容是否明确，事故原因是否及时查明并处理相关责任人，事故处理报告是否已上报适当管理层；

（10）房产产权证与土地使用权证是否设置专人进行管理，房产产权及土地使用权的任何变动是否及时进行了变更登记；

（11）是否制订房产维护保养制度，防止因各种自然和人为的因素而遭受损失，以延长其使用寿命；

（12）重大修缮施工单位的选择是否符合招投标文件的有关规定，修缮工程完工后是否组织相关部门进行验收并采取一定的质保措施；

（13）是否提供年度房产报告，年度报告是否已提供给适当管理层，年度报告的内容反应是否全面，所涉及问题是否得到及时解决。

3. 处置

（1）对拟出售的房产，学校是否经过财经领导小组等决策机构审核批准；出售依据是否充分，处置方式是否适当，处置价格是否合理，是否符合国家有关政策，保护资产的安全完整；

（2）投资转出的房产，是否经决策部门审核批准，是否对其价格进行评估，分析其效益，是否按照对外投资有关规定进行控制；

（3）对需改建的房产，改建是否符合学校总体规划要求，是否经相关规定批准，是否存在擅自改建等违规行为；

（4）处置的房产是否及时更新房产数据，相关财务信息资料是否完备。

4. 房产经费管理

（1）房产修缮经费是否实行预算制度，对实际支出与预算之间有差异或未列入预算的特殊项目，是否采用特别的审批手续；

（2）修缮经费的支付是否按修缮合同的规定付款，修缮工程结束经验收后是否预留一定的工程质保金；是否对大额维修费用进行评估和经单位负责人或其授权人员批准实施，维修保养费用是否纳入单位预算，并在经批准的预算额度内执行；

（3）修缮经费是否存在长期未执行情况，修缮经费的预算制订是否合理；

（4）各类房产的出租收入是否足额收取并纳入单位统一核算与管理，房租收入汇总表是否经过复核，复核错误是否查明原因并及时进行更正；

（5）房产处置是否符合国家有关政策，货币性房产处置收入是否全部及时纳入单位统一核算与管理，有无长期挂账现象；非货币性房产处置是否合规，取得的各类房产是否纳入房产管理信息系统进行统一核算与管理；

（6）是否对占房行为进行罚款，罚款是否符合有关政策，罚款收入是否纳入统一核算与管理。

（四）房产管理的信息与沟通

1. 重大决策是否形成会议记录，会议记录是否完整；

2. 各项制度及签订的各项协议是否装订成册，是否根据情况变化及时进行修订；

3. 是否已建立房产管理信息系统，系统数据是否能满足管理层的需要，信息录入流程是否清晰；

4. 是否定期或不定期对系统资料（如房产数量、金额、分布及使用状况）进行检查、分析、研究和汇总，是否按有关规定如期、准确上报各类统计数据，并及时处理反馈意见，是否按照有关规定和程序进行信息公开；

5. 系统数据是否及时更新，更新是否有相关资料进行支持，数据的接触与修改是否经过适当授权与批准，是否定期与财务部门的记录进行核对。

（五）房产管理的监督

1. 房产管理部门和各部门对房产的使用情况是否定期进行自我评估、自我调整；评估的内容是否全面、充分并突出重点，评估的目标是否着眼于内容控制体系的健全、有效；

2. 是否根据评估结果对相关内容加以改进，并对改进的内容进一步评估，在评估的基础上进一步改进，形成一种良性循环机制；

3. 房产管理部门是否定期或不定期对各单位房产管理情况进行检查、评估、考核；

4. 各部门是否对房产管理部门、财务部门等部门的检查处理意见及时落实到位。

第四十一条　房产管理内部控制审计主要采用观察作业现场、询问相关人员、审阅房产档案、审查房产修缮经费收支会计资料、研究分析房产管理制度、对房产管理流程进行穿行测试等方法对内部控制进行了解和测试。

第四十二条　通过对房产管理内部控制的了解、记录和对房产管理内部控制的多项测试后，审计人员应在审计报告中对房产管理内部控制设计的健全性和是否有效运行作出评价，说明内部控制薄弱环节及风险因素，并提出改进措施。

第七节　设备管理内部控制审计

第四十三条　设备管理内部控制审计是指内部审计机构为保证学校设备信息的真实可靠、资产安全完整、设备资源得到合理有效配置、降低单位设备管理风险、保证学校遵守设备管理相关法律法规，而对单位设备管理内部控制体系的健全性和有效性进行的分析、测试和评价活动。

第四十四条　设备管理内部控制审计应获取的资料主要有：

（一）设备建设发展规划；

（二）设备管理机构及相关单位的部门职责、岗位职责及工作手册；

（三）各类设备管理法律法规及相关制度文件；

（四）设备管理数据库资料；

（五）设备经费收支报表、会计账簿及会计凭证等会计资料；

（六）设备采购合同和出租协议；

（七）其他有关资料。

第四十五条　设备管理内部控制审计的内容主要有：

（一）设备管理的控制环境

1. 单位是否有明确的设备建设发展规划或目标，并有具体可行的操作计划；

2. 设备管理制度建设是否健全，是否根据情况变化及时进行修改；

3. 是否针对不同的设备管理业务活动制定了完整的业务流程，并为校内各单位所熟知；

4. 设备管理部门职责是否明确，与单位其他部门之间的职责划分是否合理；

5. 设备管理内部岗位设置是否合理，是否配备具有一定专业技术的合格人员，岗位职责是否明确；

6. 人员招聘是否履行相关程序，对员工是否定期进行培训，及时更新和拓展知识结构，提高其设备管理能力；

7. 是否定期对设备管理情况进行考核，并将考核结果进行公布，是否对使用和管理情况制定合理的奖惩制度；

8. 是否制定从业人员的职业道德规范，职业道德规范内容是否明确、切实可行，并是否得到有效执行。

（二）设备管理的风险管理

1. 风险管理目标是否明确并切实可行；

2. 是否建立识别设备管理风险的适当机制；

3. 是否有适当层次的管理部门建立设备管理风险的评估机制；对设备管理风险的评估是否全面；是否对人事、控制程序等变化设立反应机制；

4. 是否及时进行风险管理；是否建立设备管理风险的控制机制，包括风险管理的预警机制、监控机制、应急措施等，比如是否对重大设备进行投保、是否建立设备丢失损坏赔偿办法，对责任事故追求责任、是否制定合理的赔偿制度等； 各项风险管理机制是否有效。

（三）设备管理的控制活动

1. 取得与验收

（1）学校是否设立专门的设备管理部门进行设备管理，是否建立设备申请、审批、购置、验收、使用、保养、维修等管理制度，是否明确各部门和个人的职责权限；

（2）学校是否根据教育事业和学科的发展规划，制定设备的购置方案；

（3）国内购置设备时是否通过相应的审批程序，其中大型仪器设备的采购是否进行可行性论证报告，是否组织相关学科专家和有关人员进行论证，并报相关负责人或部门审批或评审；是否合理选择供应商，对符合招标范围的仪器设备采购是否按规定程序进行招、投标采购；

（4）国外购置设备时是否按照金额进行分级论证；是否按规定进行招标采购等竞争性谈判采购；是否按国家规定，通过国家有关审批部门的进口批准；对带有放射性源的设备是否到学校环境保护部门办理相关手续，并经主管部门批准后办理进口审批手续；外贸合同是否经学校规定的有效部门委托合法的对外贸易经营权法人或组织签订；采购免税的科教用品是否按规定进行免税申报；属国家法定检验范围内的科教用品，是否按国家有关规定报国家商品检验检疫机构报验；

（5）根据不同专项资金（“211”工程和“985”工程等）购置设备时，是否严格执行相应的专项资金设备购置管理办法；

（6）接受赠送的仪器是否有正式书面的赠送函，捐赠设备的接收流程是否明确，是否经学校有关部门和领导审核批准，是否及时建账、建卡；

（7）其他方式取得的设备（自建、调拨等）是否及时建账、建卡，是否及时办理相关手续；

（8）设备验收时是否成立验收小组，小组的组成人员是否合理，是否根据采购合同进行验收，如属于技术性很强的设备进行验收，验收小组成员中是否包括技术专家；

（9）学校采购仪器设备是否在索赔期完成验收工作，不合格的是否及时提出索赔报告或退货处理；

（10）验收结束后是否出具验收结果报告，验收小组成员是否在结果报告上的签名，结果报告是否与采购发票一起作为财务人员处理的依据；

（11）验收结束后是否及时做好文件归档，是否将验收资料交设备数据库管理人员及时更新设备管理数据库，是否及时建卡、入账；放射性源的仪器设备是否将相关资料向学校环境保护办公室备案。

2. 日常管理

（1）是否对设备的记录、保管、维修、调拨等日常管理根据不同类设备制订管理制度；各部门是否有专门人员负责设备的日常管理；学校设备管理部门是否对设备日常管理起督促作用，是否在权限范围内进行日常管理；

（2）是否制订设备责任追究制度，事故原因是否及时查明并分清责任后进行处理，事故结果报告是否上报适当管理层；

（3）是否建立设备使用登记制度，是否根据使用登记资料提供年度设备使用情况报告，对利用率低的设备是否进行了原因分析，并提出了切实可行的改进措施；

（4）是否制订大型设备开放测试管理办法，开放测试的设备范围是否经过审批，是否采取措施保证开放测试的设备处于最佳使用状态；

（5）设备对外开放服务是否按学校规定统一收费；

（6）是否存在闲置浪费、公物私化、私自转让、丢弃等行为；设备拆改或分解使用，是否经过有关程序审批；

（7）离退休的教学、科研人员，因科研项目仍需继续使用仪器设备的，是否经过相应审批程序批准；

（8）免税进口的设备，是否在海关监管期内存在挪作它用、转移监管地点、擅自转让等违规行为；

（9）是否制订设备盘点制度，是否定期或不定期对单位设备进行盘点，盘点小组的组成人员是否合理，是否有明确的盘点计划和盘点程序，盘点结束是否提供盘点报告，盘点报告是否送达给适当的管理层，对盘盈盘亏是否分清责任并及时进行处理；

（10）设备借用（校内、外）是否经相关部门的批准，并办理借用手续；其中免税进口的仪器设备借用，是否向海关办理相关手续；借出的仪器设备如出现损坏、遗失等问题，是否按规定获得赔偿；借出后设备管理数据库是否及时更新；

（11）设备调拨（校内、外）是否按规定经相关部门或负责人批准后办理调拨手续，调拨手续是否完善合规，校内各单位的调拨是否及时办理过户手续，向校外调拨设备是否经过设备管理部门批准；免税进口仪器设备的对外调拨，是否经设备管理部门批准后并向海关申请监管变更或办理补交税款等手续。校内、外设备的有价调拨是否及时办理财务手续，数据库数据是否及时更新；

（12）对多余或积压的仪器设备是否按程序及时进行处理；

（13）是否制订设备维护保养制度，防止因各种自然和人为的因素而遭受损失，以延长其使用寿命；是否按照国家技术监督局有关规定，定期对仪器设备的性能、指标进行校检和标定，对精度和性能降低的设备是否及时进行修复；

（14）对于需维修的设备是否及时进行维修，是否存在处于保修期的设备故意拖延至保修期外进行维修；

（15）设备在维修前损坏原因是否查明，是否已追究相关人员责任；

（16）维修单位是否具有相关资质，是否存在选择不具有维修资质的单位进行维修，无法完成维修任务情况。

3. 处置

（1）对技术落后、损坏、无零配件或维修费过高等原因需降档或报废的仪器设备，是否及时做降档或报废处理；

（2）设备报损、报废是否按照金额、类别的不同制定相应制度，是否经过审批程序，即由设备所属单位提交报废申请，学校设备管理部门组织有关专家审议，提出技术鉴定报告和意见，其中重大设备的处置是否报上级领导审批；审批程序是否存在越权现象；是否有单位或个人自行处置设备；

（3）报废的仪器设备如系带有放射性同位素的含源装置或射线装置，是否到环境保护办公室及辐射防护办公室办理相关手续；免税进口仪器设备在报废前是否办理撤除海关监管手续；

（4）大批设备的处置是否采用招投标等竞争性谈判方式进行处理。

4. 设备经费管理

（1）设备修理经费是否实行预算制度，对实际支出与预算之间有差异或未列入预算的特殊项目，是否采用特别的审批手续；

（2）修理经费是否存在长期未执行情况，修理经费的预算制订是否合理；

（3）修理经费的使用是否经过审批，是否存在处于保修期的设备故意拖延至保修期外进行维修，以支付修理现象；

（4）开放测试项目是否按已审批的标准进行足额收费，收取的费用是否全部纳入单位统一核算与管理，减免收费是否报经相关部门审批；

（5）设备进行处置时，处置人、收款人与开票人员是否分离，处置收入是否全部纳入单位进行统一核算与管理；

（6）因赔偿获取的经费是否用于补偿仪器设备损坏、遗失，是否纳入账内统一核算。

（7）报废仪器设备收回的残值，是否返回规定部门，是否纳入学校年度设备经费

（四）设备管理的信息与沟通

1. 重大决策是否形成会议记录，会议记录是否完整；

2. 各项制度及签订的各项协议是否装订成册，是否根据情况变化及时进行修订；

3. 是否建立设备管理信息系统，系统数据录入是否真实、完整；是否建立技术档案，登记设备使用、维修等情况；

4. 是否定期或不定期对系统资料（如设备的种类、数量、金额、分布及使用状况）进行检查、分析、研究和汇总，是否按有关规定如期、准确上报各类统计数据，并对反馈意见及时进行处理，是否按照有关规定和程序进行信息公开；

5. 系统数据是否及时更新，更新是否有相关资料进行支持，数据的接触与修改是否经过适当授权与批准，是否定期与财务部门的记录进行核对。

（五）设备管理的监督

1. 设备管理部门和各部门对设备的使用情况是否定期进行自我评估、自我调整；评估的内容是否全面、充分并突出重点，评估的目标是否着眼于内容控制体系的健全、有效；

2. 是否根据评估结果对相关内容加以改进，并对改进的内容进一步评估，在评估的基础上进一步改进，形成一种良性循环机制；

3. 设备管理部门是否定期或不定期对各单位房地产管理情况进行检查、评估、考核；

4. 各部门是否对设备管理部门、财务部门等部门的检查处理意见及时落实到位。

第四十六条　设备管理内部控制审计主要采用观察作业现场、询问相关人员、审阅设备档案、审查设备经费收支会计资料、研究分析设备管理制度、对设备管理流程进行穿行测试等方法对内部控制进行了解和测试。

第四十七条　通过对设备管理内部控制的了解、记录和对设备管理内部控制的多项测试后，审计人员应在审计报告中对设备管理内部控制设计的健全性和是否有效运行作出评价，说明内部控制薄弱环节及风险因素，并提出改进措施。

第八节　物资采购管理内部控制审计

第四十八条　物资采购内部控制审计是指内部审计机构为保证本单位物资采购信息的可靠透明、资金的安全完整、物资采购资源得到合理有效配置、降低单位物资采购风险、保证遵守物资采购活动相关法律法规，而对单位物资采购内部控制体系的健全性和有效性进行的分析、测试和评价活动。物资采购包括设备采购、图书采购、药品采购等大宗物资采购，但不包括对建设工程等服务采购。

第四十九条　物资采购内部控制审计应获取的资料主要有：

（一）物资采购管理机构及相关单位的部门职责、岗位职责及工作手册；

（二）各类物资采购管理法律法规及相关制度文件；

（三）物资采购申请表、物资采购招标文件、大型设备采购论证文件；

（四）物资采购经费收支报表、会计账簿及会计凭证等会计资料；

（五）物资采购合同；

（六）其他有关资料。

第五十条　物资采购内部控制审计的内容主要有：

（一）物资采购的控制环境

1. 管理部门是否建立物资采购管理制度，是否根据情况变化及时进行修改；

2. 物资采购管理部门职责是否明确，与单位其他部门之间的职责划分是否合理；

3. 物资采购内部岗位设置是否合理，是否对关键岗位进行分工，岗位职责是否明确；

4. 是否针对不同的物资采购活动制定了完整的业务流程，并为单位员工所熟知；

5. 人员招聘是否履行相关程序，是否定期组织员工培训，提高其道德素质和专业能力，是否对员工进行定期考核，是否制定明确的奖罚制度；

6. 是否制定从业人员的职业道德规范，职业道德规范内容是否明确、切实可行，并是否得到有效执行。

（二）物资采购的风险管理

1. 风险管理目标是否明确并切实可行；

2. 是否建立识别物资采购管理风险的适当机制；

3. 是否有适当层次的管理部门建立物资采购管理风险的评估机制；对物资采购管理风险的评估是否全面；是否对人事、控制程序等变化设立反应机制；

4. 是否及时进行风险管理；是否建立物资采购管理风险的控制机制，包括风险管理的预警机制、监控机制、应急措施等，比如是否对重大设备进行投保、是否建立设备丢失损坏赔偿办法，对责任事故；各项风险管理机制是否有效。

5. 风险管理机制是否包括对物资采购流程的监控，比如是否审核供应商资质，是否评估供应商信誉、资质和财务状况，是否对供应商生产产品进行质量检验，是否检查采购人员素质，是否对采购活动流程设计监督机制，是否对采购物质进行验收，验收单的价格和数量是否与采购单一致，付款手续是否健全；

6. 是否设计应急计划回避、降低、防范物资积压和短缺等情况；是否设立了备选供货商团队。

（三）物资采购的控制活动

1. 物资采购计划

（1）采购计划的编制是否符合单位需求，采购申请所要求的技术指标是否明确，是否有采购经费予以保障；采购申请表是否有库管人员的签字，是否已考虑到单位实际库存量状况；

（2）各部门负责人是否按职责分工和授权范围对提交的采购申请进行分类初审，对口把关；

（3）对不符合规定的采购申请，有无要求请购部门或人员调整采购内容或拒绝批准其采购申请；对于紧急采购情况，是否在规定日期内补办相关手续；

（4）对于重要的和技术性较强的物资采购，是否组织专家进行论证，实行集体决策和审批；

（5）大型仪器设备采购计划中所要求的配套设施是否符合设备需要，并已准备到位；

（6）采购计划所列的价格和物质数量是否合理；

（7）是否按要求进行招标采购，招标过程是否公平、公开、公正；是否建立供应商评价小组，小组人员组成是否合理，是否经集体决策择选供货商名单；是否定期调查和复核供货商名单。

2. 物资采购申报价格

（1）是否按照规定程序进行价格申报，是否根据不同的物资采购方式确定申报价；申报价是否高估虚报；申报价格是否经过合理程序进程核定；

（2）申报单中所列物资品种是否在采购计划范围内，是否列入采购预算；是否存在随意压价而忽视物资质量的现象。

3. 物资采购合同

（1）供货商是否具有签约资格；

（2）合同的签订程序是否合规，市场调查阶段是否按“货比三家”的原则进行市场调查，是否取得供货商完整的档案资料以确认供货商的信誉和履约能力，参与业务谈判的代表的业务能力和技术水平是否具备，是否由两人以上参与谈判，合同变更、解除或终止的理由是否充分，是否签署了书面变更协议并履行了审批手续，对于已发现的将严重损害组织利益的已签署合同，是否及时采取了纠正措施；

（3）合同内容是否得到全面、严格的履行，有无合同违约，如对方违约，是否及时组织索赔，如本单位违约，是否追究相关人员的责任；

（4）有无专门合同管理机构，合同的归档和保管是否完整，是否包括采购合同正本、合同补充协议、技术协议、采购订单、合同评审表及其他合同附件。

4. 物资采购计划执行

（1）是否按采购计划、采购申请单确定的采购方式和供货商进行采购；对基建工程和设备、教材、图书等大宗物资的采购，是否按规定实行政府采购或公开招标；

（2）是否设置有独立的部门或人员进行采购验收，是否制定适当措施防止采购人员、质检人员与保管人员串通舞弊；是否存在验收不严造成以好充次等现象；验收是否根据货运单、发票和经过批准的采购合同副本、采购价格申报单、采购计划进行；验收是否签署顺序编号的验收报告；

（3）是否严格按照合同规定进行验收，超过采购合同的进货数量和提前到货的采购是否经过适当批准；逾期未交货者，有无按合同规定给予罚款或没收违约金；短缺物资和不符合质量要求的物资是否根据不同情况及时组织索赔；

（4）审查发票、货运单、验收单等原始资料上载明的价格是否与价格申报单、采购计划、采购合同一致，价格的变动是否经过核准；运费是否符合确定的价格标准；

（5）是否在物资采购申请单、验收单、供货商发票等核对无误的基础上出具付款申请单，财会部门是否是对所有单据进一步审核后编制记账凭证，登记付款凭单登记簿或应付账款明细账，确认负债；

（6）付款是否符合资金结算制度的要求；付款是否在会计人员审核的基础上，经过授权人审批；是否按确定的付款方式付给指定的收款人；核实付款金额和收款人是否正确；有无使用空白支票；已付货款是否在发票上加盖“付讫”戳记等；

（7）预付账款是否经过申请、审批；收到采购物资后，是否根据供应商发票及时冲减预付账款；是否与供货商定期对账；

（8）是否定期编制应付账款账龄分析表、物资已收发票未到情况汇总表；是否每月计算主要业绩指标据以监控应付账款状况；采用分析性复核方法，通过比较本期与上期各应付账款明细账户余额、相关比率和相关费用账户金额，确定应付账款有无异常变动。

5. 物资采购经费管理

（1）专项采购经费是否实行专项管理，有无挪用；

（2）有无长期未使用的采购经费，采购经费预算是否合理；

（3）是否由采购人员以外的人员定期与供货单位进行对账，核对采购及欠款情况；

（4）物资采购的过程中对给予折扣的经营者，是否明示并如实入账，是否存在暗扣情况，收取的回扣收入是否纳入单位统一核算与管理。

（四）物资采购的信息与沟通

1. 重大决策是否形成会议记录，会议记录是否完整；

2. 各项制度及签订的各项协议是否装订成册，是否根据情况变化及时进行修订，相关制度是否按规定公开；

3. 是否建立物资采购信息管理系统，信息录入流程是否清晰，是否投入充分的资源来支持对信息系统的开发和修改，修改是否得到授权，对有关信息的接触是否制订了限制规定；

4. 采购系统是否定期生成报告对报告信息与其他信息（比如财务信息等）存在的差异是否及时妥善处理，是否将调查结果向管理层提交，是否及时妥善处理管理层反馈意见；是否按规定程序进行信息公开；

5. 有无通畅的例外情况报告渠道，员工的反馈以及供货商的投诉渠道是否畅通，员工是否能在信息畅通的环境下有效履行职责。

（五）物资采购的监督

1. 是否建立适当管理程序保证物资采购控制的运行；是否定期或不定期评估运行效果；并对运行的效果进行评估；评估的内容是否全面、充分并突出重点，评估的目标是否着眼于内容控制体系的健全、有效；

2. 是否根据评估结果对相关内容加以改进，并对改进的内容进一步评估，在评估的基础上进一步改进，形成一种良性循环机制；

3. 是否对相关部门的检查处理意见及时落实到位；

4. 是否对建立物资采购流程持续监督机制，是否定期向管理层汇报监督情况，是否定期对监督机制进行评估更新；采购程序稽核和监督人员是否独立。

第五十一条 物资采购内部控制审计主要采用观察作业现场、询问相关人员、审阅物资采购档案、审查物资采购经费收支会计资料、研究分析物资采购管理制度、对物资采购流程进行穿行测试等方法对内部控制进行了解和测试。

第五十二条 通过对物资采购内部控制的了解、记录和对物资采购内部控制的多项测试后，审计人员应在审计报告中对物资采购内部控制设计的健全性和是否有效运行作出评价，说明内部控制薄弱环节及风险因素，并提出改进措施。

第三章 预算执行和决算审计

第一节 一般原则

第五十三条 本指南所称预算，是指高校根据事业发展计划和任务编制的年度财务收支计划。预算分收入预算和支出预算。

第五十四条 本指南所称决算，是指高校根据年度预算执行的结果而编制的年度财务决算报告，包括决算报表和决算情况说明书。决算是反映学校年度财务状况、年度收支情况和事业发展状况的书面总结文件。

第五十五条 本指南所称预算执行与决算审计，是指由高校内部审计机构依法独立对预算执行与决算的真实性、合法性、效益性进行的审查和评价活动。

第五十六条 高校内部预算执行和决算审计的目标是促进规范学校预算管理，提高预算编制工作的科学性、准确性和透明度，促进更加合理地分配学校资源，提高资源的配置和利用效益。

第五十七条　高校内审部门对预算执行情况进行审计，应做到事前审计、事中审计、事后审计相结合。高校内部审计机构应在预算编制阶段事前介入，了解预算编制和调整情况；在年度预算执行期间对其执行情况进行期中审计；在次年上半年内对上一年度预算执行情况进行事后审计。

第五十八条　高校内审部门应根据上级主管部门的相关政策、学校的具体情况，在预算执行和决算审计中确定重点审计内容。

第五十九条　高校内审部门对预算执行情况进行审计，应将对二级预算单位的延伸审计与本部门所开展的其他类型的审计相结合，相互利用审计成果，提高审计工作效率与效果。

第二节　预算执行审计

第六十条　预算执行审计是在预算内部控制测评的基础上，对预算管理、收入预算执行、支出预算执行等进行的审查和评价。

第六十一条　预算管理审计

预算管理审计是对预算的编制原则、编制程序、编制方法、预算调整、经济责任制等相关管理活动的合法性、适当性和有效性的审查和评价。

（一）应获取的相关资料

主要包括预算政策、预算编制计划、专项经费管理办法、预算管理办法和经济责任制等。

（二）应关注的风险领域

主要包括预算程序失控的风险、预算管理依据不当的风险、预算管理职责不到位的风险等。

（三）审计内容

1. 预算管理中的内部控制制度和各级经济责任制是否健全，是否有效。

2. 预算编制是否遵循“量入为出，收支平衡”的原则，收入预算是否贯彻积极稳妥的原则，支出预算是否贯彻统筹兼顾、保证重点、勤俭节约的原则；预算编制的方法是否符合上级主管部门及本校的规定。

3. 预算方案的编制是否真实、合法、有效；是否编制超越学校财力的赤字预算；预算是否按照规定程序审批；预算经费是否按规定时间足额下达。

4. 预算调整有无确需调整的原因及明确的调整项目、数额等措施有关说明，预算调整是否编制追加和调整方案，并经法定程序审批后执行。

5. 预算下达后是否存在不经法定程序随意调整现象，预算支出有无随意增减项目或项目之间随意调剂使用情况。

（四）审计方法

预算管理审计可以采用检查、调查、分析性复核、复算、鉴证和询问等方法。

第六十二条 收入预算执行审计

收入预算执行审计是对收入预算执行的真实性、合法性和完整性进行审查和评价。

（一）应获取的相关资料

主要包括上级主管部门拨款控制数和预算批复数文件、有关部门的收费批文、学费收费通知和记录、学费收据存根联、预算外资金上缴的相关凭证、收入核算的相关会计资料等。

（二）应关注的风险领域

主要包括收入项目不完整、学费收入依据不当、预算外收入上缴不完整和不及时、收入核算不正确等。

（三）审计内容

1. 各项收入是否全部纳入预算，实行统一管理。

2. 各项收入是否真实、合法、完整，有无隐瞒、少列收入、推迟或提前确认收入行为；各项收入的款项是否及时足额到位。

3. 是否按预算目标积极组织收入，有上缴任务的单位或部门是否将应上缴的预算收入按规定及时上缴学校，有无截留、挪用预算收入或私设“小金库”行为。

4. 各项收入，包括财务补助收入、上级补助收入、事业收入、经营收入、附属单位上缴收入和其他收入，是否准确分类。

5. 收费的项目、标准和范围是否报经上级主管部门批准，有无擅自增加收费项目、扩大收费范围和提高收费标准等问题；是否贯彻“收支两条线”原则。

6. 收入的会计处理是否合规。有无利用应付及暂存、代管项目等过渡性会计科目挂账隐瞒收入或直接列收列支等问题。

7. 学校是否制订保证收入预算目标实现的控制措施和办法。

8. 分析收入预算的执行情况及其与收入预算之间的差异和原因。

（四）审计方法

收入预算执行审计可以采用调查、审核、观察、函证、计算、分析性复核、抽样和询问等方法。

第六十三条 支出预算执行审计

支出预算执行审计是对支出预算执行的真实性、合法性和有效性进行审查和评价。

（一）应获取的相关资料

主要包括支出预算明细表、预算下拨文件、支出核算的相关会计资料等。

（二）应关注的风险领域

主要包括支出项目不合法、支出项目不真实、支出标准不合规、专项经费未专款专用、支出核算不正确等。

（三）审计内容

1. 支出预算是否严格按照预算确定的经费项目、支出标准和支出用途进行开支或拨付经费，是否严格执行国家有关财务制度以及上级主管部门和学校有关财务规章制度规定，是否存在擅自扩大支出范围和提高开支标准的行为。

2. 各项支出是否真实、合法，有无随意改变支出的确认标准或计价方法，多列、不列或少列支出；支出中有无虚列支出、以领代报、以购代支现象，有无挤占、挪用、损失浪费、滥发钱物、变相对外投资等行为。

3. 各项支出，包括事业支出、经营支出、自筹基本建设支　　出/和对附属单位补助支出分类是否准确、合规；是否正确划清各类支出的界限，支出是否真实并严格按预算执行，有无预算外或超预算等问题；是否按照标准考核、监督支出。

4. 专项资金是否按特定项目或用途专款专用，有无挤占或虚列行为。

5. 支出的会计核算是否合规、准确。有无利用应收及暂付、应付及暂存、代管项目等过渡性会计科目挂账隐瞒支出或直接列收列支等问题。

6. 支出预算中是否有保证预算目标实现的控制措施和办法。

7. 分析支出预算的执行情况与支出预算之间的差异和原因。

8. 分析与评价支出预算执行的效益和效果。

（四）审计方法

支出预算执行审计可以采用调查、审核、监盘、观察、函证、计算、分析性复核、抽样和询问等方法。

第三节　决算审计

第六十四条　决算审计是对决算报表及其资产、负债、净资产、收入和支出进行的审查和评价。

第六十五条　决算报表审计

决算报表审计是对决算报表的真实性、合法性和完整性进行审查和评价。

（一）应获取的相关资料

主要包括年度预算及其编制与调整说明和批准文件，包括上级主管部门批准的年度预算通知和预算追加调整通知；年度财务决算报表及其编制说明和上级主管部门关于年度决算编报的通知；年度会计账簿、会计凭证及有关的重要经济合同协议、会议记录等资料；学校国有资产处置（包括固定资产与存货的报废、转作投资、无偿调拨、毁损、丢失和坏账处理等）的审批文件和相关资料；其他有关资料。

（二）应关注的风险领域

主要包括报表存在不合法项目的风险、收入和支出中存在不真实项目的风险、支出标准不合规定的风险、专项经费未专款专用的风险、支出核算不正确的风险等。

（三）审计内容

1. 审查财务决算报表是否完整，并进行复核性检查。包括：财务决算报表是否齐全，符合上级主管部门的统一要求；每张报表内容填列是否完整、正确；项目填列是否齐全，表内对应项目之间数据勾稽关系是否正确，应当填写的“报表附注”是否填列；对应报表之间数据勾稽关系是否正确；是否有年度财务情况说明（文字部分）；是否按有关规定签名盖章。

2. 核对报表项目数据填列与对应的账户余额或发生额是否一致，检查表、账是否相符。按照报表所列项目，逐一与会计账簿进行核对。

3. 对报表项目内容的真实性进行检查验证，应用预算执行审计成果对收入、支出类项目进行分析性复核；检查各项资产的实有数与报表填列数是否一致；审查各项净资产的形成过程，分别进行验算。

4. 对会计核算情况进行检查，是否符合《会计法》和《高校会计制度》的规定；是否定期将会计账簿记录与实物、款项（货币资金、有价证券等）及有关报表、资料相互核对、账实、账账、账表是否相符；采用的会计处理方法是否前后期一致，有无随意变更；确有必要变更，是否将变更的原因及影响在年度决算报表情况说明中反映；学校财务管理与会计核算中的内部控制制度是否健全、有效。

5. 审查财务分析指标，包括经费自给率、预算收支完成率、人员支出与公用支出分别占事业支出的比率、资产负债率、生均支出增减率以及其他财务指标等是否真实、准确，能否恰当地反映学校的财务状况、收支结果和事业发展情况。

（四）审计方法

财务决算报表审计可以采用审核、观察、计算、分析性复核和询问等方法。

第六十六条　资产审计

资产审计是对资产的真实性、合法性和效益性进行审查和评价。

（一）应获取的相关资料

主要包括财务报表和相关会计记录、学校固定资产报表和盘点表、报废固定资产清单、银行对账单、库存现金盘点表、对外投资的资料、全资企业的审计报告等。

（二）应关注的风险领域

主要包括购置资产未入账的风险、报废固定资产未冲销的风险、资产账实不符的风险等。

（三）审计内容

1. 资产的存在是否真实、完整，资产的管理是否安全，资产的变动是否合法，资产的计价是否合理、正确，有无随意改变资产的确认标准或计价方法，虚列、多列、不列或者少列资产的行为。

2. 货币资金和有价证券的管理和使用是否符合规定，内部控制制度是否健全、有效。银行开户是否合规，有无出租、出借或转让等问题；有无公款私存、挪用、白条顶库、非法融资以及舞弊盗用的情况；定期存款是否合规合理，货币资金是否安全完整。

3. 应收及暂付款项、借出款的发生、增减变化是否真实、合法，是否及时清理结算，有无长期挂账、虚挂账等问题，有无呆账、坏账情况；对确实无法收回的应收及暂付款、借出款是否查明原因、分清责任、按规定程序批准后核销。

4. 财产物资的收发、管理和使用是否真实、合法、安全、完整，不相容岗位是否分离，购置有无计划和审批手续，有无被无偿占用、流失、损失浪费等问题，大宗物资的采购是否建立招标制度和集中采购制度；会计核算是否符合规定，内部控制制度是否健全、有效，对固定资产、材料是否进行定期的清查盘点，做到账实相符，盘盈、盘亏是否及时调整和处理。

5. 对外投资是否进行可行性研究，是否履行了法定审批程序；以实物对外投资是否按规定进行资产评估；投资款项的发生和增减变化是否真实、合法、完整；是否责成有关部门或专人对投资项目进行监控、管理，是否及时对投资本金和投资收益进行回收，有无投资失误和损失问题，是否建立目标经济效益项目责任制；投资及其收益的会计核算是否恰当、合规。

6. 无形资产的取得、管理、核算、转让是否符合规定。

（四）审计方法

资产审计可以采用审核、监盘、观察、调查、函证、计算、分析性复核和询问等方法。

第六十七条　负债审计

负债审计是对负债的真实性、合法性和效益性进行审查和评价。

（一）应获取的相关资料

主要包括财务报表和与负债相关的会计记录、账龄分析表、银行贷款合同、贷款项目可行性分析报告等。

（二）应关注的风险领域

主要包括负债资金到位不及时的风险、贷款利息成本过高的风险、不能按时还本付息的风险等。

（三）审计内容

1. 负债的形成、存在是否真实、合法、完整，有无随意改变负债的确认标准或者计价方法，虚列、多列、不列或者少列负债的行为。

2. 对各项负债包括借入款、应付及暂存款、应缴款项、代管款项等分类和会计核算是否合理、合规，是否按规定权限对各项负债进行处理。

3. 对各项负债是否及时清理，按照规定办理结算，并在规定期限内归还或上缴应缴款项，有无长期挂账现象。

4. 学校为发展举债搞建设是否有偿还来源和能力，是否控制在一定的规模内，有无潜在的财务危机。

5. 是否存在未决诉讼案或有关事项。

（四）审计方法

负债审计可以采用调查、审核、函证、计算、分析性复核、抽样和询问等方法。

第六十八条　净资产审计

净资产审计是对净资产的真实性、合法性和效益性进行审查和评价。

（一）应获取的相关资料

主要包括财务报表和与净资产相关的会计记录等。

（二）应关注的风险领域

主要包括基金分类不正确的问题、基金列支不适当的问题、事业基金长期透支的风险等。

（三）审计内容

1. 净资产的存在、发生是否真实、合法、完整，有无随意调节收支配比余额。有无编造虚假或隐瞒事业基金、专用基金、固定基金的余额和增减变化情况，财务结果、收支差额的计算是否正确，有无随意改变净资产的确认标准或者计价方法。

2. 各项结余的分类是否合理、合规，经营收支结余是否单独反映，会计核算与处理是否符合规定；结余分配及比例是否符合国家的有关规定。

3. 事业基金和专用基金的设置、分类、结余、增减变化是否准确、合规，会计核算与处理是否符合规定，是否严格按规定的用途使用，使用效果如何，有无挤占、挪用或虚列的行为；各项专用基金的计入、提取及比例是否符合国家的有关规定，是否及时足额到位。

（四）审计方法

净资产审计可以采用审核、计算、分析性复核、抽样和询问等方法。

第六十九条　收入与支出审计，参照第十一条、第十二条内容执行。

第四章　建设工程项目审计

第一节　一般原则

第七十条　本指南所称建设工程项目审计，是指高等学校内部审计机构依据有关法律法规和制度规范，对建设工程项目各阶段业务管理活动的合法性、适当性、有效性所进行的确认和评价活动。

第七十一条　建设工程项目审计的内容包括对建设工程项目投资立项、勘察设计、施工准备、施工过程、竣工验收等各阶段业务管理活动的审查和评价。

第七十二条　建设工程项目审计的目的是促进有效控制工程造价和有效改善建设工程管理，促进学校建设工程目标的实现。

第七十三条　开展建设工程项目审计，应根据重要性和成本效益原则，结合学校实际情况和内部审计资源状况，既可以进行工程项目全部阶段或环节的审计，也可以进行工程项目部分阶段或环节的审计。

第七十四条　建设工程项目审计应遵循以下原则和方法：

（一）事前审计、事中审计和事后审计相结合；

（二）技术经济审查与审计控制和审计评价相结合；

（三）以促进控制工程造价和规范工程管理为重点，并充分关注造价、工期、质量三者关系；

（四）注意与建设工程管理部门、工程监理机构、造价咨询机构的协调与沟通。

第七十五条　建设工程项目审计由内部审计机构独立实施，也可由内部审计机构委托具有相应资质的工程造价咨询机构实施。委托造价咨询机构应当按照国家或学校相关规定办理，委托费用按规定列入工程建设成本。

第二节　投资立项阶段的审计

第七十六条　投资立项阶段的审计主要是通过参与建设工程项目的立项论证过程、审查与评价拟上报的可行性研究报告或项目申请报告（实行核准制的非政府投资项目）的真实性、完整性，为领导层提供决策依据，规避投资风险，提高投资效益。

第七十七条　在投资立项阶段的审计中，应主要依据国家有关部门发布的《投资项目可行性研究指南》、《教育部直属单位建设项目核准暂行办法》及地方政府相关规定，以及学校的事业发展规划、学科发展规划和校园建设总体规划。

第七十八条　投资立项阶段审计的主要内容：

（一）可行性研究前期工作的审查与评价。审计机构通过参与项目立项论证工作，分析拟建项目的建设规模、建设功能是否符合学校事业发展规划、学科发展规划和校园建设总体规划，选址是否合理，投资规模是否适度，有否超出学校财力的可支配能力。

（二）可行性研究报告或项目申请报告真实性的审查与评价。主要检查可行性研究报告或项目申请报告编制的依据是否真实；拟建项目建成后的经济、社会、办学效益分析是否客观、真实；投资估算是否准确，工程内容和费用是否齐全，建筑工程费、设备购置费、安装工程费以及其他建设费用和各类预备费的估算是否合理，与类似已建成项目比较是否存在建设标准过高导致浪费或估算偏低导致工程质量难以保证等问题；资金筹措的安排是否合理，投资计划安排是否得当，是否存在因资金不到位而导致工程建设风险等问题。

（三）可行性研究报告或项目申请报告完整性的审查与评价。主要检查可行性研究报告或项目申请报告是否具备国家有关部门发布的《投资项目可行性研究指南》、《教育部直属单位建设项目核准暂行办法》或地方政府相关规定的内容；是否说明建设项目的目的、依据、与单位事业发展规划的关系；是否对资源的需求和经济、社会、办学效益做出分析等。

第三节 勘察设计阶段的审计

第七十九条 勘察设计阶段的审计主要是对工程项目建设过程中勘察、设计阶段各环节业务管理活动的真实、合法和效益进行的审查和评价，目的是提高勘察设计阶段内部控制及风险管理的适当性和有效性，保证勘察、设计资料的充分性和可靠性。

第八十条 勘察设计阶段审计应依据以下主要资料：

（一）经批准的可行性研究报告或经核准的项目申请报告及估算；

（二）概预算编制原则、计价依据等基础资料；

（三）勘察和设计招标投标资料；

（四）勘察和设计合同；

（五）初步设计审查会议纪要等相关文件；

（六）建设工程管理部门与勘察、设计商往来函件；

（七）经批准的初步设计文件及概算；

（八）施工图会审会议纪要等相关文件；

（九）经会审的施工图设计文件。

第八十一条 勘察设计阶段审计的主要内容：

（一）工程勘察的审查与评价

1. 委托勘察与招投标的审查与评价

（1）委托勘察的范围是否符合已报经批准的可行性研究报告或已核准的项目申请报告；

（2）是否采用招投标方式选择勘察单位，招标方式的选择是否合理，是否存在规避招投标等违规操作风险；

（3）招标文件的内容是否合法合规，是否完整、严密，是否全面准确地表述招标项目的实际状况和招标人的实质性要求；

（4）招投标的程序是否符合有关法规和制度的规定，是否存在因有意违反招投标程序而导致的串标风险；

（5）投标单位有无超越其资质等级范围或借其他勘察单位名义投标的情况；

（6）招投标结果是否符合规定，有无因选择勘察单位不当而导致的委托风险。

2. 勘察合同的审查与评价

（1）订立合同的主体是否合格；合同的内容是否合法合规，是否与招标文件规定的范围、内容、要求相符，是否存在有悖于招标文件实质性内容的情况；

（2）是否对勘察单位的服务项目、服务内容、服务质量等做出明确规定；

（3）勘察收费的计费依据、收费标准是否符合规定，计算是否正确，合同确定的勘察收费是否与中标报价相符，支付方式是否妥当；

（4）合同是否明确规定协作条款和违约责任条款。

（二）工程设计的审查与评价

1. 委托设计与招投标的审查与评价

（1）设计的范围是否符合已报经批准的可行性研究报告或已核准的项目申请报告；

（2）是否采取招投标方式选择设计单位，招标方式的选择是否合理，是否存在规避招投标等违规操作风险；

（3）招标文件的内容是否合法合规，是否完整、严密，是否全面准确地表述招标项目的实际状况和招标人的实质性要求；

（4）招投标的程序以及定标结果是否符合有关法规和制度规定。

2. 设计方案选定的审查与评价

（1）设计方案的选定是否符合规定程序，是否经过招标竞争或多方案评选优化确定；

（2）选定的设计方案是否符合可行性研究报告或项目申请报告确定的标准和规模；

（3）设计方案是否体现了经济合理、方案可行的要求。

3. 设计合同的审查与评价

（1）订立合同的主体是否合格；合同的内容是否合法合规，是否与招标文件规定的范围、内容、要求相符合，是否存在有悖于招标文件实质性内容的情况；

（2）是否对设计单位的服务项目、服务内容、服务质量等做出明确规定，特别是对限额设计是否做出具体规定；

（3）设计收费的计费依据、收费标准是否符合规定，计算是否正确；合同确定的设计收费是否与中标报价相符，支付方式是否妥当；

（4）合同是否明确规定协作条款和违约责任条款。

4. 初步设计和概算的审查与评价

（1）初步设计方案和概算是否符合经批准的可行性研究报告或核准的项目申请报告及估算；

（2）初步设计的项目是否齐全，是否采取限额设计、方案优化等控制工程造价的措施；

（3）初步设计是否实施了规范的内部审查程序，结果是否得到落实；

（4）概算编制是否准确，经济评价是否合理，方案比较是否全面；设备投资是否合理，主要设备价格是否符合当前市场价格；

（5）修正概算的依据是否有效，内容是否完整，数据是否准确，是否按规定办理相关审批手续；

（6）分析和评价初步设计完成时间及其对建设项目进度的影响。

5. 施工图设计和预算的审查与评价

（1）施工图设计是否贯彻了限额设计的要求，是否按照批准的初步设计的原则、范围、内容、项目及投资额进行；

（2）施工图设计深度是否符合规定，有无因设计深度不足而造成投资失控的风险；

（3）施工图设计完成的时间及其对建设项目进度的影响，有无因设计图纸拖延交付而导致影响工程进度的风险；

（4）施工图预算是否符合经批准的初步设计方案、概算及标准，有无施工图预算超概算的情况；

（5）施工图交底、施工图会审的情况以及施工图会审后的修改情况。

第四节 施工准备阶段的审计

第八十二条 施工准备阶段的审计主要是对工程项目建设前期的征地、拆迁，组织施工、监理、设备材料采购的招投标以及合同管理等各环节业务管理活动的真实、合法和效益的审查与评价，目的是保证征地拆迁工作的合法性和适当性，促进招投标各环节的内部控制及风险管理的有效性，实现招投标程序及结果的真实、公正，保证工程发包和合同管理的合法、规范。

第八十三条 施工准备阶段审查与评价所依据的主要资料：

（一）征地、拆迁协议；

（二）招标文件和招标答疑文件；

（三）标底文件或施工图预算；

（四）投标文件和投标人资质证明文件；

（五）投标保函；

（六）评标记录和定标记录；

（七）中标通知书；

（八）专项合同书及其各项支撑材料等。

第八十四条 施工准备阶段审计的主要内容：

（一）征地、拆迁等的审查与评价

1. 征地报批程序是否合法，征地协议内容是否合法合规，征地补偿费用是否经过行政主管部门审核，是否在规定时间内付款并及时得到被征用土地；

2. 是否取得拆迁许可证，拆迁费用支出是否真实、合理；

3. 现场“三通一平”、相邻建筑物保护等费用支出是否真实、合理。

（二）招投标的审查与评价

1. 施工招投标的审查与评价

（1）招投标前准备工作的审查与评价。主要检查招标项目是否具备相关法规和制度中规定的必要条件，招投标的程序和方式是否符合有关法规和制度的规定；是否存在人为肢解工程项目、规避招投标等违规操作风险；标段的划分是否适当，有否标段划分过细增加工程和管理成本的问题。

（2）招标文件的审查与评价。主要检查招标文件的内容是否合法合规，是否完整、严密，是否全面准确地表述招标项目的实际状况和招标人的实质性要求。

（3）标底文件的审查与评价。采取工程量清单报价方式时，是否按《建设工程工程量清单计价规范》的规定编制，分部分项工程量及项目特征描述是否准确，有否漏、错，综合单价计算是否合理、准确；采取施工图预算报价方式时，检查其编制依据是否有效、内容是否完整，重点检查工程量计算、单价套用、费用和利润及税金计取是否合理、准确。

（4）开标、评标、定标的审查与评价。主要检查开标程序是否合规；评标时是否对投标人投标策略进行评估，是否对投标报价的合理性和完整性进行分析和比较，定标程序及结果是否符合规定。

2. 监理招投标的审查与评价

（1）招标文件内容是否合法合规，是否全面准确表述招标人的实质性要求；

（2）开标程序是否符合相关法规和制度的规定，评标标准是否公正，定标的程序及结果是否符合规定。

3. 主要材料和设备招投标的审查与评价

（1）招标文件的内容是否合法合规，是否全面准确地表述招标项目的基本要求，招标材料、设备的清单和技术要求是否齐全；

（2）开标程序是否符合相关法规和制度的规定，评标标准是否公正，是否受设计单位推荐厂家意见的限制；

（3）投标单位对其内容澄清解释时是否对投标内容做实质性修改，澄清解释内容是否真实、合理；

（4）定标的程序及结果是否符合规定。

4. 分包工程招投标的审查与评价

（1）招标文件的内容是否合法合规，是否全面准确地表述招标项目的实际状况和招标人的实质性要求；

（2）总包单位是否有意违反招投标程序，恶意串标欺骗建设单位；

（3）评标标准是否公正，定标的程序及结果是否符合规定。

（三）合同的审查与评价

1. 合同通用内容的审查与评价

（1）订立合同的主体是否合格，合同内容是否符合相关法律和法规的规定，是否与招标文件的要求相符合；

（2）合同条款是否全面、合理，有无遗漏关键性内容，有无不合理的限制性条件；

（3）合同是否明确规定当事人双方的权利和义务；

（4）合同是否存在损害国家、集体或第三者利益等导致合同无效的风险。

2. 合同其他内容的审查与评价

（1）施工合同的审查与评价。主要检查合同是否明确规定工程承包范围、工期、质量等，是否与投标承诺一致；合同工程造价计价原则、计费标准及其确定办法是否合理；合同是否明确规定设备和材料供应的责任及其质量标准、检验方法；合同规定的付款和结算方式是否合适，质量保证期是否符合有关规定；合同所规定的双方权利和义务是否对等，有无明确的协作条款和违约责任。

（2）监理合同的审查与评价。主要检查监理单位的资质与工程项目的建设规模是否相符；监理的业务范围、责任及应提供的工程资料和时间要求是否明确；监理报酬的计算方法和支付方式是否符合有关规定；有无明确的协作条款和违约责任。

（3）主要材料和设备合同的审查与评价。主要检查材料和设备的规格、品种、质量、数量、单价、结算方式、运输方式、交货地点、期限、总价和违约责任等条款是否齐全；新材料、新型设备的价格是否合理，专利权是否真实；检查采购合同与财务结算、计划、设计、施工、工程造价等各个环节是否存在脱节的问题。

（4）分包工程合同的审查与评价。主要检查合同是否明确规定工程范围、内容、工期和质量标准；工程计价原则、计费标准及其确定办法是否合理；分包工程中间验收、交工验收是否符合有关规定；合同规定的付款和结算方式是否合适；分包工程质量保证期是否符合有关规定；所规定的双方权利和义务是否对等，有无明确的协作条款和违约责任。

第五节　施工阶段的审计

第八十五条　施工阶段的审计主要是对建设工程项目实施过程中隐蔽工程的勘验、主要材料及设备的价格确认、工程进度款的拨付、设计变更和施工签证的认定以及索赔事项的核实等各环节业务管理活动的真实、合法和效益进行的审查和评价，目的是促进施工过程规范管理，有效控制工程造价。

第八十六条　施工阶段审查与评价所依据的主要资料：

（一）施工图纸；

（二）招标文件、招标答疑文件及投标文件；

（三）与工程相关的专项合同；

（四）设计变更、工程签证的相关资料；

（五）相关会议纪要等。

第八十七条　施工阶段审计的主要内容：

（一）主要隐蔽工程勘验的审查与评价

1. 主要隐蔽工程及其勘验的审查与评价的主要内容：检查综合单价中的项目特征、工作内容是否发生改变，实际施工是否与图纸或变更相一致。

2. 主要隐蔽工程的勘验应由建设工程管理部门、施工单位、监理单位和审计机构参加，未经审计机构参与验收的工程应不予审计和增加费用；勘验不合格的项目审计机构应及时建议建设工程管理部门妥善处理，并明确划分相关责任。

（二）主要材料及设备价格确认的审查与评价

主要材料及设备价格确认的审查与评价的主要内容：

1. 投标文件中对主要材料和设备已明确“厂家、规格、单价”的，进场使用前应由建设工程管理部门、监理单位和审计机构确认。“厂家、规格”与投标文件不同时，经建设工程管理部门、监理单位和审计机构确认和同意使用后，重新确认单价；

2. 投标文件中对主要材料和设备没有明确“厂家、规格”，但材料单价已明确的，进场使用前应由施工单位提供“厂家、规格、单价”，建设工程管理部门、监理单位和审计机构共同对“厂家、规格、单价”进行核实，如果实际价格低于投标价格较多的，应与施工单位共同定价和洽商确认；

3. 招标文件中规定暂估价的主要材料、设备，应由建设工程管理部门按有关规定组织招标；不须招标的应由建设工程管理部门和审计机构分别询价后共同确定；

4. 主要材料及设备在进场使用和安装前，建设工程管理部门、监理单位和审计机构应进行验收。

（三）工程进度款支付的审查与评价

1. 工程进度款支付的审查与评价的主要内容：

（1）工程实际进度与计划进度的偏差，分析由此对工程造价和工期的影响；

（2）施工单位填报并经建设工程管理部门审核后的月度工程价款结算书是否真实、准确，是否与实际完成的工程量相符；

（3）检查工程设计变更和施工签证的真实性，并审核计价方式是否与投标报价一致，当实物工程量与施工图纸不符、施工项目与施工合同不符、施工材料发生变化时，应在洽商基础上对工程进度款进行据实调整。

2. 未经审计机构审核认定的月度工程价款结算书，应不予支付工程进度款。

（四）设计变更和施工签证的审查与评价

1. 设计变更和施工签证审查与评价的主要内容是：

（1）设计变更的程序是否合理、合规，分析变更理由是否充分；对施工单位提出的变更应严格审查，防止施工单位利用变更增加工程造价；对设计单位提出的设计变更应进行分析，属于设计粗糙、错误等原因造成的变更应提出索赔；对建设单位提出的工程变更，应分析变更的理由是否充分，并对不同的变更方案进行测算和筛选，为领导决策提供依据。

（2）检查设计变更的真实性，分析设计变更对工程造价的影响；对工程量清单报价工程，合同中有相同或类似于变更子目的综合单价，按合同中单价执行；合同中没有的价格按招标文件及合同约定执行；只是项目用料（包括规格）改变时按相似或相近项目的综合单价进行换算，且只计算主要材料价差；对综合单价中的项目特征、工作内容发生改变的，应相应调整其单价。

（3）施工签证的发生是否真实，是否为施工图预算或工程量清单中未包括的内容；施工签证反映的事项是否准确，涉及工程量核算的计算式及图纸是否完整；施工签证内容是否规范，是否存在既签量又签价、既签量又签消耗、既签单价又签总价的问题。

2. 凡涉及费用变动的设计变更、施工签证，审计机构应及时核实和确认，对未经审计机构核实和确认的设计变更和施工签证，应不予增加工程费用。

（五）索赔费用的审查与评价

1. 索赔费用的审查与评价的主要内容：

（1）施工单位提出的索赔事项是否真实，是否实际发生；索赔的内容是否准确，责任是否划分清楚；索赔的程序是否规范；

（2）索赔的证据是否真实，各类索赔费用的计算是否准确，依据是否充分。

2. 对未经审计机构审核确认的索赔事项，应不予办理索赔款项的支付。

3. 对由于施工单位、设计单位的过失造成的工期延误及费用的增加，审计机构应向建设工程管理部门提出赔偿的建议和依据。

第八十八条 审计机构应根据施工阶段审计中发现的工程施工和工程管理中存在的主要问题，及时与建设工程管理部门、监理单位等进行沟通，定期或不定期的出具审计报告，提出加强和改进管理的意见与建议。

第六节　竣工验收阶段的审计

第八十九条　竣工验收阶段的审计主要是对建设工程项目的合同履行、工程结算以及工程项目决算等各环节业务管理活动的真实、合法和效益进行的审查和评价，目的是保证工程项目结算和决算的真实、完整、准确，防止虚列工程、套取资金、弄虚作假、高估冒算等行为的发生，促进合同的有效执行，维护学校的合法权益。

第九十条　竣工验收阶段审计依据的主要资料：

（一）经批准的可行性研究报告；

（二）勘察合同和勘察报告；

（三）设计合同和施工图、竣工图；

（四）有关管理部门审批、修改、调整的相关文件；

（五）招标文件、投标文件、中标通知书；

（六）各类施工合同和材料采购合同；

（七）施工图交底和会审会议纪要；

（八）设计变更、施工签证；

（九）工程价款支付文件

（十）工程索赔文件；

（十一）工程结算书及相关资料。

第九十一条　竣工验收阶段审计的主要内容：

（一）工程结算的审查与评价

1. 工程结算的编制依据是否有效，内容是否完整；

2. 工程结算的方式是否正确，是否符合合同的约定；

3. 检查工程设计变更、施工签证内容是否真实，手续是否齐全，资料是否符合要求；

4. 检查工程设计变更、施工签证的结算增减项目及工程量计算是否准确，是否存在工程项目和工程量只增不减从而提高工程造价的风险；

5. 检查工程设计变更、施工签证的结算项目单价是否准确、合理，合同中有相应单价的，应执行相应的单价；合同中没有相应单价的，应参照相似或相近项目单价进行调整；合同中没有相似或相近项目单价的，应重新确定项目单价；

6. 检查工程设计变更、施工签证的取费标准是否准确，是否与合同相符；

7. 检查合同报价中未做项目是否已做减项处理，计算是否准确；材料价差的调整是否合理。

（二）合同履行、变更和终止的审查与评价

1. 合同履行。主要检查是否全面、真实地履行合同，合同履行中的差异及产生差异的原因是否合理、合规，有无违约行为及其处理结果是否符合有关规定。

2. 合同变更。主要检查合同变更的原因是否真实，合同变更的程序是否合规，索赔及反索赔的处理是否合理、合规；检查合同变更对成本、工期及其他合同条款影响的处理是否合理；合同变更后的文件处理有无影响合同继续生效的漏洞。

3. 合同终止。主要检查终止合同是否经过确认和验收；检查最终合同费用及其支付情况；检查索赔及反索赔的处理是否合理、合规，是否符合合同的有关规定。

（三）工程竣工财务决算的审查与评价

1. 竣工财务决算报表的审查与评价。主要检查竣工财务决算报表的填制是否齐全并符合勾稽关系要求，账表是否一致；检查决算说明书反映的数据和情况是否真实、准确，有无将不具备竣工决算编制条件的建设工程项目提前或强行编制竣工财务决算的问题。

2. 项目投资计划执行情况的审查与评价。主要检查各种资金渠道投入的实际金额，有无建设资金不到位问题，分析资金不到位的原因及其影响；核实计划总投资和实际投资完成额，重点检查投资计划调整是否合规，决算的建筑安装工程投资、设备投资、其他投资的核算是否真实，待摊投资支出内容和分摊办法是否合规；分析工程项目完成投资是否超概算，如有超概算的情况应核实其金额并分析产生的原因。

3. 交付使用资产的审查与评价。主要检查交付的资产是否符合交付条件，移交手续是否齐全、合规，有无资产流失问题；检查交付使用资产的核算是否准确。

4. 结余资金的审查与评价。主要检查建设工程项目结余资金及剩余材料、设备等物资的真实性和处置情况，包括核实库存设备、专用材料账实是否相符；银行存款余额是否与银行对账单余额相符，库存现金数额是否与现金日记账账面余额相符，有无“白条”抵库现象；检查应收、应付款项的真实性，债权债务是否及时进行清理，有无虚列往来账隐瞒、转移、挪用结余资金的行为；是否按合同规定预留了承包商在工程质量保证期间的保证金。

5. 按照国家（地方）有关规定，建设工程项目竣工财务决算需委托社会中介机构进行审核的，应由审计机构委托。

第九十二条　审计机构应根据建设工程项目全过程审计的实施情况，对工程建设各阶段的管理情况及其结果进行分析和评价，并出具审计报告。分析和评价的主要内容：

（一）建设项目的实际效益与项目立项决策阶段预测的效益是否存在偏差，分析产生偏差的原因。

（二）勘察工作的深度及其成果是否满足设计、施工的技术要求；设计周期和供图进度是否符合合同规定的要求，设计质量是否满足工程建设的要求，有无因设计深度不够或设计差错造成工期延长、投资增加及损失浪费的情况。

（三）建设工程项目的工期目标是否控制在规定的范围内，实际建设工期与计划工期是否存在偏差，分析偏差的程度和产生偏差的原因；建设工程质量是否达到合同规定的要求。

（四）建设工程项目的工程决（结）算造价是否控制在概（预）算范围内，工程决（结）算造价的构成是否与概（预）算相符，有无存在结构上的变化；分析工程决（结）算造价与概（预）算之间的差异程度及其产生的原因。

（五）对工程建设过程中各阶段内部管理的规范性和内部控制的有效性进行分析和评价，找出内部管理和内部控制中的薄弱环节，提出加强和完善管理的意见与建议。

第五章　领导干部经济责任审计

第一节　一般原则

第九十三条　本指南所称领导干部经济责任是指领导干部任职期间对其所在部门、单位财务收支以及有关经济活动真实性、合法性和效益性应当负有的责任。

本指南所称领导干部经济责任审计是指高校内部审计机构通过对学校内部领导干部所在部门、单位财务收支以及相关经济活动的审计，鉴证和评价领导干部经济责任履行情况的行为。

第九十四条　高校的领导干部任期届满，或者任期内办理调任、转任、轮岗、免职、辞职、退休等事项前，应当接受经济责任审计。遇有特殊情况，需要离任后审计、暂缓审计或在任期内审计的，由干部管理和监督部门提出意见，报请学校主管领导批准后执行。

第九十五条　高校的领导干部经济责任审计工作根据干部管理部门的委托，一般由内部审计机构组织实施。如需委托社会审计机构实施，应由内部审计机构办理委托事宜。校级领导干部的经济责任审计由上级干部主管部门组织实施。

第九十六条　高校应建立经济责任审计联席会议制度，联席会议一般由组织、人事、纪检、监察、审计等部门组成。

联席会议的主要职责一般包括：

（一）制定年度经济责任审计计划；

（二）指导、检查、协调本单位的经济责任审计工作；

（三）交流和通报经济责任审计情况；

（四）研究、解决经济责任审计中的困难与问题；

（五）其他相关职责。

第二节　经济责任审计的计划、立项和实施

第九十七条　高校的内部审计机构应当制定年度经济责任审计

计划。经济责任审计计划应按以下程序制定：

（一）每年年底，由组织、人事、纪检、监察等有关部门向联席会议提出下一年度经济责任审计项目初步意见；

（二）召开经济责任审计工作联席会议，根据有关部门提出的下一年度经济责任审计项目的初步意见，拟定经济责任审计计划；

（三）经济责任审计计划经学校主管领导（或经济责任审计工作领导小组）同意后，以联席会议文件的形式加以确定，列入内部审计机构的审计工作计划；

（四）干部管理部门根据确定的审计工作计划以书面形式委托内部审计机构实施经济责任审计。

第九十八条　下列无法正常实施经济责任审计的情况，一般不安排经济责任审计：

（一）领导干部任职的单位已被撤并，有关当事人已经无法找到的；

（二）领导干部已定居国外或死亡的；

（三）领导干部已离开任职岗位二年以上的；

（四）领导干部已被纪检监察部门或司法部门立案调查的；

（五）领导干部已被提拔或任用到可能影响经济责任审计公正进行的岗位的；

（六）其他不宜安排经济责任审计的情况。

第九十九条　审计机构对领导干部进行经济责任审计，应当按照干部管理部门的委托进行。经济责任审计委托书的内容主要包括：

（一）委托审计的领导干部姓名及简要情况；

（二）被审计领导干部所在单位的名称及简要情况；

（三）审计期间；

（四）审计范围；

（五）审计重点或应当关注的有关事项；

（六）审计时限；

（七）其他有关事项。

第一百条　审计机构按照干部管理部门的委托进行立项，没有特殊情况，不应变更或调整。因特殊情况确实需要调整时，应经委托部门核准。

第一百零一条 经济责任审计立项后，审计机构应当根据审计工作量和实际工作的需要，安排与审计任务相适应的审计人员组成审计组，并指定审计组组长，明确审计人员分工。审计组实行组长负责制。

第一百零二条 实施经济责任审计的程序主要包括：

（一）进行审前调查；

（二）编制项目审计实施方案；

（三）送达审计通知书；

（四）实施经济责任审计；

（五）起草审计报告并征求被审计领导干部所在部门、单位和被审计领导干部本人的意见；

（六）出具审计结果报告等文书。

第一百零三条 审计组在编制审计实施方案前，应当进行审前调查，了解被审计领导干部所在部门、单位和被审计领导干部的基本情况。审前调查可以采取召开座谈会、实地考察、查阅档案、收集资料等多种方式进行。编制审计实施方案应当根据重要性和谨慎性原则，在评估审计风险的基础上，围绕审计目标确定审计的范围、内容、步骤和方法。

审计实施方案应明确的内容是：编制的依据、被审计领导干部所在部门、单位的名称和基本情况、审计目标、审计的范围以及内容和重点、审计要求、审计方式、延伸审计单位、预定的审计工作起止日期、审计组组长和审计组成员及分工、编制的日期及其他有关内容。

第一百零四条 在审计组实施审计前，应当要求被审计领导干部及其所在部门、单位对所提供的与审计事项有关的资料的真实性、完整性作出书面承诺。

第一百零五条 审计组在实施审计工作前应召开进点会。审计进点会一般由经济责任审计委托部门和审计部门联合召开，通报审计工作具体安排和要求。

经济责任审计进点会议一般由下列人员参加：

（一）经济责任审计委托部门的有关人员以及审计组成员；

（二）被审计的领导干部及相关的领导班子成员。如果被审计的领导干部已经离职，被审计单位的现任领导干部应参加进点会；

（三）被审计领导干部所在部门、单位内部相关部门负责人和财务人员；

（四）审计组或被审计领导干部认为需要参加会议的其他人员。

第一百零六条 审计组应当要求被审计领导干部提交任职期间履行经济管理职责情况的书面材料，并于审计工作开始后5日内送交审计组。

书面材料的内容主要包括：

（一）被审计领导干部经济管理职责范围和分工；

（二）与目标责任制有关的各项经济指标完成情况；

（三）利用资源开展业务的效益、效果情况；

（四）重大经济决策及相关项目情况；

（五）国有资产的安全完整情况；

（六）部门、单位内部控制制度的建立、健全及其执行情况；

（七）部门、单位及本人遵守国家财经法规和领导干部廉政规定的情况；

（八）本人认为在经济责任方面存在的问题及建议；

（九）需要说明的其他情况。

第一百零七条 在经济责任审计过程中，审计人员还可以运用以下审计方法收集了解有关情况：

（一）查阅党委、行政及有关部门与审计事项相关的文件、会议记录、纪要、函件、通知等相关资料；

（二）分别与副职、教职工代表及相关人员进行个别谈话，广泛听取他们对被审计领导干部的反映和评价；

（三）召开教职工座谈会，听取对被审计领导干部的评价，并了解有关情况；

（四）对领导干部进行民主测评，就领导干部经济责任审计内容中的有关问题，以问卷的形式进行审计调查。

第三节 经济责任审计的内容

第一百零八条 高校领导干部经济责任审计的内容应根据被审计领导干部的岗位职责等情况确定。

（一）高校财务部门负责人经济责任审计的主要内容：

1. 是否依法依规履行经济管理职责，经济责任目标的完成情况；

2. 内部控制是否健全、合理、有效；

3. 是否根据国家政策和财经法规，制定、完善和实施经济政策、财务制度，明确财务管理的主要任务，规范校内经济秩序；

4. 是否根据《预算法》、《高校财务制度》的要求编制学校年度财务预算方案，并严格按照国家有关政策规定依法组织收入，控制、监督支出；

5. 是否按《会计法》要求，对有关经济业务事项进行会计核算，财务报告及有关的会计账簿、会计凭证等会计资料是否完整、真实、合法；

6. 专项资金是否专款专用、专项核算；

7. 资金管理是否符合规定，有无乱设银行账户，出租、出借银行账户，现金、转账支票、本票、汇票管理是否安全、合规，筹资、融资、投资活动是否按规定办理；

8. 是否及时清理应收和预付款，对长期应收、预付款项是否督促有关部门查明原因，分清责任，及时处理；

9. 重大经济决策是否按规定程序进行，效果如何，有无重大失误；

10. 是否配合资产管理部门做好资产管理工作，定期核对账目，督促有关部门完善固定资产管理制度；

11. 单位各类资产是否安全完整，使用效益如何；

12. 有无账外账、私设“小金库”问题；

13. 债权、债务是否清楚，有无纠纷和遗留问题；

14. 单位和本人遵守财经法规、财务制度以及廉政规定的情况；

15. 委托部门或审计机构认为需要审计的其他事项。

（二）高校资产管理部门负责人经济责任审计的主要内容：

1. 是否依法依规履行经济管理职责，经济责任目标的完成情况；

2. 财经管理制度和内部控制是否健全、有效，是否建立健全设备的购置、领用、使用、保管、修理、转让、投资、报废、清查等制度，是否定期检查设备使用效益；

3. 重大经济决策是否按规定程序进行，效果如何，有无重大失误；

4. 是否按规定定期进行全面的资产清查盘点，账、卡、物是否相符，是否定期与财务部门对账；

5. 预算经费的使用是否符合国家财经法规和学校制度；

6. 债权、债务是否清楚，有无经济纠纷和遗留问题；

7. 设备处理收入及其他收入是否按规定入账，有无账外账、私设“小金库”问题；

8. 单位和本人是遵守财经法规、财务制度以及廉政规定的情况；

9. 委托部门或审计机构认为需要审计的其他事项。

（三）高校建设工程管理部门负责人经济责任审计的主要内容：

1. 是否依法依规履行经济管理职责，经济责任目标的完成情况；

2. 内部管理制度和内部控制是否健全、有效；

3. 建设工程项目是否纳入计划管理，是否按批准的建设工程项目计划和建设工程投资计划组织开展基本建设工作，有无计划外工程项目和超计划工程项目，有无自行改变批建设项目或扩大建筑面积、提高建筑标准等问题；

4. 建设工程经费是否落实，资金来源是否真实、合法；

5. 工程招标、对外签订承包合同及建设工程材料物资采购合同等是否符合规定程序，手续是否完备、合法，合同协议的执行情况如何；

6. 设计变更、施工签证是否真实；

7. 建设工程经费管理和使用是否符合规定，有无截留、挪用等问题，经费使用效益如何；财务决算报表是否真实、合法；有无超预（概）算工程项目和长期未完工项目；竣工项目是否按期交付使用，并办理相关手续；

8. 工程竣工决算是否真实、合法，是否经过审计后结算工程款；

9. 各项收支是否纳入学校财务部门管理和核算，有无账外账、私设“小金库”问题；

10. 重大经济决策是否按规定程序进行，效果如何，有无重大失误；

11. 债权、债务是否清楚，有无经济纠纷和遗留问题；

12. 单位各类资产是否安全完整，使用效益如何；

13. 单位和本人遵守财经法规、财务制度以及廉政规定的情况；

14. 委托部门或审计机构认为需要审计的其他事项。

（四）高校院、系、所、中心等负责人经济责任审计的主要内容：

1. 是否依法依规履行经济管理职责，经济责任目标的完成情况；

2. 财经管理制度和内部控制制度是否健全、有效；

3. 各项收入是否全部纳入财务部门管理和核算，有无截留收入、公款私存、私设“小金库”等问题；各项支出是否真实、合法，效益如何，有无损失浪费；

4. 重大经济决策是否按规定程序进行，效果如何，有无重大失误；

5. 单位各类资产是否安全完整，使用效益如何；

6. 单位和本人遵守财经法规、财务制度以及廉政规定的情况；

7. 委托部门或审计机构认为需要审计的其他事项。

（五）附属中、小学校长经济责任审计的主要内容：

1. 是否依法履行经济管理职责，经济责任目标是否完成；

2. 财经管理制度和内部控制制度是否健全、有效；

3. 是否按《会计法》要求，对有关经济业务事项进行会计核算，财务报告及有关的会计账簿、会计凭证等会计资料是否完整、真实、合法。

4. 预算经费的使用是否符合国家的财经法规和财务管理制度；

5. 各项经费收支是否真实、合法，各项收费是否符合规定，是否及时、足额纳入财务部门管理和核算，有无账外账、私设“小金库”问题；

6. 经济决策是否按规定程序进行，效益如何，有无重大失误；

7. 单位各类资产是否安全完整，使用效益如何；

8. 债权、债务是否清楚，有无经济纠纷和遗留问题；

9. 单位和本人遵守财经法规、财务制度以及廉政规定的情况；

10. 委托部门或审计机构认为需要审计的其他事项。

（六）高校其他部门或单位负责人经济责任审计可参照上述审计内容实施。

第四节　经济责任审计的评价

第一百零九条　对领导干部经济责任审计，应通过对其所在部门、单位的财务收支以及有关经济活动真实性、合法性和效益性的审计，对其经济责任履行的情况进行综合评价。审计评价应遵循“依法评价、实事求是、客观公正”的基本原则。

第一百一十条　经济责任审计评价的方法主要有：

（一）业绩比较法。包括纵向比较法（即上任时与离任时业绩比较或先确定比较基期再将比较期与之对比的方法）和横向比较法（即将相关业绩与同行业一般状况进行比较的方法）。

（二）量化指标法。即运用能够反映领导干部履行经济责任情况的相关经济指标，分析其完成情况来评价相关经济责任的方法。

（三）环境分析法。将领导干部履行其经济责任的行为放入相关的社会政治、经济环境中加以分析，作出实事求是的客观评价。

（四）主客观因素分析法。即对具体行为或事项进行主客观分析，推究其具体的主客观成因，分析该具体行为或事项是成因于领导干部主观过错或主观创造力，还是成因于客观因素的影响，进而作出审计评价。

（五）责任区分法。包括区分现任责任与前任责任、个人责任与集体责任、主管责任与直接责任、管理责任与领导责任等，正确区分不同责任之间的界限和不同责任人之间的界限，使审计评价做到责任清楚、明确。

第一百一十一条　领导干部任职期间对其所在部门、单位有关经济活动应当负有的责任包括直接责任和主管责任，主管责任又包括管理责任和领导责任，在进行审计评价时应当加以区分。

（一）直接责任

直接责任是指领导干部对其任职期间的下列行为应当负有的责任：

1. 直接违反国家财经法规的行为；

2. 授意、指使、强令、纵容、包庇下属人员违反国家财经法规的行为；

3. 失职、渎职的行为；

4. 其他违反国家财经纪律的行为。

（二）主管责任

主管责任是指领导干部在其任职期间基于其特定的职责而应当负有的除直接责任以外的管理责任和领导责任。

管理责任是指领导干部基于所在部门、单位管理的内部分工而由自己负责管理的事项，进而应负有的相关经济责任。

领导责任即指虽然领导干部按所在部门、单位管理的内部分工没有直接管理有关部门或事项，但由于该单位的所有行为都在其职责范围内，进而应负有的相关经济责任。

第一百一十二条 对被审计领导干部所在部门、单位财务收支真实性、合法性确认和评价：

（一）被审计领导干部所在部门、单位提供的会计资料数据与审计后的认定数据相符，可视为会计资料真实地反映了被审计领导干部所在部门、单位财务收支情况；凡未发现财务收支方面违规事实的，则认定被审计领导干部所在部门、单位财务收支符合财经法规的规定。

（二）被审计领导干部所在部门、单位提供的会计资料数据与审计后的认定数据基本相符，可视为被审计领导干部所在部门、单位提供的会计资料基本真实地反映了财务收支情况；凡财务收支方面有违规事实，但数额较小，情节轻微的，应当揭示违规事实，认定被审计领导干部所在部门、单位财务收支基本符合财经法规的规定，但有一定的违规行为。

（三）被审计领导干部所在部门、单位提供的会计资料数据与审计认定的数据差距较大，可视为被审计领导干部所在部门、单位提供的会计资料未能真实地反映财务收支情况；凡财务收支方面有违规事实的，应当揭示违规事实，视违规行为的情节轻重，认定被审计领导干部所在部门、单位有违反财经法规的行为或严重违反财经法规的行为。

第一百一十三条　采用定量评价方法时，可以参考以下指标：

（一）预算收入完成率

（二）预算支出完成率

（三）收入结余率

（四）人员经费支出比率

（五）公用经费支出比率

（六）资产增长率

（七）负债增长率

（八）净资产（所有者权益）增长率

（九）资产负债率

（十）上缴款项完成率

（十一）科研经费收入年均增长率

（十二）基本建设投资计划完成率

（十三）固定资产交付使用率

（十四）在建工程资金占用率

（十五）工程结算审计审减率

（十六）学生人均经费支出额

（十七）师生比

（十八）长期投资收益率

（十九）暂付款占全部流动资产比率

（二十）违规资金比率

第五节　经济责任审计的结果

第一百一十四条　经济责任审计事项终结后，审计机构应出具审计报告。经济责任审计报告应包含以下主要内容：

（一）实施该经济责任审计项目的法律法规依据和委托、授权依据；

（二）被审计领导干部的职责范围等基本情况，被审计领导干部所在部门、单位的经济性质、管理体制、财务隶属关系等；

（三）被审计领导干部所在部门、单位财务状况，各项工作目标、任务完成情况等；

（四）审计发现的被审计领导干部及所在部门、单位违反财经法规和领导干部廉政规定的主要问题；

（五）对被审计领导干部所在部门、单位财务收支等有关经济活动的真实、合法、效益情况的评价，以及被审计领导干部对审计发现的违反财经法规和廉政规定的问题应当负有的主管责任和直接责任；

（六）对被审计领导干部及所在部门、单位违反财经法规问题的定性，处理、处罚意见及依据，有关改进建议；

（七）需要反映的其他情况。

第一百一十五条 审计机构审定审计报告后，应当向委托部门提交经济责任审计结果报告。

第一百一十六条 审计机构对领导干部及所在部门、单位违反国家财经法规和廉政规定，认为需要依法予以处理、处罚的，应在职权范围内作出处理决定；认为需要依法给予党纪政纪处分的，应移交干部管理和监督部门处理；认为触犯刑律应当追究法律责任的，应建议移交司法机关处理。

第一百一十七条 审计机构应建立被审计领导干部所在部门、单位的基本情况数据库，确定领导干部新任期的基期数据，有利于对下一任期经济责任审计工作的开展，同时也为相关审计事项提供基础性审计资料。

第六章 附 则

第一百一十八条 本指南由中国内部审计协会发布并负责解释。

第一百一十九条 本指南自 2009 年 9 月 1 日起施行。

内部审计实务指南第 5 号——企业内部经济责任审计指南

第一章 总 则

第一条 为规范企业内部经济责任审计工作，提高审计质量，根据国家有关规定和内部审计准则，制定本指南。

第二条　本指南所称企业内部经济责任审计，是指企业内部审计机构对企业内部管理领导干部（以下简称企业内管干部）开展的经济责任审计。

企业内部经济责任审计的对象，包括企业主要业务部门的负责人、企业下属全资或控股企业的法定代表人（包括主持工作一年以上的副职领导干部）等。

第三条　本指南所称经济责任，是指企业内管干部在任职期间因其所任职务，依法对所在企业或部门（以下简称企业内管干部所在企业）的财务收支及有关经济活动应当履行的职责、义务。

第四条　本指南适用于国有和国有控股企业及下属全资或控股企业（含国有和国有控股金融企业）。

其他组织的内部审计机构开展经济责任审计，可以参照本指南执行。

第五条　企业内部经济责任审计包括离任经济责任审计、任中经济责任审计和专项经济责任审计。

离任经济责任审计，指企业内管干部任期届满，或者任期内办理调任、免职、辞职、退休等事项前进行的经济责任审计。

任中经济责任审计，指企业内管干部任职期间进行的经济责任审计，包括实行年薪制及股权激励机制的企业（包括试点企业）在任期内奖励兑现前的审计、任期届满连任时的审计，以及任职时间较长、上级企业根据规定和需要安排的审计。

专项经济责任审计，指企业内管干部存在违反廉洁从业规定和其他违法违纪行为，或其所任职企业发生债务危机、长期经营亏损、资产质量较差等重大财务异常状况，以及发生合并分立、破产关闭、重组改制等重大经济事项情况下进行的经济责任审计。

第六条　经济责任审计期间按照会计年度确定，并以此确定审计和评价财务数据的期初数。企业内管干部的任职时间为某一年度的上半年，则以该年度初作为企业内管干部经济责任审计期间的期初；企业内管干部的任职时间为某一年度的下半年，则以下一年度初作为企业内管干部经济责任审计期间的期初。

专项经济责任审计的时间范围，由企业根据具体审计项目自行确定。

经济责任的界定，以企业内管干部的实际任期为准。

第七条 经济责任审计范围应当遵循重要性原则确定，并充分考虑审计风险。企业总部及重要的下属全资或控股企业（以下简称子企业）应当纳入审计范围，纳入审计范围的资产量一般不低于企业内管干部所在企业资产总额的 70%，子企业户数不低于该企业总户数的 50%。下列子企业应当纳入经济责任审计范围：

（一）资产或者效益占有重要位置的子企业；

（二）由企业内管干部兼职的子企业；

（三）任期内发生合并分立、重组改制等产权变动的子企业；

（四）任期内关停并转或者出现经营亏损、资不抵债、债务危机等财务异常状况的子企业；

（五）任期内未接受过审计的子企业；

（六）各类金融子企业及内部资金结算中心等。

第八条 内部审计机构可以根据需要委托具有相应资质的社会审计组织实施审计，但应由内部审计机构负责出具审计通知书、审批审计实施方案、做出审计结果报告。

第九条 内部审计机构和审计人员在进行经济责任审计时，应当按照内部审计准则的规定，运用各种审计方法，并根据审计工作的需要，合理使用抽样技术和计算机辅助审计技术，以实现审计目标。

第十条 内部审计机构和内部审计人员应当充分利用企业近期内部审计与外部审计成果。在利用内部审计与外部审计成果时，应当注意以下问题：

（一）利用内部审计成果时，应当评估企业内管干部所在企业内部审计环境及内部审计工作成果的有效性，以合理确信审计结论的可靠性。

（二）在利用外部社会审计成果时，应当采用一定的审计程序进行评估，以合理确信审计结论的真实性。

（三）利用国家审计成果时，可以在给予必要审计关注的基础上加以利用。

（四）在审计企业资产状况时，可以借鉴相关年度的清产核资专项成果。当审计结论与清产核资专项成果不一致时，应当遵循谨慎性原则追加适当的审计程序。

（五）利用企业内管干部所在企业及有关部门的纪检监察工作成果时，对于已经办结的案件，可以在给予必要审计关注的基础上直接利用；对于正在办理的案件，应当注意与企业内管干部所在企业及有关纪检监察机构的沟通配合。

第十一条　企业可以建立经济责任审计工作联席会议（以下简称联席会议）制度。联席会议一般应当由纪检、监察、审计、人力资源和监事会等部门组成。联席会议下设办公室负责日常工作。

联席会议应当定期召开会议，检查、通报审计结果运用情况，协调解决审计结果运用中的问题，督促落实审计结果的运用。

第二章　审计准备阶段

第十二条　审计准备阶段的工作主要包括以下内容：

（一）审计立项；

（二）编制经济责任审计工作方案；

（三）确定审计组；

（四）制发审计通知书。

第十三条　审计立项。内部审计机构根据有关法律法规和企业内部规章制度，接受本企业董事会或高级管理层的委派或相关干部管理部门的委托（以下简称相关单位委派或委托）进行审计立项，作出审计计划安排。特殊情况下，可以调整审计计划，追加审计项目。

第十四条　编制经济责任审计工作方案。经济责任审计工作方案主要包括以下内容：

（一）审计目标；

（二）审计对象；

（三）审计范围；

（四）审计内容与重点；

（五）审计组织与分工；

（六）工作要求。

第十五条 确定审计组。内部审计机构根据经济责任审计事项，选派审计人员组成审计组。审计组实行组长负责制。

审计组应当由具有相关工作经验和专业知识的人员组成；审计组组长由内部审计机构确定，审计组组长应当是具有经济责任审计工作经验或具有较高相关专业技术资格的业务负责人。

第十六条 制发审计通知书。内部审计机构应当在实施审计三日前，向企业内管干部及其所在企业送达审计通知书。具有特殊目的的经济责任审计项目，也可以在审计实施时送达审计通知书。

审计通知书由审计组起草，经内部审计机构审核，报内部审计机构主管领导签发。

审计通知书可以附相关单位委派或委托书、需提供的审计资料清单等。

第十七条 企业内管干部及其所在企业和其他有关单位，应当按照审计通知书的要求提供与企业内管干部履行经济责任有关的下列资料：

（一）企业内管干部任期内财务收支相关资料；

（二）工作计划、工作总结、会议记录、会议纪要、合同、考核指标下达及其检查结果、内部控制制度和业务档案等资料；

（三）主管部门有关批准文件；

（四）相关监督管理部门的检查报告、内部与外部审计结果及其相关资料；

（五）重大事项，包括重大历史遗留问题、重大诉讼事项和重大违纪事项等的处理情况；

（六）企业内管干部履行经济责任情况的述职报告。述职报告主要内容包括：

1．任职期限、职责范围和分管的工作；

2．任期内各项目标任务及其完成情况，重要规章制度及内部控制的制定、完善和执行情况，任职前和任期内重大经济遗留问题及其处理情况等；

3．任期内企业资产、负债、损益情况，重大经济决策事项、决策过程及其执行效果；

4．任期内存在的主要问题；

5．任期内个人遵守廉洁从业规定的情况；

6．其他需要说明的情况。

（七）审计组认为需要的其他资料。

第十八条　企业内管干部及其所在企业应当对所提供资料的真实性、完整性负责，并作出书面承诺。

第十九条　审计通知书送达后，企业内管干部或所在企业要求内部审计人员回避的，内部审计机构应当按照回避制度的规定决定是否回避。应当回避的，调整审计组成员并告知企业内管干部或所在企业。

第三章　审计实施阶段

第二十条　审计实施阶段的工作主要包括以下内容：

（一）召开审计组进点会议；

（二）开展审前调查；

（三）编制审计实施方案；

（四）现场审计取证；

（五）编制审计工作底稿；

（六）撰写经济责任审计报告（征求意见稿）；

（七）征求企业内管干部及其所在企业意见。

第二十一条　召开审计组进点会议。审计组进驻企业内管干部所在企业时，应当召开有审计组主要成员、企业内管干部及其所在单位有关人员参加的进点会议，安排审计工作有关事项。

内部审计机构主管领导或审计组组长应当说明审计目的和依据、审计范围、审计内容、工作程序、参审人员、审计场所、实施时间、审计纪律、举报电话等，并提出需要协助、配合审计的有关事项和要求。

企业内管干部应当就其任职期间履行经济责任的情况进行述职。

第二十二条 开展审前调查。审计组在编制审计实施方案前，应当根据审计项目的规模、性质、紧急程度，安排适当的人员和时间，调查了解企业内管干部及其所在企业的有关情况。

第二十三条 审计组在编写经济责任审计实施方案前，应当熟悉与审计事项有关的法律法规和政策，调查了解企业内管干部及其所在企业的基本情况，并对所在企业的内部控制进行初步测试。需要了解的基本情况包括以下内容：

（一）所在企业的历史沿革、机构设置、人员编制、经营范围、财务状况、财务和业务管理体制、关联方关系等；

（二）企业内管干部的职责范围和分管工作；

（三）经营环境，如国家宏观经济环境、产业政策、经营风险，行业现状和发展趋势等；

（四）相关法律法规、政策，特定的会计、税收、外汇、贸易等惯例的要求及执行情况；

（五）所在企业适用的业绩指标体系以及业绩评价情况；

（六）所在企业内部控制建立健全及执行情况；

（七）以前年度接受审计、监管、检查及其整改情况；

（八）内部组织人事、纪检监察等部门掌握的企业内管干部遵守廉洁从业规定等方面的情况；

（九）信息系统及其电子数据；

（十）其他需要了解的情况。

第二十四条 编制审计实施方案。审计组应根据国家有关法律法规、政策及企业内部有关规定和审前调查的情况，按照重要性和谨慎性原则，在评估风险的基础上，围绕审计目标确定审计的范围、内容、方法和步骤，编制审计实施方案。审计实施方案主要包括以下内容：

（一）编制依据；

（二）企业内管干部所在企业的名称和基本情况；

（三）审计目标、审计范围；

（四）审计内容、重点、方法及具体实施步骤；

（五）预定审计工作起讫日期；

（六）重要性水平及对审计风险的评估；

（七）审计组组长、审计组成员及其分工；

（八）审计质量控制措施；

（九）编制单位、日期；

（十）其他有关内容。

第二十五条　审计实施方案由审计组编制，经审计组组长审核，报内部审计机构主管领导批准实施。

第二十六条　审计组根据实际情况和工作需要，通过访谈、问卷调查、个别询问等调查方式，进一步了解企业内管干部及所在企业的有关情况。调查对象一般包括企业内管干部所在企业董事会、监事会成员，其他领导人员，部门负责人，企业工会、部分职工代表及其他相关人员等。

第二十七条 审计组应当按照审计实施方案，对企业内管干部所在企业内部控制的健全性和有效性进行测试，设计实质性审查的程序和范围。测试的主要方法包括文字表述法、流程图法和测评表法。测试时，可以任选一种方法，也可以几种方法同时并用。

审计人员决定不依赖某项内部控制的，或被审计企业规模较小、业务比较简单的，审计人员可以对审计事项直接进行实质性审查。

第二十八条　在实施审计中，审计组通过调查了解和内部控制测试，如发现存在下列情形之一的，应当及时调整审计实施方案：

（一）审计实施方案的主要内容与所了解的情况存在重大差异的；

（二）内部控制测试结果显示审计组需要调整审计重点、步骤和方法的；

（三）发现重大违法违纪事项，需要改变审计内容和审计重点的；

（四）审计范围受到限制，不能正常开展工作的；

（五）审计组成员及其分工发生重大变化的；

（六）其他需要调整的情形。

第二十九条　经济责任审计实施方案的审计目标、审计组组长、审计重点、预定的审计工作完成时间等内容发生重大变化的，应报经内部审计机构主管领导批准后实施。

第三十条 现场审计取证。审计组实施审计时，可以运用检查、观察、询问、重新计算、重新操作、外部调查等方法，获取充分、适当、可靠的审计证据。对企业内管干部所在企业的信息系统，可以采取复制、截屏、拍照等方法取得审计证据。

审计人员向有关单位和个人进行调查询问取得的审计证据，应当有提供者的签名、盖章。不能取得提供者签名和盖章的，由审计人员注明原因，并由两名以上审计人员签字予以证明。

审计组组长应当对审计人员收集审计证据工作进行督导，并对审计证据进行审核。发现审计证据不符合要求的，应当责成审计人员进一步取证或采取替代审计程序。

第三十一条 编制审计工作底稿。审计人员对审计实施方案确定的审计事项，均应当编制审计工作底稿。

第三十二条 审计工作底稿应当包括以下内容：

（一）审计项目及审计事项名称；

（二）审计过程、审计结论及定性依据；

（三）审计人员姓名、编制日期；

（四）复核人员姓名、复核意见、复核日期；

（五）索引号、所附审计证据的数量及清单；

（六）被审计单位意见、签字及盖章。

第三十三条 审计工作底稿应当经审计组组长或其指定人员复核，并对以下事项提出复核意见：

（一）事实是否清楚；

（二）证据是否充分、适当；

（三）定性依据是否准确；

（四）审计结论是否恰当；

（五）审计意见、建议是否恰当。

第三十四条 现场审计结束前，审计组应当对取得的审计证据进行综合分析，并与企业内管干部及其所在企业就审计事项初步交换审计意见。

第三十五条 对审计中发现的重大问题，审计组应当及时向内部审计机构报告。对特别重大的事项，内部审计机构应当及时向董事会或高级管理层报告。

第三十六条　撰写经济责任审计报告（征求意见稿）。审计组实施审计后，由审计组组长或其指定的审计人员，在对审计工作底稿、审计证据及相关资料进行汇总和分析的基础上，考虑企业内管干部及其所在企业关于审计事项的初步意见，撰写经济责任审计报告（征求意见稿）。

第三十七条　企业内管干部经济责任审计报告应当按照以下格式编写：

（一）标题。***（企业名称和企业内管干部职务）***（企业内管干部姓名）同志任期（或任中）经济责任审计报告（征求意见稿）。

（二）主送。委派或委托的相关单位，包括董事会或者主要领导、组织人事部门等。

（三）正文。主要包括审计基本情况说明、被审计企业内管干部及其所在企业情况介绍、审计发现的问题、审计评价、审计意见和建议等内容。

（四）附件。其他资料。

（五）落款。***（企业内管干部姓名）同志经济责任审计组、时间。

第三十八条　经济责任审计报告主要包括以下内容：

（一）审计基本情况。主要是概要说明审计依据、审计对象，审计范围、内容、方式和起止时间，延伸、追溯审计重要事项的情况，以及企业内管干部及其所在企业配合审计工作的情况。

（二）被审计企业内管干部及其所在企业基本情况。主要包括企业内管干部的任职期间、职责范围、分管工作，所在企业的历史沿革、机构设置、人员编制、经营范围、财务状况等基本情况。

（三）被审计企业内管干部的主要工作及成绩，包括主要考核指标完成情况。

（四）审计发现的与被审计企业内管干部履行经济责任有关的主要问题。包括财务收支真实、合法、效益情况，重大经济决策的制定和执行情况，内部控制的建立和执行情况，企业内管干部遵守廉洁从业规定情况及其他方面的问题。如有相关单位委托的特别事项，应专门对该事项的审计结果进行报告。“其他方面的问题”主要指责任主体并非企业内管干部或其所在企业的问题、企业内管干部及其所在企业在审计过程中自行纠正的问题等。

报告中应当写明问题事实、违反相关法律法规或内部规章制度的具体内容、所造成的影响或后果等，并逐项说明企业内管干部应当承担的责任及认定原因。

（五）审计评价。主要是在审计职权范围内，概括并评价企业内管干部任职期间开展的主要工作。同时，根据审计查证或者认定的事实，以国家有关法律法规、相关考核目标和行业标准等为依据，对企业内管干部履行经济责任情况进行综合评价。

（六）审计意见和建议。对审计发现的问题，审计组应当提出审计处理意见和审计建议。

第三十九条 征求企业内管干部及其所在企业意见。审计组应当征求企业内管干部及其所在企业对经济责任审计报告（征求意见稿）的意见。

企业内管干部及其所在企业自收到审计报告（征求意见稿）之日起十日内提出书面反馈意见；在规定期限内没有提出书面意见的，视同无异议。

企业内管干部及其所在企业对审计报告（征求意见稿）有异议的，审计组应当研究、核实，撰写审计组关于采纳情况的书面说明，并考虑是否需要修改审计报告（征求意见稿）。审计报告（征求意见稿）经审计组集体讨论，由审计组组长审核定稿。

第四章　审计内容

第四十条 企业内管干部经济责任审计应当重点检查所在企业经营发展情况、财务收支情况、履行国有资产出资人经济管理和监督职责情况、遵守法律法规和贯彻执行国家有关经济工作方针政策和决策部署情况、制定和执行重大经济决策情况、内部控制建立和执行情况以及遵守有关廉洁从业规定情况等。

第四十一条　企业经营发展情况、财务收支情况、履行国有资产出资人经济管理和监督职责情况的审计，可以重点审查企业财务收支的真实性、合法性和效益性。

第四十二条　财务收支的真实性审计。重点审查企业内管干部任职期间企业的财务状况和经营成果是否真实、完整，账实是否相符，会计核算是否准确，合并财务报表范围是否完整等。主要内容包括：

（一）企业财务会计核算是否准确、真实，是否存在财务状况和经营成果不实的问题；

（二）企业财务报表的合并范围、方法、内容和编报是否符合规定，是否存在故意编造虚假财务报表等问题；

（三）企业会计账簿记录与实物、款项和有关资料是否相符；

（四）企业采用的会计确认标准或计量方法是否正确，有无随意变更或者滥用会计估计和会计政策，故意编造虚假利润等问题。

第四十三条 财务收支的合法性审计。重点审查企业内管干部任职期间，企业的财务收支管理和核算是否符合国家有关规定。主要内容包括：

（一）企业收入、成本费用的确认和核算是否符合有关规定，有无虚列、多列、不列或者少列收入及成本费用等问题；

（二）企业资产、负债、所有者权益的确认和核算是否符合有关规定，有无随意改变确认标准或计量方法，以及虚列、多列、不列或者少列资产、负债、所有者权益等问题。

第四十四条 财务收支的效益性审计。重点审查企业的盈利能力状况、资产质量状况、债务风险状况、经营增长状况等方面经济指标完成情况。

（一）盈利能力状况审计。主要通过资本及资产报酬水平、成本费用控制水平和经营现金流量状况等反映企业盈利能力的财务指标，审查企业内管干部在任职期间企业的投入产出水平和盈利能力。可参考指标包括：净资产收益率、总资产报酬率、销售（营业）利润率、成本费用利润率等。

（二）资产质量状况审计。主要通过资产周转速度、资产运行状态、资产结构以及资产有效性等方面的财务指标，审查企业内管干部任职期间企业占用经济资源的利用效率、资产管理水平与资产的安全性。可参考指标包括：总资产周转率、应收账款周转率、不良资产比率、资产现金回收率等。

在资产质量状况审计中应重点对不良资产进行审计，应当按照企业内管干部任期职责、任期时间及不良资产产生原因等情况，分清企业不良资产产生的责任。应注意核实企业内管干部任期以前存在的不良资产、任期内消化的任期以前的不良资产、任期内新增不良资产以及任期内因客观因素新增的不良资产。其中，客观因素主要指国际环境、国家政策、自然灾害等，主观因素主要指决策失误、经营不善等。

（三）债务风险状况审计。主要通过债务负担水平、资产负债结构、或有负债情况、现金偿债能力等方面的财务指标，审查企业内管干部任职期间企业的债务水平、偿债能力及其面临的债务风险。可参考指标包括：资产负债率、速动比率、现金流动负债比率、带息负债比率、或有负债比率等。

（四）经营增长状况审计。主要通过市场拓展、资本积累、效益增长以及技术投入等方面的财务指标，审查企业内管干部任职期间企业的经营增长水平、资本增值状况及持续发展能力。可参考指标包括：销售（营业）增长率、资本保值增值率、任期年均资本增长率、销售（营业）利润增长率、总资产增长率等。

第四十五条 遵守法律法规和贯彻执行国家有关经济工作方针政策和决策部署情况、制定和执行重大经济决策情况审计。审查企业内管干部任职期间，企业重大决策、重要人事任免、重大项目安排和大额度资金运作事项（以下简称“三重一大”事项）的决策规则和程序是否建立健全，经济决策方案是否得到良好的执行以及执行的结果是否达到决策目标要求等内容，明确企业内管干部在重大经济决策中应负的责任。重大经济决策制定和执行情况审计的具体内容包括：

（一）企业是否建立了“三重一大”事项决策机制，制定的基本程序是否符合规定，是否存在未经决策机构集体讨论、由企业内管干部个人或少数人决策的问题。

（二）重大经济决策的内容是否符合国家有关法律法规、政策及规定。

（三）重大经济决策是否经国家有关部门核准或审批，所签订协议或者合同内容是否符合企业实际，是否存在损害本企业利益的条款。

（四）重大经济决策方案是否得到良好执行，是否明确了具体的管理部门，是否进行过程监控。

（五）重大经济决策是否存在重大风险，决策方案中有无预防和控制风险转化为损失的应对措施，决策执行的结果是否达到决策目标要求，是否给企业造成损失或潜在损失等。

第四十六条　内部控制建立及执行情况审计。审查企业内管干部所在企业内部控制的健全性、适当性和有效性，并结合企业内管干部的职责要求确定其在内部控制建立及执行中应承担的责任。应当注意审查以下内容：

（一）内部环境。审查企业治理结构是否合理，机构设置与权责分配是否明确，内部审计机构是否健全，人力资源政策是否有效制定和实施等。

（二）风险评估。审查企业是否能够及时识别经营活动中与实现内部控制目标相关的内、外部风险，是否采用定性与定量相结合的方法，系统分析风险并合理确定风险应对策略等。

（三）控制活动。审查企业不相容职务分离控制、授权审批控制、会计系统控制、财产保护控制、预算控制、运营分析控制和绩效考评控制等控制措施是否恰当、有效，能否运用控制措施，对各种业务和事项的风险控制在可承受度之内。

（四）信息与沟通。审查企业是否建立信息与沟通制度，内部控制相关信息的收集、处理和传递程序是否明确，内部控制相关信息能否在企业内、外部各方面及时沟通和反馈，是否建立反舞弊机制等。

（五）内部监督。审查企业是否制定内部控制监督制度，是否明确内部审计机构和其他内部机构在内部监督中的职责权限，是否制定内部控制缺陷认定标准，是否定期对内部控制有效性进行自我评价等。

第四十七条 企业内管干部遵守廉洁从业规定情况审计。主要审查企业内管干部有无违反国家法律法规和廉政纪律，以权谋私，贪污、挪用、私分公款，转移国家资财，行贿受贿和挥霍浪费等行为。主要内容包括：

（一）有无以权谋私和违反廉洁从业规定的问题；

（二）根据人事、纪检监察部门的意见，需要审计查证的事项；

（三）根据群众反映，需要审计查证的问题；

（四）其他违法、违纪问题。

第四十八条 经济责任审计还应当关注企业内管干部贯彻落实科学发展观，推动经济社会科学发展情况；遵守有关法律法规、贯彻执行党和国家有关经济工作的方针政策和决策部署情况；与履行经济责任有关的管理、决策等活动的经济效益、社会效益和环境效益情况等。

第五章 审计评价及责任界定

第四十九条 内部审计机构对企业内管干部履行经济责任情况实施审计后，应当根据审计查证或者认定的事实，依照法律法规、国家有关政策和规定、责任制考核目标、行业标准等，对企业内管干部履行经济责任情况作出客观公正的评价。审计评价不应超出审计的职权范围和实际实施的审计范围。评价结论应当有充分的审计证据支持。

第五十条 评价企业内管干部经济责任的方法，主要包括业绩比较法、量化指标法、环境分析法、主客观因素分析法、责任区分法等。

（一）业绩比较法。包括纵向比较法（即任期初与任期末业绩比较法，或先确定比较基期再将比较期与之进行对比的方法）和横向比较法（即将相关业绩与同行业平均水平进行比较的方法）。

（二）量化指标法。即运用能够反映企业内管干部履行经济责任情况的相关经济指标，分析其完成情况，总结相关经济责任的方法。

（三）环境分析法。即将企业内管干部履行经济责任的行为置于相关的社会政治经济环境中加以分析，作出客观评价。

（四）主客观因素分析法。即对具体行为或事项进行主客观分析，推究其具体的主客观原因，分析该具体行为或事项是因为企业内管干部的主观过错，还是由于客观因素的影响，进而作出客观评价。

（五）责任区分法。包括区分直接责任、主管责任和领导责任等。

第五十一条　对企业内管干部履行经济责任情况的评价，可以采取分类评价和综合评价相结合的方法。

第五十二条　对企业财务收支真实性的评价，可以根据内部审计机构确认的审计结果，给予“××同志任职期间，企业财务状况真实（基本真实、不真实或严重失真）”的评价意见。

（一）“真实”的评价标准：会计核算和财务报表如实反映了企业财务收支情况及与其相应的经营活动。

（二）“基本真实”的评价标准：会计核算和财务报表虽存在个别不真实事项，但总体上能够如实反映企业财务收支情况及与其相应的经营活动。

（三）“不真实”的评价标准：会计核算和财务报表没有如实反映企业财务收支情况及与其相应的经营活动。

（四）“严重失真”的评价标准：会计核算和财务报表对企业财务收支情况及其相应的经营活动的反映与实际严重不符。

第五十三条　对企业财务收支合法性的评价，可以根据内部审计机构确认的审计结果，给予“××同志任职期间，企业严格遵守（基本遵守、违反或严重违反）国家有关财经法律法规的规定”的评价意见。

（一）“严格遵守规定”的评价标准：严格执行国家的会计核算制度，会计业务处理正确；严格执行国家财务制度规定，审计未发现违反国家相关规定的行为。

（二）“基本遵守规定”的评价标准：较好执行国家的会计核算制度，会计业务处理基本正确；基本执行国家财务制度规定。

（三）“违反规定”的评价标准：没有按国家会计核算制度规定处理会计业务；存在违反国家财务制度规定的行为，但数额不大、性质不够严重。

（四）“严重违反规定”的评价标准：存在做假账、账外账等违反会计核算规定的行为；存在数额较大、性质严重的违反国家财政财务制度规定的行为。

第五十四条 对企业财务收支的效益性进行评价时，应当在定量指标评价的基础上，对企业内管干部任职期间的经营管理水平进行定性分析与综合评判。定量评价可以实行年度考核指标与任期考核指标相结合的方式。年度考核指标包括利润总额和经济增加值，任期考核指标包括国有资本保值增值率和主营业务收入平均增长率。定性评价指标可包括企业发展战略的确立与执行、经营决策、发展创新、风险控制、基础管理、人力资源、行业影响和社会贡献等方面。

第五十五条 对企业制定和执行重大经济决策情况的评价，可以在简要表述企业制定的“三重一大”事项决策机制的基础上，重点对决策程序、决策过程及决策效果进行分类评价。

（一）××等重大经济决策，符合国家有关法律法规和方针政策，决策程序合规，决策得到有效执行并实现预期目标。

（二）××等重大经济决策内容不符合有关规定，或应履行而未履行决策程序。

（三）××等重大经济决策依据不充分，未能实现预期目标。

第五十六条 对内部控制建立健全情况的评价，可以根据所在企业内部控制的健全性、适当性和有效性情况，给予“××同志任职期间，制定和修订了××项管理制度，采取了××措施，内部控制有效（较为有效、无效）”的评价意见。

（一）“有效”的评价标准：内部控制健全、适当；内部控制执行有效，实现管理目标。

（二）“较为有效”的评价标准：内部控制较为健全；内部控制执行较为有效，基本实现管理目标，没有出现重大内部控制缺陷。

（三）“无效”的评价标准：内部控制不健全；内部控制执行无效，出现重大内部控制缺陷，没有实现管理目标。

第五十七条 对企业内管干部遵守廉洁从业情况的评价，依据企业内管干部个人遵守廉政纪律规定的情况，作出“在审计范围内，未发现××同志存在违反领导干部廉洁从业规定的行为”或“在审计范围内，××同志存在××问题（列举违反领导干部廉洁从业规定的具体问题)”的评价意见。

第五十八条 对企业内管干部进行综合评价时，应在前述分类评价的基础上，对其履行经济责任的情况作出“履行、基本履行、未履行”的结论。

第五十九条 对企业内管干部履行经济责任过程中存在问题所应当承担的直接责任、主管责任、领导责任，应当区别不同情况作出界定。

第六十条 企业内管干部在履行经济责任过程中应承担直接责任的行为包括：

（一）直接违反法律法规、国家有关规定和企业内部管理规定；授意、指使、强令、纵容、包庇下属人员违反法律法规、国家有关规定和企业内部管理规定。

（二）未经民主决策、相关会议讨论而直接决定、批准、组织实施重大经济事项，并造成重大经济损失浪费、国有资产（资金、资源）流失等严重后果。

（三）主持相关会议讨论或者以其他方式研究，但是在多数人不同意的情况下直接决定、批准、组织实施重大经济事项，由于决策不当或者决策失误造成重大经济损失浪费、国有资产（资金、资源）流失等严重后果等。

第六十一条 企业内管干部应承担主管责任的行为包括：

（一）对其直接分管的工作不履行或者不正确履行经济责任。

（二）主持相关会议讨论或者以其他方式研究，并且在多数人同意的情况下决定、批准、组织实施重大经济事项，由于决策不当或者决策失误造成重大经济损失浪费、国有资产（资金、资源）流失等严重后果等。

第六十二条 除直接责任和主管责任外，对企业内管干部不履行或者不正确履行经济责任的其他行为，应当界定为承担领导责任。

第六章 审计终结阶段

第六十三条 审计终结阶段主要包括以下工作：

（一）审计组提交经济责任审计报告；

（二）复核与审定经济责任审计报告；

（三）撰写经济责任审计结果报告；

（四）出具审计决定书；

（五）出具移交（移送）处理书；

（六）监督审计决定的执行；

（七）建立审计档案。

第六十四条 审计组提交经济责任审计报告。审计组应当在收到企业内管干部及其所在企业书面意见或征求意见期限届满之日起十日内提交经济责任审计报告，重大、疑难的审计事项经内部审计机构主管领导批准可以在三十日内提交报告，但最长不得超过六十日。

对被审计企业违反国家或企业内部规定的财务收支行为、内部审计机构有权作出处理的，审计组应同时起草审计决定书。审计决定书应载明违反国家或企业内部规定的财务收支行为的事实、定性、处理处罚决定、法律法规或内部规定等依据，以及处理处罚决定的执行期限。

审计组应当将经济责任审计报告、企业内管干部及其所在企业对经济责任审计报告的书面意见、审计组的书面说明、审计实施方案、审计工作底稿、审计证据、审计决定书以及其他有关材料，报送内部审计机构。

第六十五条 审计组组长应当对所提交经济责任审计报告的真实性负责。对审计发现的企业内管干部违反廉洁从业规定的问题，审计组组长和审计人员不得隐瞒不报。

第六十六条 经济责任审计报告的复核与审定。内部审计机构应当对下列事项进行复核，并出具书面复核意见。

（一）审计目标是否实现；

（二）审计实施方案确定的审计事项是否完成；

（三）审计发现的重要问题是否在审计报告中反映；

（四）事实是否清楚、数据是否准确；

（五）审计证据是否充分、适当；

（六）审计评价、定性、处理处罚意见是否适当，适用法律、法规、规章和标准是否适当；

（七）企业内管干部及其所在企业提出的建议是否采纳，如未采纳，理由是否充分；

（八）其他需要复核的事项。

第六十七条　内部审计机构应当将经济责任审计报告、审计决定书、复核意见一并报送内部审计机构主管领导。一般审计事项的经济责任审计报告和审计决定书等审计文书，由内部审计机构主管领导审定；重大审计事项的经济责任审计报告，由审计业务会议审定。

第六十八条　审计业务会议应当在充分讨论的基础上做出决定。内部审计机构应当根据审计业务会议决定修改经济责任审计报告、审计决定书等。

第六十九条　撰写经济责任审计结果报告。经济责任审计报告经审定后，内部审计机构可以根据审定意见，撰写并向委派或委托审计事项的单位报送经济责任审计结果报告。

第七十条　企业内管干部经济责任审计结果报告应当按照以下格式编写：

（一）标题。***（内部审计机构）关于***（企业名称和企业内管干部职务）***（企业内管干部姓名）同志任期（或任中）经济责任审计结果报告。

（二）主送。委派或委托的相关单位，包括董事会或者主要领导、组织人事部门等。

（三）正文。正文格式同经济责任审计报告，但对相关内容表述应进一步提炼汇总和归类整理。

（四）附件。企业内管干部及其所在企业对经济责任审计报告的意见。

（五）落款。内部审计机构（印章）、时间。

（六）抄送。联席会议及有关部门。

第七十一条　出具审计决定书。内部审计机构应当将审定后的审计决定书等审计文书，报送内部审计机构主管领导签发。

第七十二条　出具移交（移送）处理书。对经济责任审计中发现的企业内管干部违法违纪等问题，审计组应起草移交（移送）处理书，由有关部门分别予以处理。

（一）对需要由企业内管干部承担一般经济责任的，移交相应管理部门处理；

（二）对企业内管干部违反党纪政纪的，移交纪检监察部门处理；

（三）对应依法追究企业内管干部刑事责任的，移送司法机关处理。

第七十三条 经济责任审计报告、审计决定书应及时送达企业内管干部及其所在企业，并抄送有关部门。

第七十四条 内部审计机构应向下达审计指令的董事会或高级管理层提交经济责任审计结果报告，并抄送有关部门。

第七十五条 监督审计结果执行落实情况。内部审计机构应对审计发现问题的整改情况进行跟踪监督，并根据实际情况确定是否实施后续审计。后续审计结束后应当出具书面报告。

第七十六条 建立审计档案。审计结束后，内部审计人员应当整理相关资料，并建立、保管审计档案。下列资料应当归入审计档案：

（一）相关单位的委派或委托书、审计工作方案、审计实施方案、审计通知书；

（二）审计工作底稿及相关审计取证材料；

（三）经济责任审计报告征求意见稿及反馈意见；

（四）审计报告复核意见书；

（五）审计报告；

（六）审计决定书、移交（移送）处理书；

（七）企业整改情况报告；

（八）其他相关资料。

第七章　审计结果运用

第七十七条 企业董事会、管理层、干部管理部门或其他相关部门，应当注重对企业内管干部经济责任审计结果的运用，强化经济责任审计效果。

（一）委派或委托内部审计机构对企业内管干部进行经济责任审计的管理层或部门，可以采取适当的方式在一定范围内通报审计结果。

（二）企业内管干部经济责任审计结果，应当作为对企业内管干部考核、任免、奖惩的重要依据，并以适当方式将审计结果运用情况反馈内部审计机构。

（三）经济责任审计结果报告可以归入企业内管干部本人档案。

（四）对于有轻微违纪行为或有苗头性、倾向性问题的企业内管干部，企业可以开展诫勉教育。

（五）若因经济决策失误给企业造成重大损失，或存在资产状况不实、经营成果虚假等问题，企业应当视其影响程度对企业内管干部作出处理。

第七十八条　在经济责任审计工作中，发现企业其他领导干部存在严重问题的，经董事会或高级管理层批准，内部审计机构可以进行延伸审计。

第八章　附　则

第七十九条　本指南自发布之日起施行。

第八十条　本指南由中国内部审计协会负责解释。